教育部第二批现代学徒制试点专业教材

健身健美服务与管理导论

主　编　彭兴云
副主编　刘玉琳　黎　丹　刘　璇

天津大学出版社
TIANJIN UNIVERSITY PRESS

图书在版编目(CIP)数据

健身健美服务与管理导论 / 彭兴云主编. —天津：天津大学出版社, 2020.5
教育部第二批现代学徒制试点专业教材
ISBN 978-7-5618-6723-5

Ⅰ. ①健… Ⅱ. ①彭… Ⅲ. ①健身运动－商业服务－教材②健身运动－商业管理－教材 Ⅳ. ①F719.9

中国版本图书馆CIP数据核字(2020)第123157号

出版发行	天津大学出版社
地　　址	天津市卫津路92号天津大学内(邮编:300072)
电　　话	发行部:022-27403647
网　　址	www.tjupress.com.cn
印　　刷	北京虎彩文化传播有限公司
经　　销	全国各地新华书店
开　　本	185mm×260mm
印　　张	12.75
字　　数	268千
版　　次	2020年5月第1版
印　　次	2020年5月第1次
定　　价	42.00元

编委会

主　编　彭兴云（重庆城市管理职业学院）

副主编　刘玉琳（重庆城市管理职业学院）

黎　丹（重庆城市管理职业学院）

刘　璇（重庆城市管理职业学院）

编　委　（排名不分先后）

邱功锐（重庆海派实业集团股份有限公司）

王　鹏（重庆海派实业集团股份有限公司）

戴　彬（重庆房地产职业学院）

易礼舟（重庆能源职业学院）

唐　戈（重庆海派实业集团股份有限公司）

周　杰（重庆城市管理职业学院）

朱珍棉（重庆海派实业集团股份有限公司）

前　言

《健身健美服务与管理导论》是“教育部第二批现代学徒制试点”单位体育类专业健身健美方向的导论性课程教材，是重庆城市管理职业学院与重庆海派实业集团股份有限公司“现代学徒制”校企合作特色教材。本教材可以作为各级各类学校健康体育课、健身健美基础课的教学用书，同时也可以作为社会体育指导员、体能教练、健身教练及广大健身健美爱好者的参考书。

本教材结构合理，框架严谨，资料新颖，论述准确，文图并茂，动作简练，通俗易懂，符合教学和训练规律，具有较强的知识性、科学性、实用性，是目前已出版的健身健美教材中较为完整的一部现代健身健美教学与训练的教科书。全书首先介绍了健身健美行业发展现状和前景，然后从解剖学、生理学、营养学等方面阐述了行业的基础知识，并在此基础上对健身俱乐部三个重要部门，即运营管理部、会籍顾问部、健身教练部进行详细描述，对目前高档健身俱乐部配套的游泳馆管理进行了介绍，最后对健美运动的竞赛规则和训练方法进行了说明。

全书由重庆城市管理职业学院彭兴云担任主编，负责拟定目录、提纲并统稿。具体编写分工如下：第一章由彭兴云、戴彬、易礼舟完成；第二章由黎丹完成；第三章、第六章由彭兴云完成；第四章由刘璇完成；第五章由刘玉琳完成；第七章由彭兴云、周杰完成。

特别鸣谢以下为本书编写作出贡献的同仁，他们是重庆海派实业集团股份有限公司区域运营总监邱功锐、区域会籍总监王鹏、区域教练总监唐戈、人力资源总监朱珍棉等，他们为本书的编写提供了图片、数据和资料，并对实践技术方面内容的编写进行了指导。

由于编写人员水平有限，在编写过程中参考、引用了一些书籍、资料，在此向有关作者致以谢意！书中内容有不妥之处恳请广大读者给予批评指正，以期再版时修改。

编者

2019 年 5 月

前　言

目　录

第一章 健身健美行业概述

第一节 健身健美行业发展概况

我国的国家标准《国民经济行业分类》中，将体育产业分为体育竞赛表演业、体育健身休闲业、体育中介业、体育用品业和其他体育服务业五大类。根据《体育产业学科发展研究报告》的分类方法，体育产业分为体育产业核心层、体育产业外围层和相关体育产业层三个层次。体育产业核心层包含体育赛事组织管理、体育场馆管理和体育健身休闲，它们是我国体育产业的"三大支柱"。体育健身休闲会所因其产值贡献大、与其他产业关联性强及朝阳、绿色的特性，在健身休闲业中发挥着重要的作用。追溯健身休闲会所的渊源，分析健身休闲会所的产生与发展过程，全面认识健身休闲会所的性质与作用，揭示其现实发展中的问题与未来发展趋势，具有十分重要的现实意义和历史意义。

一、健身运动的发展概况

健身会所起源于欧美。目前，欧美等发达国家和地区已经具有了先进的健身会所管理理念和经营模式，形成了比较成熟的健身服务市场，健身运动已被越来越多的人接受，健身的目的不再是追求时尚，更重要的是获得健康。健身会所已逐渐成为人们生活的一部分，成为生活的必需品。

20 世纪 80 年代，我国实行改革开放以后，简·方达的健美操引入中国，以器械训练为主的健身房和以健美操为主的跳操房开始出现。

20 世纪 90 年代，随着我国经济的发展以及人们生活水平的提高，人们的健康意识逐步增强。我国政府也充分意识到大众体育对国民综合素质和综合国力的促进作用，以立法形式对国民参与体育锻炼的权利做出规定和保障。1995 年 6 月 16 日，为了推动体育产业的快速发展，国家体委发布了《体育产业发展纲要》。1995 年 6 月 20 日，为了更广泛地开展群众性体育活动，增强人民体质，国务院颁布了《全民健身计划纲要》。

进入 21 世纪，随着城市人民生活水平的进一步提高和人们健身意识的提升，人们的健康意识大为增强。这一时期，浩沙、一兆韦德、青鸟、力美健、英派斯等国内大型健身会所纷纷成立，倍力、加州健身、健乐菲利斯、宝力豪等国际知名品牌也开始进驻我国，我国的健身市场进入快速发展期，尤其是 2004 年以后，健身行业呈现爆发式增长，大大小小、不同级别的健身会所陆续开业，其中不乏大型连锁品牌会所。

2013 年 9 月 28 日，国务院印发了《关于促进健康服务业发展的若干意见》(国发〔2013〕40 号)，提出进一步开展全民健身运动，宣传、普及科学健身知识，提高人民群众体育健身意识，引导体育健身消费。

2016 年 6 月，国家体育总局发布了《体育发展“十三五”规划》（以下简称《规划》），《规划》的出台将“全民健身”上升为国家战略，倡导进一步营造崇尚运动、全民健身的良好氛围。随后，国务院和国家体育总局又在当年 6 月发布了《全民健身计划（2016—2020）》，明确提出，到 2020 年，群众体育健身意识普遍增强，参加体育锻炼的人数明显增加，每周参加 1 次及以上体育锻炼的人数达到 7 亿，经常参加体育锻炼的人数达到 4.35 亿。全民健身的教育、经济和社会等功能充分发挥，与各项社会事业互促发展的局面基本形成，体育消费总规模达到 1.5 万亿元，全民健身成为促进体育产业发展、拉动内需和形成新的经济增长点的动力源。到 2025 年，该产业规模预计突破 5 万亿元人民币（约合 7 225 亿美元）。其中，国家重点提出要大力发展体育健身市场，预示着在未来 10 年里健身休闲业将进入加速发展、高速增长的阶段，必将成为当今我国最具发展潜力、成长空间广阔、产业规模庞大的新兴产业之一（见图 1-1、图 1-2）。

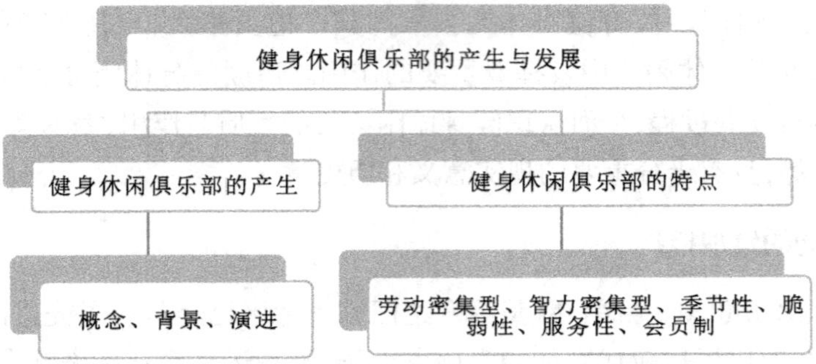

图 1-1　健身休闲会所的产生与发展

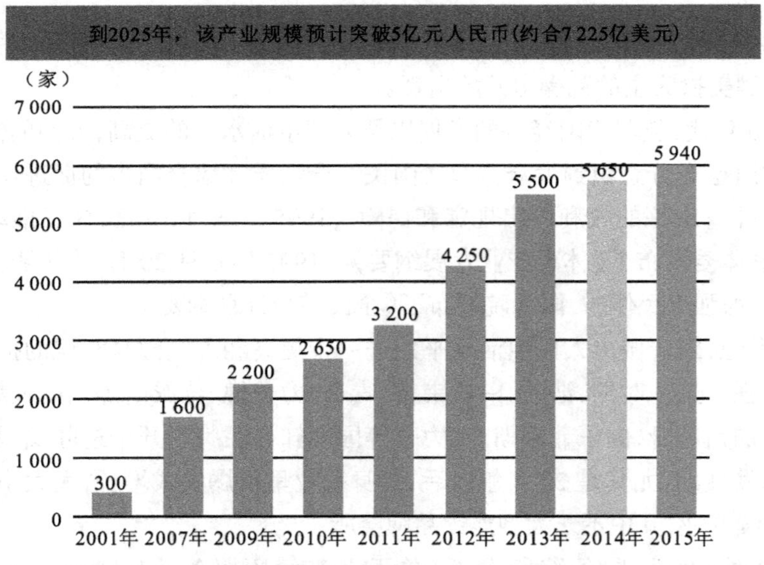

图 1-2　到 2025 年，该产业规模预计突破 5 万亿元人民币（约合 7 225 亿美元）

数据来源：公开数据整理。

二、健美运动的发展概况

（一）国际健美运动发展概况

19 世纪以前，欧洲的英、德等国，早就有人利用杠铃、壶铃等器械来锻炼身体，这种锻炼形式，既是现代竞技举重的起源，又是现代健身运动和健美运动的起源。

大约到了 19 世纪初期，大力士们的体型逐步有了改变，他们在各种场合除展示各种力量外，还经常运用肌肉控制、造型等形式来展示自己发达丰满、线条明显的肌肉和匀称健美的体型。为了取得良好的展示效果，必然要求在训练方法上有所改变，在增长力量、发达肌肉、改善体型体态等方面都达到一定的水平。

1903 年，美国的麦克迪登在纽约麦迪逊广场花园举行了“世界体格最完美人”的比赛，阿特拉斯获得了冠军。这是继山道创办比赛后，第一个在美国国内举办的比赛。阿特拉斯在健美函授体格教学方面所取得的成就，进一步使现代健美运动在世界更大范围内得到传播。

至 20 世纪 40 年代前后，美国出现并盛行按身高分甲（高）、乙（中）、丙（矮）三组，从正面、侧面、背面，对选手不同姿势，就全身肌肉的发达程度、身体各部位比例的匀称性、肌肉线条的明显性和体姿造型的健壮优美性四个方面进行评分。1976 年，斯塔特制定了比较全面的国际健美联合会竞赛规则，开始使用按体重分级别，男子根据全身肌肉发达程度、体格比例的平衡性、全身肌肉发展的匀称性、肌肉线条的明显性和造型能力五个方面；女子根据整个身段是否具有女性美、全身肌肉发展的匀称性及肌肉和脂肪的含量比例是否适当、肌肉的发达程度、肌肉和体型线条美和造型技能五个方面的优劣，按相对比较排序的评分方式进行评判，得分少者名次列前。这种评分方法的出现是现代健美比赛规则诞生的标志。

自国际健美联合会成立后，世界健美运动逐步向健全和完美化方向发展，健美运动的组织机构和竞赛规则也趋于健全和完善。

（二）中国健美运动发展概况

20 世纪 30 年代至 21 世纪初，中国健美运动走过了诞生、初步繁荣、遭受禁止、复苏、初步发展、稳步发展和健全发展的历程。

约在 20 世纪 20 年代末，现代健美运动由欧美传入我国，最初仅在上海、广州等沿海城市兴起。人们开始用杠铃和哑铃作为发达肌肉和改善体型的现代健美器械。

中华人民共和国成立后，健美运动深受广大青年欢迎，各地的健美运动蓬勃发展，仅广州、上海等地就有 30 多家健身院和健身馆。20 世纪 50 年代中期以后，由于缺乏宣传，错误地将健美运动视为西方资产阶级体育进行批判，健美运动遭到扼杀，停止了发展，出现了健美文化断层。

20 世纪 80 年代初期，由于改革开放政策的实施，重新启动了我国健美运动的发展，停滞近 30 年的健美运动重新引起人们的重视，健美运动被认为是一门可以陶冶情操、改造社会风气、增强体质和塑造人体健美的体育科学。全国各地群众性的健美运动又蓬勃兴起。

1981 年，《健与美》编辑部成立，专门刊登健美史话、健美人物、健美运动、健美方法、健美体型和健身知识等方面的文章,对我国健美运动的发展起到了积极的推动作用。

1989 年 9 月 20 日,中国健美协会正式加入亚洲健美联合会,并参加当年的亚洲健美锦标赛,确立了中国健美协会在亚洲的合法地位。

1999 年 12 月 29 日,国家体育总局和民政部核准并颁布《中国健美协会章程》。中国健美协会,简称“中国健协”,接受国家体育总局和民政部的业务指导和监督管理。中国健美协会会址设于北京。

2001 年 9 月,中国健美协会选派许勤华(上海)、曹新丽(新疆)、梁月云(广东)、程丹彤(北京)、杨新民(山东)、钱吉成(海南)、吴哲(北京)等 10 余名运动员参加在韩国釜山举办的第 37 届亚洲男子健美锦标赛、第 5 届亚洲健美大师赛、第 18 届亚洲女子健美锦标赛、第 3 届亚洲健身小姐锦标赛,并取得五金一银的佳绩。

进入 21 世纪,我国竞技健美运动和群众性健美活动蓬勃发展,健美组织日益壮大,各种类型的健美比赛和健美活动不断丰富和发展,深受人们喜爱。健美运动之花目前正在全国各地竞相开放,充分显示了现代健美运动的魅力和广阔的发展前景。

第二节　健身健美相关概念界定

健身和健美是两个不同的概念。从“健”的概念中可以看出,它是一个由弱到强、逐渐变好的过程,是一个褒义词。同样,“美”也是一个褒义词,指的是一种良好的状态。“身”则是一个中性词。因此,单从字面上理解,健美、健身都具有褒义的色彩,具有使身体变得更好、更美的潜在意义。

一、健身

健身是指健身运动,是以增强群众体质和健康水平为目的的各类体育项目的总称。

(一)健身的分类

健身大致可分为器械锻炼和非器械锻炼。

器械锻炼即采用不同的运动器械进行练习,如哑铃、杠铃、壶铃等举重器械,单杠、双杠、绳、杆等体操器械,以及弹簧拉力器、滑轮拉力器、橡筋带等力量训练器械,还有功率自行车、台阶器、平跑机和划船器等有氧训练器材。

非器械锻炼即各种徒手练习,如徒手健美操、韵律操、形体操及各种自抗力动作。

(二)健身的方式

健身运动的动作方式是多种多样的,有成套的徒手健美体操,有球、棒等轻器械体操,主要用于女子健美训练,减肥和改善体形体态,提高灵活性,增强韵律感;有能发展身体各部位肌肉的举重练习动作和其他动作,主要用于男女强壮体魄、发达肌肉,也用于男女健美训练。

要达到形体健美的目的,需要有专门的训练方法。例如采用杠铃等举重器械做各种动作时,对器械的轻重、动作的做法,安排的组数、次数,运动的速度等方面都有特殊的要求和安排。

（三）健身器械

健身器械大致可分为三种类型，即全身性健身器械，如10项综合训练器、家用16功能健身器等；局部性健身器械，如健身自行车、划船器、楼梯机、跑步机、快走机、慢跑机、瑜伽垫，以及小腿弯举器、重锤拉力器、提踵练习器等；小型健身器械，如人们所熟知的哑铃、壶铃、曲柄杠铃、弹簧拉力器、健身盘、弹力棒、握力器等。

1. 全身性健身器械

全身性健身器械属于综合性训练器械，可供多人同时在一个器械上进行循环性或选择性练习。这种健身器械体积较大，功能较全，价格不菲，适合健美中心、康复中心及机关或学校健身房使用。应该说明的是，多功能跑步机属于全身性健身器械，它在单功能跑步机的基础上增加了划船、蹬车、俯卧撑、腰部旋转、按摩等功能，体积不大，适合家庭健身房。

2. 局部性健身器械

局部性健身器械多属专项训练器械，结构小巧，占地1 m^2左右，多数能折叠，有的还兼具趣味性。其功能相对单一，主要侧重局部肌群的锻炼，既有以配重砝码、液压拉缸为重载的力量型，也有以自身为动力的非力量型，无须拆装组合。有的还配有时间、速度、距离、心率等电子显示装置，使锻炼者可以自己掌握运动量。因此，颇受健身爱好者的青睐，是家庭健身房的“主角”。

3. 小型健身器械

小型健身器械体积小，锻炼价值不低。以可调式哑铃为例，适合不同年龄、性别和体质的人进行练习，可以使全身各部肌肉得到锻炼，是健美爱好者的必备器械。再如弹簧拉力器，轻便小巧，价格低，便于存放，易于携带，也能达到健身强体的目的。而健身球一类的小型健身器，适合中老年人使用。

二、健美

健美是指竞技健美，是一项以最大限度地发达肌肉、改变体型为目的的竞技运动。

（一）职业健美

健美界中“职业”一词一般是指健美运动员在有晋升资格的业余比赛中获胜并取得国际健美联合会（IFBB）的职业认证。职业运动员则有资格参加一些更高级别的比赛，包括“阿诺德经典”健美大赛及“冠军之夜”比赛，并根据这些比赛的名次决定“奥林匹亚先生”的参赛权，“奥林匹亚先生”则是职业健美领域最高头衔。

（二）自然健美

在自然健美比赛中，健美选手例行违禁药品检查，一旦发现违规则取消今后的参赛权。药检可通过尿液样本进行，但很多情况下用成本更低的测谎仪来代替。违禁药物是指正常人体不应接受的物质，各自然健美组织对此定义都不同，也并不一定仅包括那些法律禁止的药物。类固醇、激素原、利尿剂等一般都被各自然健美组织禁止。自然健美组织包括北美自然健美联盟和自然体格协会。

（三）青少年健美

健美运动中还有很多门类专门针对年轻参赛者。很多职业选手都是从青少年时期就开始力量训练，如阿诺德·施瓦辛格、李·普瑞斯特和杰·卡特。有很多青少年参加健美比赛。

（四）女子健美

20 世纪 70 年代，女性开始参加健美比赛，并风靡了一段时间。女性开始前所未有地加强力量锻炼追求更好的身材，防止骨质疏松。力量训练对女性实际上有很多好处，譬如增加骨密度预防骨质疏松，提高肌肉力度和身体平衡性。20 世纪 80 年代起，健身和形体比赛开始兴起。1980 年首届“奥林匹亚小姐”比赛比较像现代人的健身形体比赛，当年的获胜者是蕾秋·麦莉什。

第三节　现代健身会所管理的组织结构及布局

一、健身会所管理的组织结构

健身会所的门店体系、面积大小、可设项目不同，其内部的组织结构可能会有所不同。以下是一个常规健身会所的组织结构（见图 1-3）。

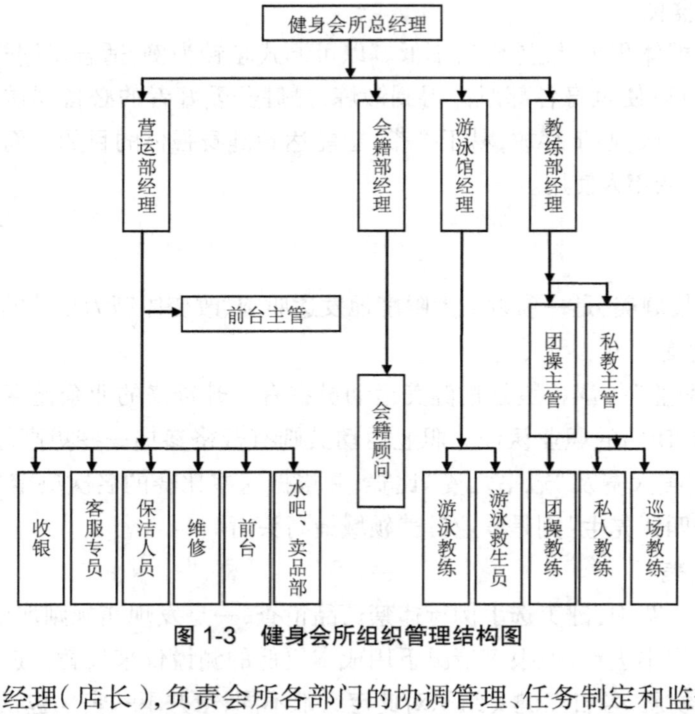

图 1-3　健身会所组织管理结构图

健身会所总经理（店长），负责会所各部门的协调管理、任务制定和监督。营运部对外负责与各行政部门、物业和合作方的业务往来；对内负责会所员工的考勤、会所收入、工资发放以及会所的日常运营，是会所内各部门相互衔接桥梁；会籍部负责会员的开发和服务，以及会员卡的办理和续卡等；教练部负责会所会员的健身指导和私教服务等；游泳馆负责会所游泳池的安全管理和游泳教学。

二、健身会所的功能区域配置

健身会所区域大致可分为接待休息区、训练区、更衣区和办公区。

（一）接待休息区

前台、水吧、卖品部、会员休息阅读区等。

（二）训练区

（1）心肺训练区。配置跑步机、椭圆仪（运转机）、划船机、功率自行车、台阶器。

（2）等重量器械区。配置单功能训练器。

（3）自由重量器械区。配置哑铃、杠铃、卧推架等。

（4）拉伸区。配置用于拉伸训练的器械和开阔的场地。

（5）普拉提器械或搏击区。根据健身俱乐部的项目设置普拉提器械设备或拳击台。

（6）有氧操房。开设各类团体课程，如健美操、踏板、街舞、拉丁健美操等。

（7）动感单车房。开设集体的单车课程。

（8）瑜伽房。开设常温和可以控制温度的热瑜伽房。

（9）亚健康测试区。进行体质检测。

（三）更衣区

（1）淋浴更衣区。分为理容、更衣、卫生间、淋浴、干蒸房和湿蒸房。

（2）公共卫生间。部分健身俱乐部在训练区设立独立卫生间。

（3）员工休息区。根据实际情况设立带淋浴的员工休息区或仅供就餐的员工休息区。

（四）办公区

办公区可分为销售办公室、教练办公室、运营办公室、店长办公室、财务办公室、库房等。

第四节　健身健美行业礼仪服务和行为规范

一、礼仪服务的定义、重要性、主要内容和基本准则

（一）礼仪服务的定义

礼仪是人类为维系社会正常生活而要求人们共同遵守的最起码的道德规范，它使人们在长期共同生活和相互交往中逐渐形成，并以风俗、习惯和传统等方式固定下来。礼仪服务是指在会所服务工作中，员工以最佳的仪容、仪态迎接客户，以得体、主动的语言为客户服务，并得到共同认可的礼节和仪式，其目的是使客人有宾至如归的感觉，从而更好地树立个人和企业形象。

礼仪、礼节、礼貌贯穿在企业服务的全过程，在企业硬件条件确定的前提下，员工素质是决定企业服务达到高品质的关键，而员工素质在很大程度上表现在他们的仪表和礼节上面。

（二）礼仪服务的重要性

礼仪服务是健身会所追求高品质服务必不可少的环节。企业礼仪服务是出于对客户的

尊重,传递友好。在服务过程中要注重礼仪、礼节,讲究仪容、仪表、仪态和语言表达,规范服务操作流程。主动、热情、周到、得体的服务能使客户获得愉悦的情绪体验。

(三)礼仪服务的主要内容

(1)主动服务:要求员工在客户开口前服务,主动服务意味着要有更强的情感投入。

(2)热情服务:要求员工有对自己职业肯定的认知,对客户心理有深切的理解,因而,发自内心地向客户提供良好的服务。

(3)周到服务:为客户提供更为主动、灵活、具体、细致的服务,帮助客户解决问题。

(4)个性服务:通过向客户提供竞争对手无法学到或短期内无法效仿的、客户需要的、企业可以长期坚持下去并能促进盈利的服务。

(四)礼貌修养的基本准则

礼貌修养的基本准则:遵守公德、准时守信、真诚谦虚、热情有度、理解宽容、互尊互助。

二、员工仪容、仪表、仪态规范

(一)仪容说明

仪容是指一个人的容貌,包括五官的搭配和适当的发型衬托,具体包括发型、首饰、化妆、个人卫生。

(二)仪容规范

1. 发型

男士发型:前不过眉,侧不过耳,后不过领,不留鬓角和胡须,不得染夸张发色(见图4-1)。

女士发型:前不挡眼,侧不遮脸,发不过肩,长发盘起,不得染夸张发色。发夹、发圈统一黑色(见图1-5)。

图1-4 男士发型

图1-5 女士发型

2. 首饰

可佩戴:项链、胸针、耳钉、常规手表。

不可佩戴:手镯、手链、红绳、时装表等。

3. 化妆

女士妆容:自然、大方,与整体风格搭调,符合自身的年龄及工作特点,不当众化妆。

男士妆容：保持面部清洁。

4. 个人卫生

勤剪指甲，不涂指甲油；勤换衣服，勤洗手、勤理发；上班不饮酒，不吃有刺激性气味的食物；香水气味柔和、清新、淡雅。

（三）仪表、仪态规范

1. 仪表

仪表是指一个人的外表，它是一个人总体形象的统称，除容貌、发型外，还包括人的服饰、身材、姿态等，是人的精神面貌的外在表现。表情是人的面部动态所流露的情感，在给人的印象中，表情非常重要。

服务时注意：面带微笑，给人亲切感；聚精会神，注意倾听，给人尊重感；坦诚待客，不卑不亢，给人真诚感；沉着稳重，给人镇定感；神色坦然、自信，给人宽慰感。不要带有厌烦、愤怒表情，这些表情会让客户觉得自己不受敬重。

2. 仪态

仪态是指在交际活动中行为举止表现出来的姿态和风度，包括日常生活和工作中的举止。

站姿：昂头挺胸，头要正，颈要挺直；收腹，腰立直，臀部提起；女士两腿并拢，膝盖放直，重心靠近前脚掌，男士可适当把两腿分开与肩同宽，双手可自然下垂放于两侧或互握放于身前（见图 1-6）。

坐姿：入座轻、稳、缓，坐姿端正，离座自然稳当，从左侧离开。选择正确的位置入座，不能后仰，不能随意晃动，不能跷二郎腿，不能抖腿（见图 1-7、图 1-8）。

图 1-6　站姿

图 1-7　坐姿（一）

图 1-8　坐姿（二）

走姿：行走轻而稳，注意昂首挺胸收腹，肩要平，身要直，靠右行走，不走中间。与宾客相遇，点头示礼致意或微笑问候。与宾客同行至门前时，主动开门让宾客先行。与宾客上下电梯时，主动开门让客户先上或先下。引导时，让宾客在自己的右侧。上楼时宾客在前，下楼时宾客在后，宾客迎面走来或上下楼梯时，主动为宾客让路（见图 1-9）。

蹲姿：女士采用交叉式蹲姿。下蹲时右脚在前，左脚在后，右小腿垂直于地面，全脚着地。左膝由后面伸向右侧，左脚跟抬起，脚掌着地。两腿靠近，合力支撑身体，臀部向下，上身稍微前倾。男士采用高低式蹲姿。下蹲时右脚在前，左脚稍后，两腿靠紧向下蹲。右脚全脚着地，小腿基本垂直于地面，左脚脚跟提起，脚掌着地。左膝低于右膝，左膝内侧靠于右小腿内侧，形成右膝高左膝低的姿态，臀部向下，基本以左腿支撑身体（见图 1-10）。

图 1-9 走姿

图 1-10 蹲姿

鞠躬：腰伸直、脚跟靠拢，脚尖处微分，目视对方，视线由宾客面部落至自己脚前 1 m 处，目光向下，以腰部为轴，整个腰及肩部向前倾 35°。男士双手放身体两侧，女士双手合起放在身体前面，双手应在上身前倾时自然下垂平放膝前或体侧。面带微笑，恢复立正姿势，并双眼礼貌注视对方。

手势指引：为宾客介绍、引路、指示方向时上身向前稍倾，掌心微侧向上，五指要自然并拢，以肘关节为轴向前伸展，指向目标。眼睛看着目标方向，并兼顾对方感受。忌用手指、笔尖为宾客指引方向（见图 1-11）。

物品接送：以双手接送。接送时，身体立稳，略欠身，动作轻缓，体态优雅，以“请”字当先，如“请您收好”，待对方接稳物品后，手方能离开（见图 1-12）。

图 1-11 手势指引

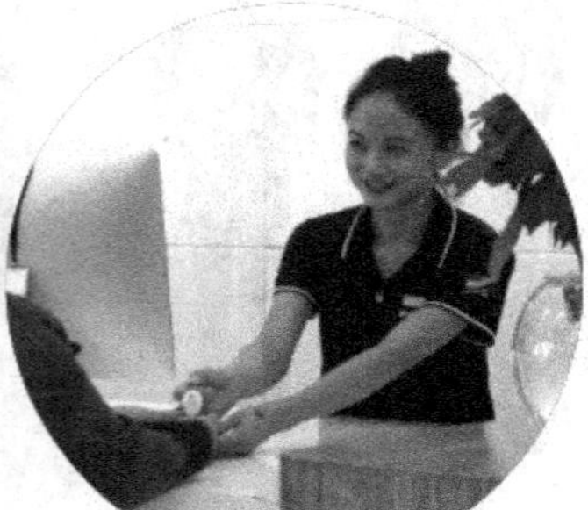

图 1-12 物品接送

单手握：施礼者应距受礼者约一步距离，两脚立正，或两脚展开八字步站立，上身微前倾，目视对方，伸出右手，四指并拢，拇指张开，手掌与地面垂直，肘关节微屈至腰部，与对方右手相握，并晃动两三下以示亲热。

双手握：同时伸出双手，握住对方右手，其他与单手握相同，对方伸手时我们才能伸手。对方站立时握手，我方也应起身站立握手，握手时间以 3 s 为宜。女士间手指相握；男士握女士手指；男士间握手掌，虎口相对。忌戴手套握手。

三、员工微笑服务标准

（一）微笑服务的说明

1. 发自内心微笑

微笑是一种心情愉快的反映，也是一种礼貌涵养的表现。

2. 排除烦恼

优秀服务工作者的脸上总是带着真诚的微笑，员工必须学会分解烦恼淡化不愉快，时刻保持轻松的情绪，将快乐传递给每一位客户。

3. 有宽广的胸怀

员工要保持愉快的心情，心胸宽广至关重要。在接待过程中，会遇到出言不逊、胡搅蛮缠的客户，服务人员一定要记住"忍一时风平浪静，退一步海阔天空"。

4. 与客户进行感情沟通

微笑服务不仅是一种表情，更是与客户进行感情沟通的桥梁。微笑是要传达"见到您很高兴，非常愿意为您服务"。

（二）微笑服务的标准

1. 面部表情的标准

面部表情和蔼可亲，伴随微笑自然露出 6~8 颗牙齿，嘴角微微上翘。微笑注重"微"字，笑的幅度不宜过大，在客户对面 1.5~2 m 的能见度内。微笑要真诚、甜美、亲切、善意、充满爱心，口眼结合，嘴唇、眼神含笑（见图 1-13、图 1-14）。

图 1-13　面部表情（一）

图 1-14　面部表情（二）

2. 声音语态的标准

声音清晰柔和、细腻圆润、富有甜美悦耳的感染力、语速适中；语调平和，语音厚重、温和；控制音量，声音不宜过大，但要让客户听得清楚。说话态度诚恳，语句流畅，语气不卑不亢。

3. 眼神的标准

面对客户目光友善，眼神柔和，亲切坦然。眼睛礼貌正视客户额头的三角区，不可左顾右盼、心不在焉。不要将目光聚集在客户脸上的某个部位，要用眼睛注视客户面部三角部位，以双眼为上线，嘴为下顶角，即双眼和嘴部之间的区域。

四、语言服务规范

（一）说话的仪态

与客户对话，要面带微笑地倾听，用关注的目光进行感情交流，或用点头和简短的提问表示你对客户谈话内容的注意和兴趣。为了体现对客户的尊重，一般应站立说话。

（二）选择词汇

表达同一种意思时，由于选择词语的不同，往往会给客户带来不同的感受，产生不同的效果。例如，“请往那边走”，使客户觉得礼貌；而“往那边走”，语气生硬，变成了命令式。因此，要注意选用客气的词语。

（三）基本礼貌用语

工作中，要谈吐文雅，语调轻柔，语气亲切，“请”字在先，讲究语言艺术，不同的接待对象，用不同的尊敬语、问候语、称呼语等。

（1）直接称谓语：××先生/女士/小朋友。

（2）间接称谓语：那位先生/那位女士，您的先生/您的夫人。

（3）欢迎语：您好！欢迎光临健身会所！

（4）问候语：您好！早上好！中午好！晚上好！多日不见，您好吗？

（5）祝贺语：祝您节日快乐！祝您生日快乐！祝您健身愉快！

（6）告别语：再见！欢迎您下次到来！

（7）征询语：请问，我能为您做些什么？如果您不介意，我可以……吗？需要我帮您吗？

（8）应答语：没关系，不必客气，这是我应该做的，感谢您的提醒。

（9）道歉语：实在对不起！请原谅！失礼了！打扰您了，是我们的过错，对不起，感谢您的指正。

（10）接听电话用语：您好！健身会所××店，请问有什么可以帮您？我们的工作人员稍后给您回电；请您稍等一下，我们正在查找；感谢您的来电，祝您生活愉快！

（11）婉言推托语：很遗憾，不能帮到您。

（12）接待礼貌语：先生/女士，请问您找哪位？请问您贵姓？请您在这里登记；这是必要的手续，请不要介意；您请坐，请稍等一下。

五、电话接听服务规范

（一）电话接听服务说明

电话的使用在企业工作中越来越重要。不及时接听电话，可能给企业造成经济损失；接听怠慢，可能给企业声誉造成无法挽回的影响。因此，无论哪个岗位，在电话接听服务中，都应及时、准确，注重语言技巧。

（二）电话接听基本准备工作

（1）在可能的情况下，保证通话环境适宜，避免通话过程中环境嘈杂。

（2）通话前准备纸笔便于通话记录。

（3）保持良好的心态，做好电话接听时突发事件的应对准备。

（三）电话服务的基本流程

（1）电话铃响，三声以内接听，如铃响超过三声后接听，务必说致歉语："对不起，让您久等了。"

（2）使用标准的问候语："您好！健身会所 ×× 店，请问有什么可以帮您？"

（3）说话声音要清晰温和、语调适中，仔细倾听对方的讲话，避免打断对方的讲话。

（4）如果正在处理紧急事情，听到电话铃响也应及时接起，向对方致歉"对不起，请稍候片刻"，或者征求对方意见可否稍后回拨。如果暂时搁置电话，之后再接听时要说"对不起，让您久等了"或"很抱歉，耽误您时间了"。

（5）如果通话时电话中断，接听电话的一方应把电话放下，等候对方再次拨打，而打电话的一方再次接通电话后，应告知对方"刚才中途断线，真抱歉"。

（6）在通话即将结束时再次核对客户信息，方便以后联系或转告相关内容。记下内容并告诉客户，"您的情况我会马上通知相关部门，并及时给您回复！感谢您的来电，请挂机，再见！"

（7）客户挂断电话后用手轻轻放下电话，不可重扣话筒。

思考题：

1. 健身服务业的发展现状是什么？
2. 如何理解健康与体质的关系？
3. 如何有效处理与客户之间的关系？
4. 如何理解健身健美的概念、特点、功能？

第二章 健身健美基础知识

第一节 运动解剖基础知识

骨、关节和骨骼肌是人体运动的主要器官，它们占人体总质量的60%~70%。全身的骨与骨之间借助一定的组织连接，构成人体的支架并支持体重、保护柔软器官，起杠杆作用。人体的运动，从日常生活中简单的举手投足到生产、劳动和体育运动等各种复杂的技术动作，无一不是通过以骨骼为杠杆、以关节为枢纽、以骨骼肌为动力来实现的，本节主要对人体运动的执行体系——骨骼、骨连接和骨骼肌三部分加以阐述。

一、人体解剖学术语

（一）人体标准解剖姿势

身体直立，面向前方，两眼平视正前方，两足并拢、足尖向前，双上肢下垂于躯干的两侧，掌心向前（见图2-1）。

（二）解剖学方位术语

上：靠近头顶的称为上。

下：靠近脚底的称为下。

前：靠近腹侧的称为前。

后：靠近背侧的称为后。

内（内侧）：靠近正中面（线）的称为内。

外（外侧）：远离正中面（线）的称为外。

浅：靠近体表（或器官外表）者为浅。

深：远离体表（或器官外表）者为深。

近端：四肢靠近头或躯干部分的称为近端。

远端：四肢远离头或躯干部分的称为远端。

桡侧：前臂的外侧。

尺侧：前臂的内侧。

腓侧：小腿的外侧。

胫侧：小腿的内侧。

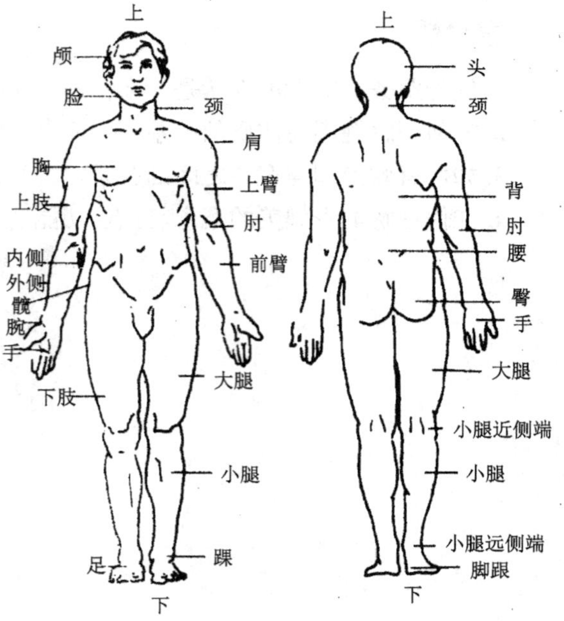

图2-1 人体标准解剖姿势与方位术语

（三）人体基本解剖切面

人体的基本解剖切面，也称人体的基本平面，有矢状面、额状面和水平面，它们互相垂直（见图2-2）。

矢状面：将直立人体切成左右两部分，与地面垂直的一切切面叫作矢状面。将直立人体平均切成左右两半（理论上的两等份）与地面垂直的切面叫作正中面，它是矢状面的特殊切面，实际就是正中矢状面（只能切一次）。

额状面（冠状面）：将直立人体切成前后两部分，与地面垂直的一切切面叫作额状面。

水平面（横断面）：将直立人体切成上下两部分，与地面平行的一切切面叫作水平面。

（四）人体的基本轴

人体各部分的运动多为转动，必须绕一定的轴进行，这些轴被人们假设视为通过关节中心的轴。

矢状轴：垂直通过额状面的轴（前后方向）。

额状轴（冠状轴）：垂直通过矢状面的轴（左右方向）。

垂直轴：垂直通过水平面的轴（上下方向）。

以上三轴互相垂直。

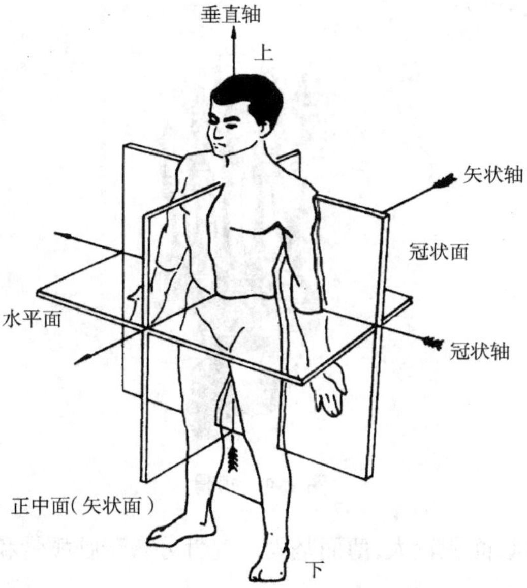

图 2-2　人体的基本解剖切面和基本轴

二、骨概述

活体骨是一种有生命的器官，它具有新陈代谢和生长发育的特点，其内部在不断地更新再建。当受损时，活体骨还有很强的修复和再生能力。骨按照一定的规律连接起来就形成了骨架。骨架对确立人的身材和体型有着决定性的作用，对人的随意运动也有重大的作用。

（一）骨的形态

人体各部分骨的形状各式各样，大体可归纳为六类，即长骨、短骨、扁骨、不规则骨、籽骨和含气骨。

（1）长骨：长骨一般呈长管状，可分为骨体（或称骨干）和两端（又称骺）。两端膨大可增大关节面，也有分散震动的作用。长骨主要分布在四肢，在运动中起杠杆作用和支撑作用（见图 2-3）。

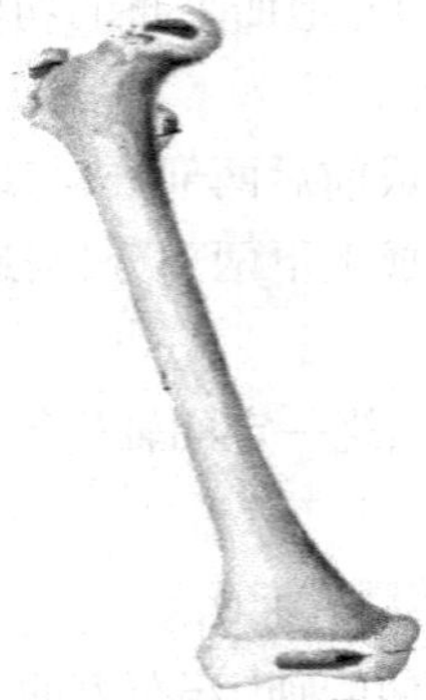

图 2-3 长骨

（2）短骨：短骨一般近似立方体。短骨分布于手腕和足踝部，使手和足的运动十分灵活，并能承受重压（见图 2-4）。

图 2-4 短骨

（3）扁骨：扁骨呈板状，面积较大，薄而坚固。扁骨分布于脑颅骨和肩胛骨等处（见图 2-5）。

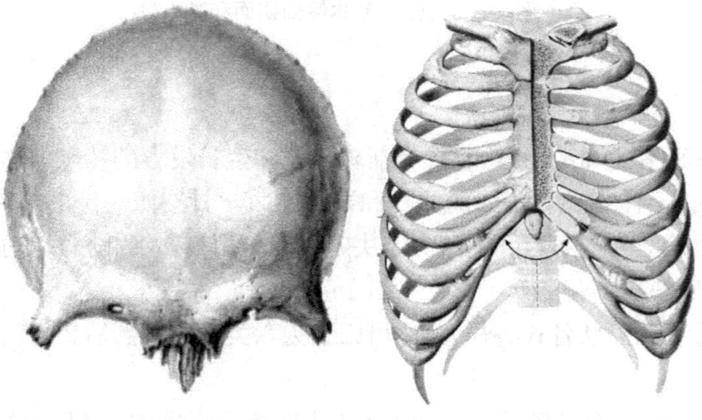

图 2-5 扁骨

（4）不规则骨：形状不规则，这种骨主要分布在躯干骨（如椎骨）、髋骨和颅骨等处。

（5）籽骨：包在肌腱内的小骨，称为籽骨，如髌骨。籽骨的作用主要有三点：一是减少摩擦，保护肌腱；二是改变肌力牵引方向；三是增大力臂，提高肌肉做功和肢体运动速度。

（6）含气骨：形状属于不整形骨，骨内有含气的空腔，如上颌骨、额骨等。

成年人全身共有 206 块骨，根据其存在的部位，可分为中轴骨和附肢骨两部分（见图 2-6、图 2-7）。

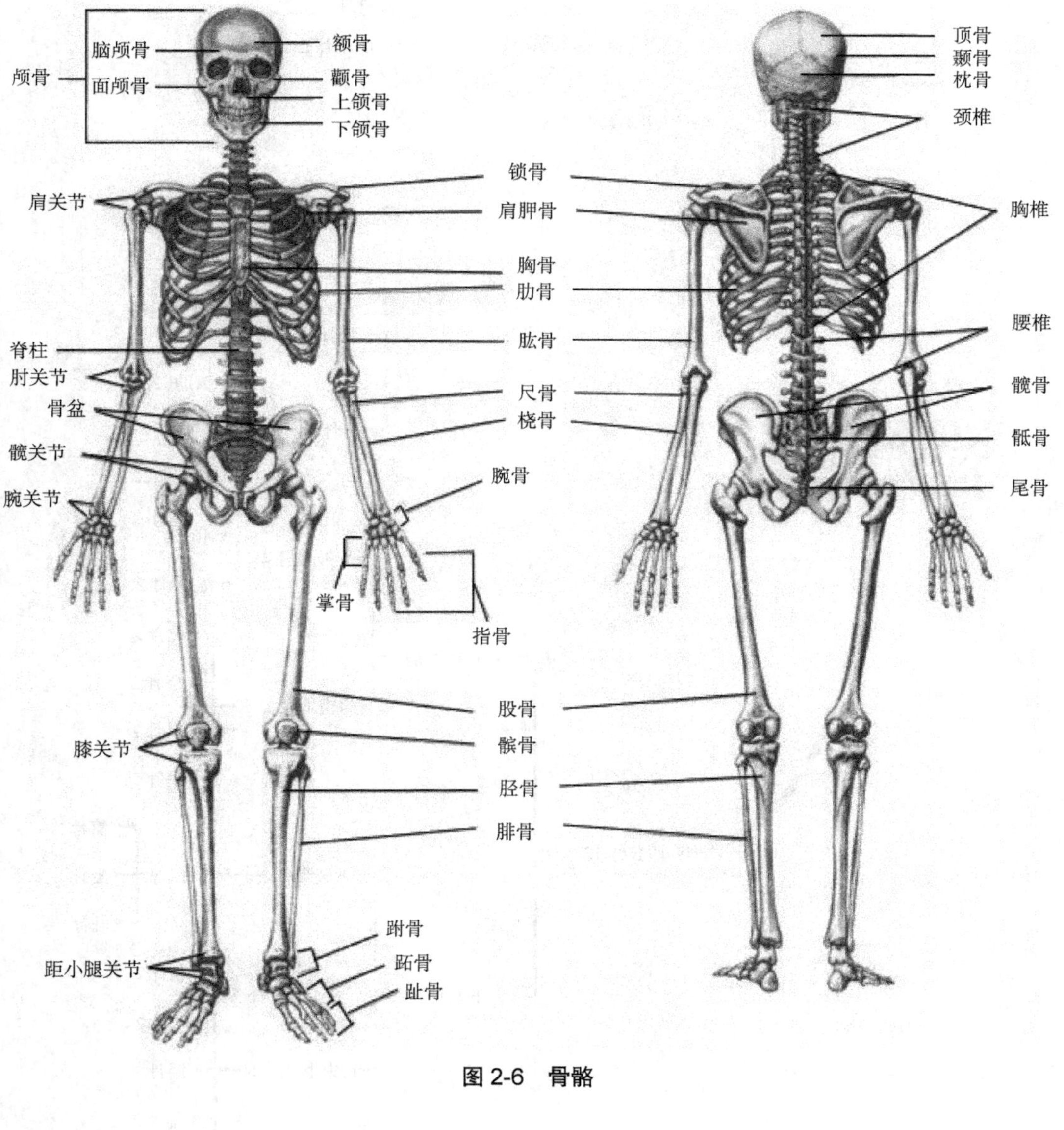

图 2-6 骨骼

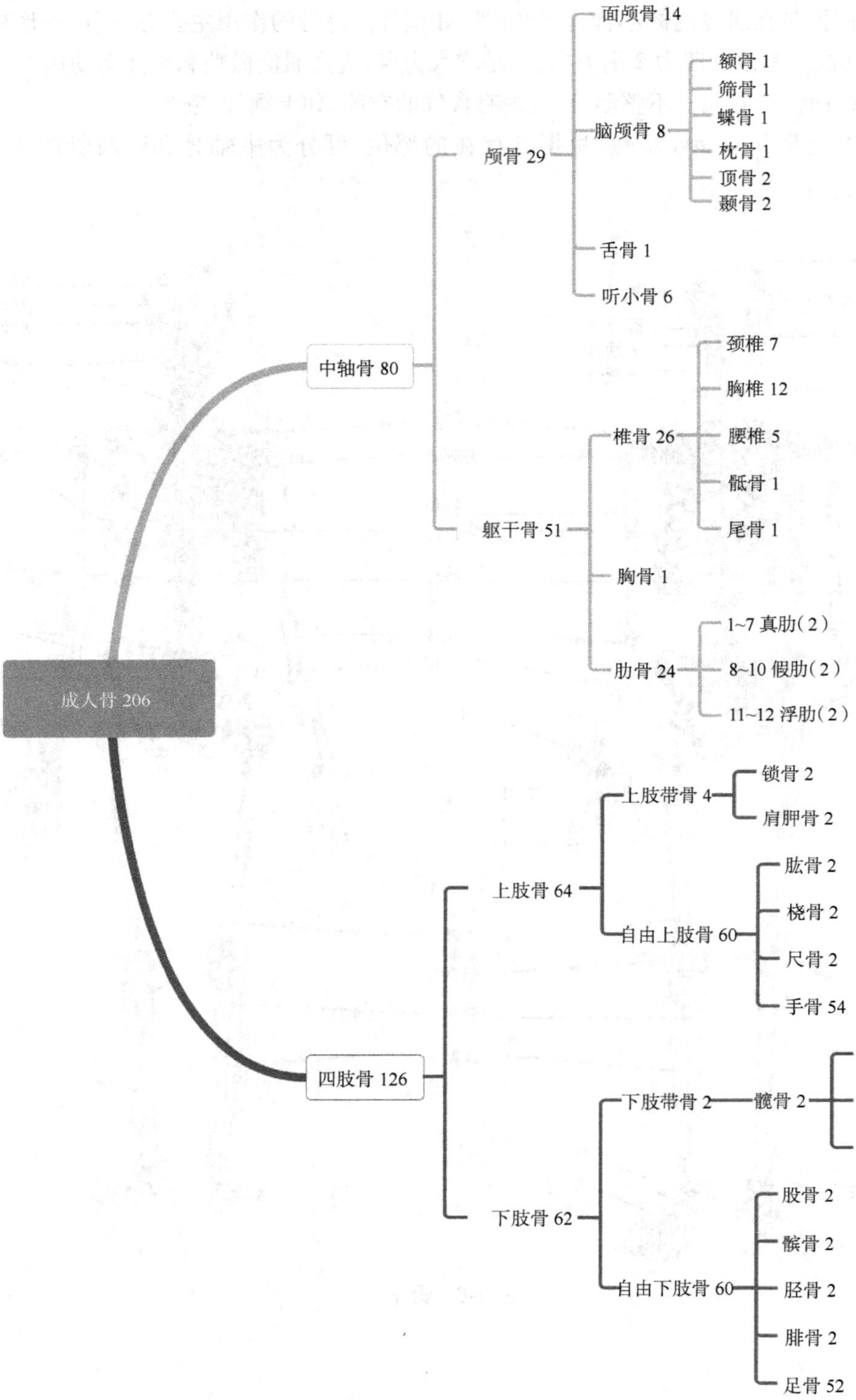

图 2-7　骨的分类思维导图

(二)骨的构造

骨是一种器官。其是由骨组织、结缔组织和神经组织构成的(见图 2-8)。从骨的构造看,骨是由骨质、骨膜和骨髓三部分组成的。骨质是骨的主要成分。

1. 骨质

骨质由骨组织构成,它构成了骨的主体。骨组织可分为骨密质和骨松质(见图 2-9)。

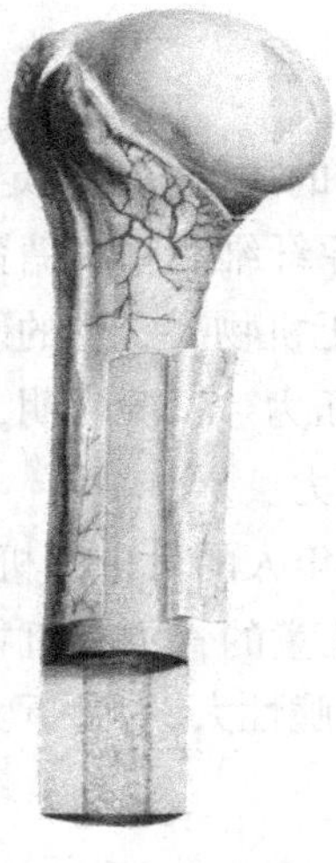

图 2-8　骨的构造

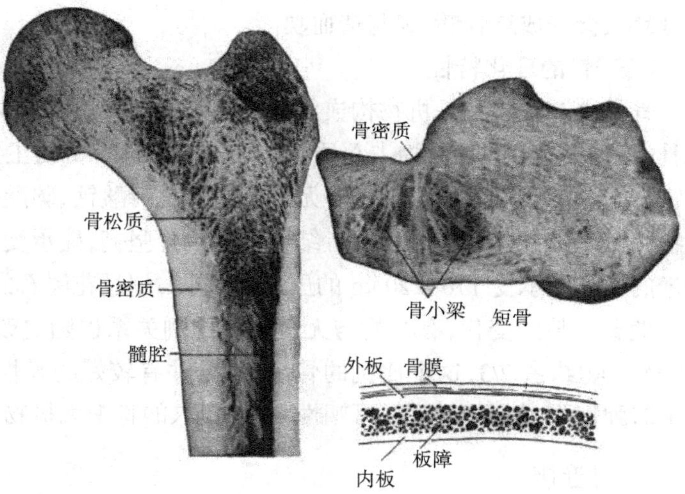

图 2-9　骨质

(1)骨密质。骨密质主要分布于骨的表层及长骨的骨干。横切长骨骨干观察骨密质的结构,显示出骨板有四种不同的排列方式。

外环骨板(外板)与内环骨板(内板):外环骨板位于骨干外表面,由几层骨板形成;内环骨板位于骨干内表面,由数层不是很整齐的骨板形成。外环骨板和内环骨板表面分别覆盖着骨外膜和骨内膜。骨内膜不覆盖骨小梁、中央管及穿通管的表面。

哈佛氏骨板:哈佛氏骨板位于内、外环骨板之间,是骨密质的主要结构单位,为多层同心圆排列的圆筒状骨板。中心有一纵列哈佛氏管,与其周围的骨小管相通连,骨细胞借哈佛氏管与骨小管内组织液的流通与血液进行物质交换。哈佛氏骨板与哈佛氏管合称哈佛氏系统,又称骨单位。

间骨板:间骨板位于哈佛氏系统之间,呈不完整的环状骨板层,它是哈佛氏骨板被破坏后的残留部分。

(2)骨松质。骨松质由针状或片状的骨小梁交织而成。骨小梁由数层重叠的骨板和骨细胞构成。骨松质的网状腔隙内有血管及红骨髓,与骨小管相通,组织液由此腔隙通过骨小管到达骨陷窝,骨细胞通过组织液的流通进行物质交换。骨松质主要分布于长骨两端和扁骨、短骨和不规则骨的内部。

2. 骨膜

骨膜由致密结缔组织构成。其可分为骨外膜和骨内膜两层。

（1）骨外膜：附着在骨的外表面，分内、外两层。外层致密坚韧，内层有较多的成骨细胞，与骨的生长发育和修复有关；有丰富的血管和神经，与骨的营养有关。

（2）骨内膜：衬附于骨髓腔的内面，内膜中有破骨细胞，也与骨的生长发育有关。

3. 骨髓

骨髓存在于骨髓腔和骨松质的网眼内。幼年期都是红骨髓，成年后骨髓腔中聚集大量的脂肪细胞，变成了黄骨髓。而骨松质中仍为红骨髓，红骨髓有造血功能。当大量失血时，黄骨髓又会变成红骨髓，参与造血功能。

（三）骨的理化特性

骨是由有机物和无机物构成的。骨的硬度和弹性由这两种物质的比例关系决定。成人干骨（脱水骨）中的有机物占总质量的30%~40%，有机物主要为胶原纤维和粘多糖蛋白，无机物占干骨总质量的60%~70%，无机物主要是磷酸钙、碳酸钙等。无机物决定骨的硬度，有机物决定骨的韧性和弹性。两者结合使骨十分坚韧，能承受很大的压力。试验表明，每平方厘米的股骨能承受170~220 kg的压力（轴向），超过花岗石的抗压能力。

随着年龄的变化，有机物与无机物的比例关系也随之改变。成年人的骨中有机物约占1/3、无机物约占2/3，这个比例的骨最坚韧，并有较好的弹性；少年儿童的骨中有机物多，可达1/2，弹性强，但硬度较低，可塑性大；老年人的骨中无机物多，骨质脆性大，易骨折。

三、骨连接

骨连接是指骨与骨之间通过纤维性结缔组织、软骨组织和骨组织相连接。根据骨连接方式不同可分为无腔隙连接（直接连接，见图2-10）和有腔隙连接（间接连接，见图2-11）。

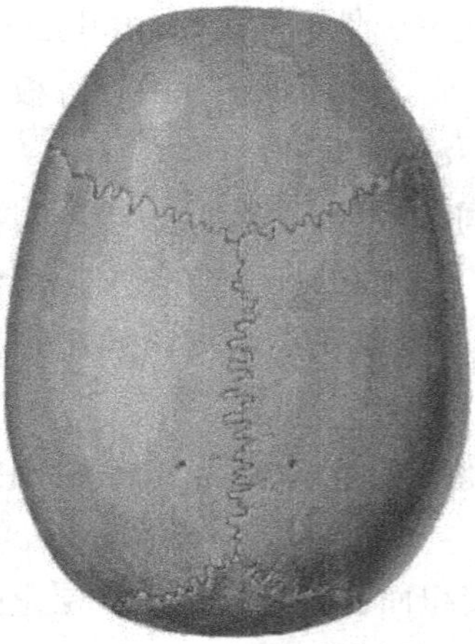

图2-10 直接连接

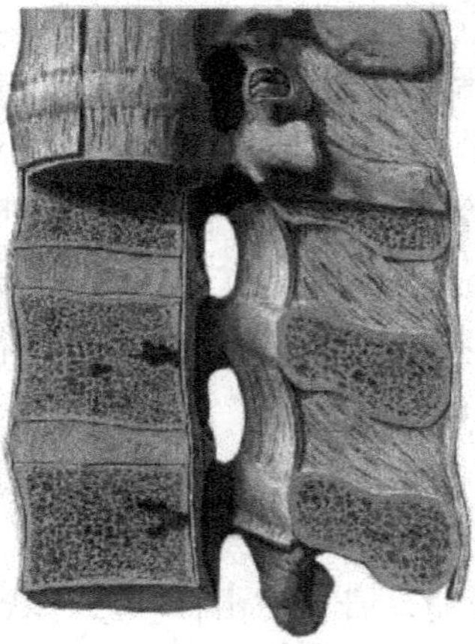

图2-11 间接连接

（一）无腔隙连接（直接连接）

1. 韧带连接

韧带连接包括椎弓之间、颅骨之间、前臂与小腿骨之间等。

2. 软骨结合

(1)暂时性软骨结合,只存在于少年时期,之后软骨骨化成为骨性结合,如髋骨。

(2)永久性软骨结合,骨与骨之间的软骨永不骨化,如椎间盘等。

3. 骨性结合

由暂时性软骨结合骨化而成,如髂骨、坐骨、耻骨之间的软骨,骨化后形成一块髋骨。

(二)有腔隙连接(间接连接)

骨与骨的连接面上有明显的腔隙,此种连接活动性较大,成为肢体运动的枢纽,又称关节。

1. 关节的主要结构(基本结构)

(1)关节面及关节软骨。

组成:相连两骨的关节面一般多为一凹一凸,凹面称为关节窝,凸面称为关节头。所有的关节面上都覆有一层软骨,称为关节面软骨。

构造:大多数为透明软骨,少数为纤维软骨。

功能:关节面软骨具有减轻冲击、吸收震荡、减少摩擦和保护关节面的作用。

(2)关节囊。

构造:纤维性结缔组织膜。

组成:关节囊分内外两层,内层为滑膜层,由疏松结缔组织构成,可分泌滑液润滑关节;外层为纤维层,由致密结缔组织构成,较厚,有韧性,部分纤维层局部增厚形成韧带。

(3)关节腔。由关节囊和关节面软骨围成的密闭腔隙。关节腔内有少量滑液,腔内呈负压状态,使关节面始终相贴,对加固关节有重要作用。

2. 关节的辅助结构

(1)关节韧带。

构造:致密结缔组织。

功能:加固关节。

(2)关节内软骨(半月板和关节盘)。

构造:纤维软骨。

功能:关节面彼此适应,缓冲震动,增加活动幅度。

(3)关节唇(附于关节窝周围的软骨环)。

构造:纤维软骨环。

功能:加大、加深关节窝。

(4)滑膜囊和滑膜襞。

滑膜囊:滑膜囊是关节囊的滑膜层向关节囊外突出的部分。滑膜囊垫在肌腱与骨之间,有保护肌腱的作用。

滑膜襞:滑膜襞是关节囊滑膜层向关节囊内突入了形成的,填充在空隙处,使关节面互相适应,稳固关节。

3. **关节的分类**

（1）按关节运动轴的数目可分为单轴关节、双轴关节和多轴关节，见表 2-1。

表 2-1　关节的分类

<table>
<tr><th colspan="2">种类</th><th>关节面形式</th><th>运动轴和运动形式</th><th>举例</th></tr>
<tr><td rowspan="2">单轴关节</td><td>滑车关节（屈戌关节）</td><td>关节头呈滑车状</td><td>在矢状面内，绕额状轴，可做屈、伸运动</td><td>指关节</td></tr>
<tr><td>圆柱关节（车轴关节）</td><td>关节头呈圆柱状</td><td>在矢状面内，绕额状轴，可做屈、伸运动</td><td>指关节</td></tr>
<tr><td rowspan="2">双轴关节</td><td>椭圆关节</td><td>呈椭圆形</td><td>屈、伸、内收、外展和环转运动</td><td>桡腕关节</td></tr>
<tr><td>鞍状关节</td><td>呈马鞍形</td><td>屈、伸、内收、外展和环转运动</td><td>拇指腕掌关节</td></tr>
<tr><td rowspan="2">多轴关节：多轴关节有三个或三个以上的运动轴</td><td>球窝关节</td><td>呈半球状</td><td>可作屈伸、内收外展、回旋和环转运动</td><td>肩关节
特例：杵臼关节，关节头近似球体，关节窝很深，关节呈杵臼状，如髋关节</td></tr>
<tr><td>平面关节</td><td>关节面较平</td><td>只能做微小滑动</td><td>肩锁关节</td></tr>
</table>

（2）按关节的结构可分为单关节和复关节。

①单关节：由两个骨的关节面组成，即一个关节头和一个关节窝，如肩关节和髋关节。

②复关节：由两个以上的关节面构成多个单关节，被包在一个关节囊内，每个单关节都能单独活动，如肘关节。

（3）按关节的运动形式可分为单动关节和联动关节。

①单动关节：能单独进行活动的关节叫单动关节，绝大多数关节属于此类关节，如肩关节、踝关节等。

②联动关节：也称联合关节，两个或多个独立关节，同时进行活动，共同完成一个动作，如前臂的桡尺近侧关节和桡尺远侧关节。

4. **影响关节运动幅度的解剖学因素**

（1）关节面积的弧度差。

（2）关节囊的厚薄和松紧度。

（3）关节韧带的多少与强弱。

（4）关节周围肌肉的伸展性和弹性。

（5）关节周围的骨结构。

（6）年龄、性别、体育运动。

5. 人体主要的骨连接

人体主要的骨连接如图 2-12 至图 2-14 所示。

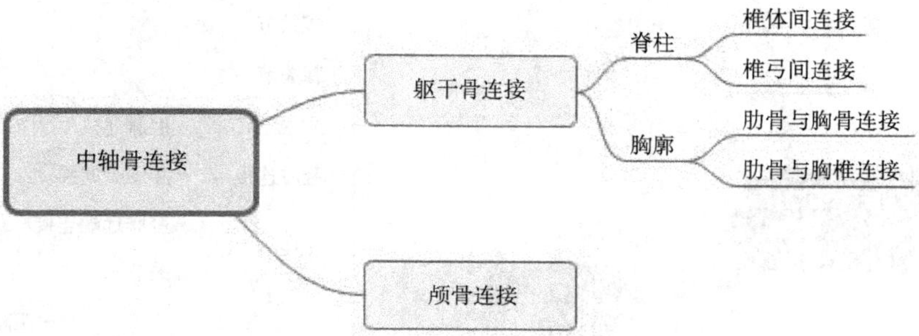

图 2-12　中轴骨连接思维导图

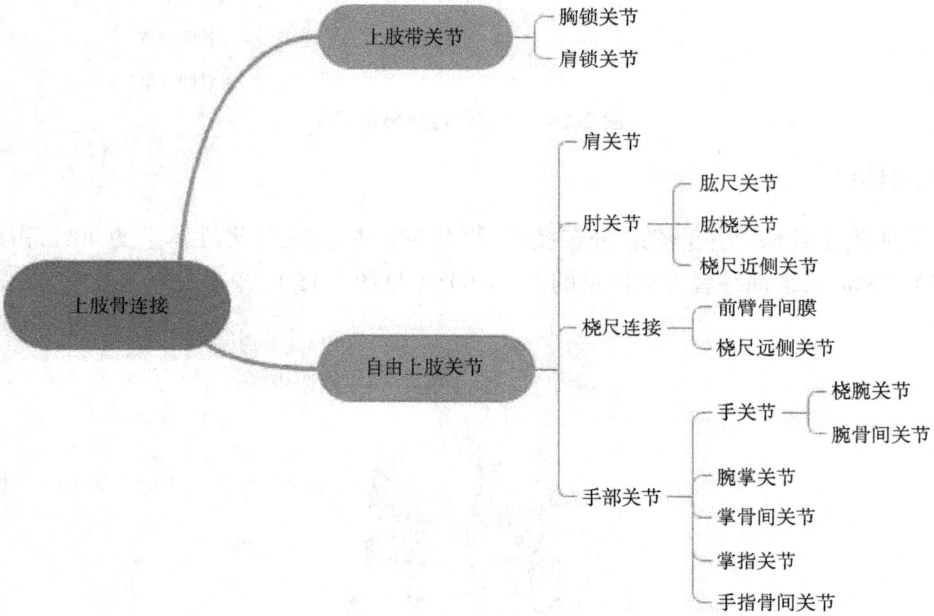

图 2-13　上肢骨连接思维导图

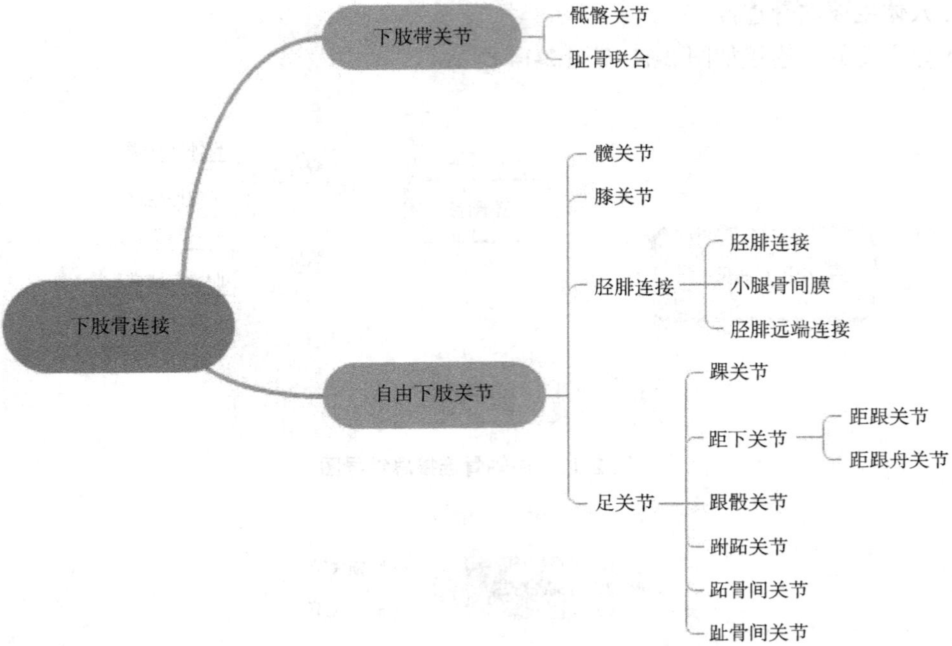

图 2-14　下肢骨连接思维导图

四、骨骼肌

骨骼肌附于骨骼，为随意肌，分布极广，约有 600 块，占成年男性体重的 40%，占成年女性体重的 35%，系统训练者可达体重的 50%~60%（见图 2-15）。

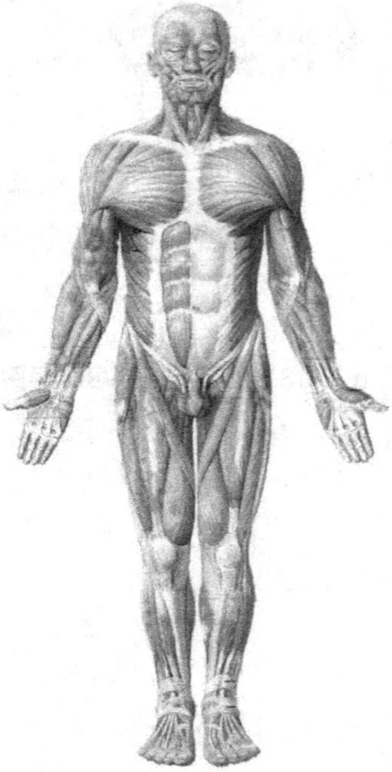

图 2-15　骨骼肌

(一)骨骼肌的基本构造

1. 肌腹

肌内膜:每条肌纤维的外面包一层结缔组织膜。

肌束膜:由100~150条肌纤维集合在一起形成肌束,外面包一层结缔组织膜。

肌外膜:由若干肌束组成整块肌腹,外面包一层结缔组织膜。

2. 肌腱

位置:大部分位于肌腹两端。

成分:由胶原纤维束构成,胶原纤维不是平行排列,而是互相交织成辫状。

功能:有很强的抗张力(拉力)性能,没有收缩功能。

3. 骨骼肌中的血管

骨骼肌中含有丰富的血管,尤其是毛细血管特别丰富。据估计,在人的骨骼肌中,每平方毫米约有毛细血管3 000条,全部肌肉的毛细血管长度约为10万千米。在安静时,肌肉中的毛细血管不是全部开放,一般每平方毫米有100条毛细血管开放。在激烈运动时,可有3 000条毛细血管开放。

4. 骨骼肌中的神经

骨骼肌中的神经包括运动神经、感觉神经和交感神经。

(1)运动神经:支配骨骼肌的运动。一个运动神经元以及它所支配的肌纤维数量构成一个运动单位。运动单位是骨骼肌的基本功能单位。

(2)感觉神经:起于肌梭、腱梭和环层小体等本体感受器,向神经中枢传导运动器官的运动状态。另外,还有传导一般感觉的神经纤维。

(3)交感神经:兴奋时可开放毛细血管,改善肌肉营养,又称营养性神经。

(二)骨骼肌的辅助结构

1. 筋膜(包在肌肉周围的结缔组织膜,较厚)

浅筋膜:又称皮下筋膜,位于皮肤深层,由疏松结缔组织构成,具有保护功能。

深筋膜:由致密结缔组织构成,包在肌肉周围。深筋膜构成肌鞘和肌间隔。

2. 腱鞘

位置:在肌腱外面的结缔组织膜,呈长管状。

构造:腱鞘由外层和内层组成。外层厚而韧,称纤维鞘;内层称滑液鞘,分为壁层和脏层,两层之间有滑液。脏层连于肌腱,壁层连于纤维鞘。

功能:减少摩擦,有保护肌腱的作用。

分布:位于手和足部的肌腱外面。

3. 滑液囊(也称滑膜囊)

分布:位于软组织与骨之间,有肌下滑膜囊、腱下滑膜囊和皮下滑膜囊等。

功能:内有滑液,可减少摩擦。

4. 籽骨

组成:由肌腱骨化而成。

分布:位于肌肉止点,腱与骨之间。

功能:增大肌肉的肌拉力角,加大肌肉工作的力臂,有利于肌肉发力。

5. 滑车

组成:一种是骨性滑车,即骨性槽,滑车表面覆以软骨,有肌腱或籽骨在此滑动。如股骨下端前面的髌骨,足骨的内、外踝等处都存在。另一种是由结缔组织构成的环,有肌腱从环中通过。

功能:防止肌腱向旁边移位;肌腱通过滑车后改变拉力方向。

(三)骨骼肌的分类和命名

骨骼肌的分类和命名见表2-2。

表2-2 骨骼肌的分类和命名

序号	分类	命名
1	按肌肉形状	长肌、短肌、扁肌、轮匝肌
2	按肌头的数量	二头肌、三头肌、四头肌
3	按肌腹的数量	单腹肌、二腹肌、多腹肌
4	按机能	屈肌、伸肌、展肌、收肌、旋前肌、旋后肌、括约肌、开大肌、提肌等
5	按肌肉的起止点	肱桡肌、胸锁乳突肌等
6	按肌肉跨过的关节	跨过一个关节的称为单关节肌; 跨过两个关节的称为双关节肌; 跨过两个以上关节的称为多关节肌

多关节肌的工作特点如下。

(1)多关节肌的主动不足。当多关节肌收缩发力时,对其中一个关节发挥作用,对其余关节就不能充分发挥作用,这种现象称为多关节肌的主动不足。

(2)多关节肌的被动不足。当多关节肌已在其中一个关节被拉长,在其余关节就不能被充分拉长,这种现象称为多关节肌的被动不足。

(四)肌肉的协作关系

每一个动作,都是在许多肌肉的参与下完成的。这些肌肉在运动中起着不同的作用,有的称为原动肌,有的称为固定肌,有的称为中和肌或对抗肌。

(1)原动肌:完成某一动作中起动力作用的肌肉。原动肌根据所起作用的主次,可分为主动肌和副动肌。

(2)固定肌:当肌肉收缩时,其拉力可使该肌肉附着的两块骨发生相向运动。为充分发挥原动肌对动点骨(运动骨)的作用,就需要其他肌肉固定原动肌的定点骨(支撑骨)。

(3)中和肌:对肌肉的工作进行分析。如原动肌对动点骨具有多种功能,为有效发挥其中的某种功能,就需要另外的肌肉来抵消那些不必要的功能。

(五)肌肉的工作性质

肌肉的工作分为静力性工作和动力性工作。

1. 静力性工作

静力性工作也称支持工作，这类工作可使身体各环节保持在某一特定的位置上，如燕式平衡、马步站桩等。其特点是肌肉的拉力矩等于阻力矩，肌肉紧张但长度不变。静力性工作又称肌肉的“等长收缩”。

2. 动力性工作

肌肉收缩引起运动环节的位置发生变化，肌肉的长度也有变化。动力性工作又可分为克制工作和退让工作。

(1)克制工作：又称向心收缩。其特点是肌肉的拉力矩大于阻力矩，肌肉缩短，动点向定点靠拢。绝大多数体育动作属于克制工作，例如负重弯举的上举阶段。

(2)退让工作：又称离心收缩。其特点是肌肉的拉力矩小于阻力矩，肌肉紧张，渐渐被拉长，动点与定点逐渐分离，例如弯举的下降阶段。

(六)肌肉工作术语

1. 起点与止点(见图 2-16)

起点：近身体正中线的肌肉附着点。

止点：远离身体正中线的肌肉附着点。

2. 定点与动点(见图 2-17)

定点：运动时相对固定的一端。

动点：运动时移动的一端。

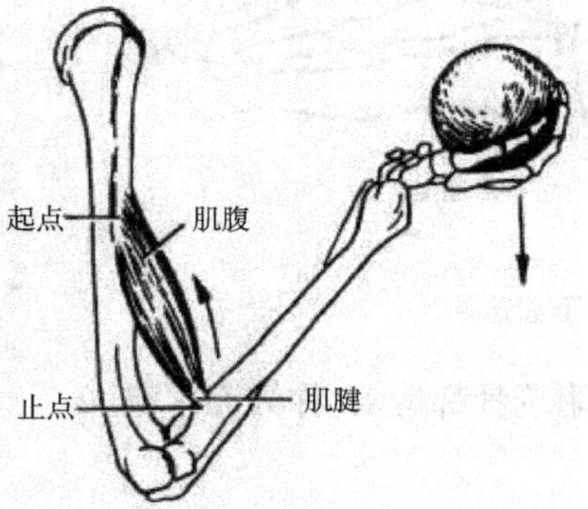

图 2-16　起点与止点

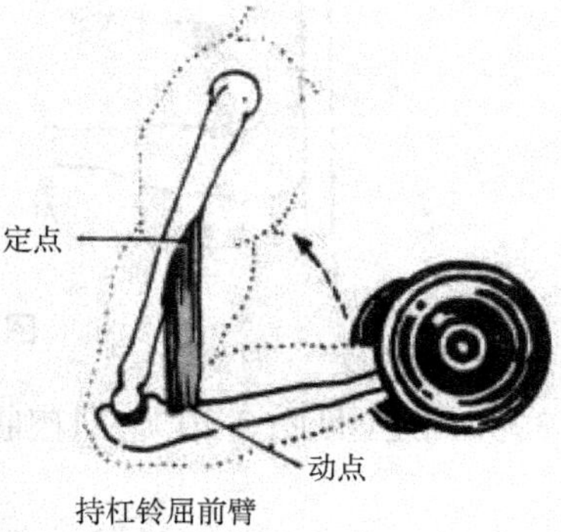

图 2-17　定点与动点

3. 肌肉工作固定形式

(1)近固定(近侧支撑)与远固定(远侧支撑)(见图 2-18)。

①近固定：当肌肉收缩时，起点相对固定，则称为近固定，或近侧支撑。此时，起点为定点，止点为动点。

②远固定：当肌肉收缩时，止点相对固定，则称为远固定，或远侧支撑。此时，止点为定点，起点为动点。

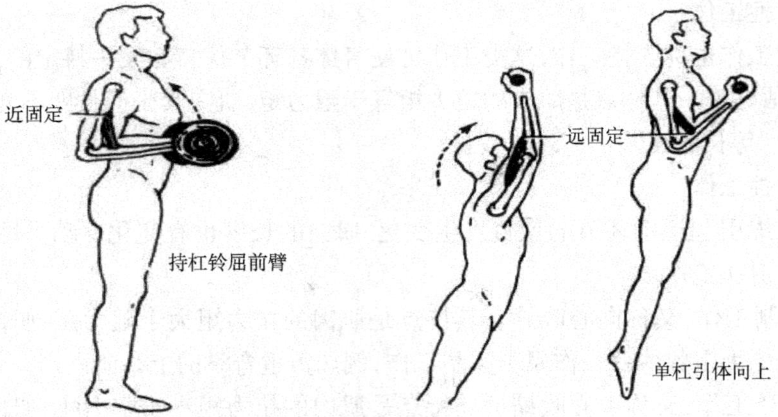

图 2-18 近固定与远固定

（2）上固定（上支撑）与下固定（下支撑）（见图 2-19）。分布在躯干腹侧和背侧的一层肌肉，肌纤维呈上、下行排列，肌肉的上端连于胸廓，下端连于骨盆，如腹直肌、竖脊肌等。

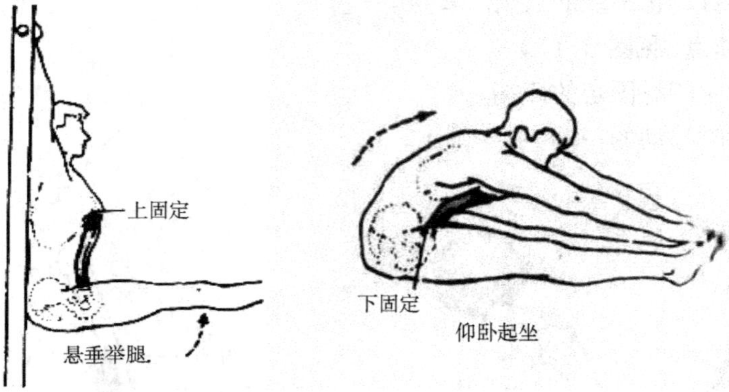

图 2-19 上固定与下固定

（3）无固定（见图 2-20）。肌肉收缩时，两端的附着骨都运动，称为无固定。

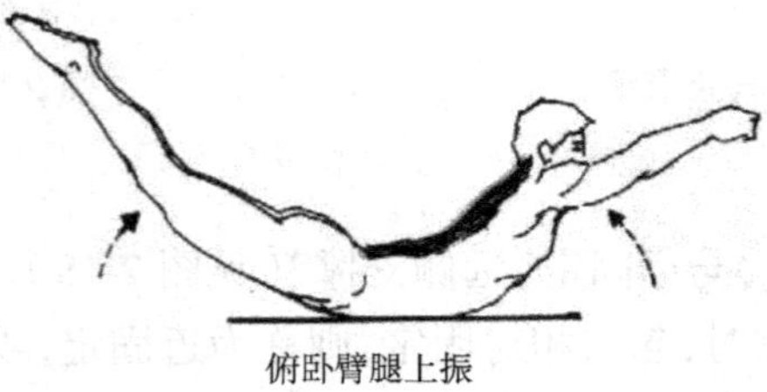

图 2-20 无固定

（七）人体的主要肌肉

人体的主要肌肉如图 2-21 所示。

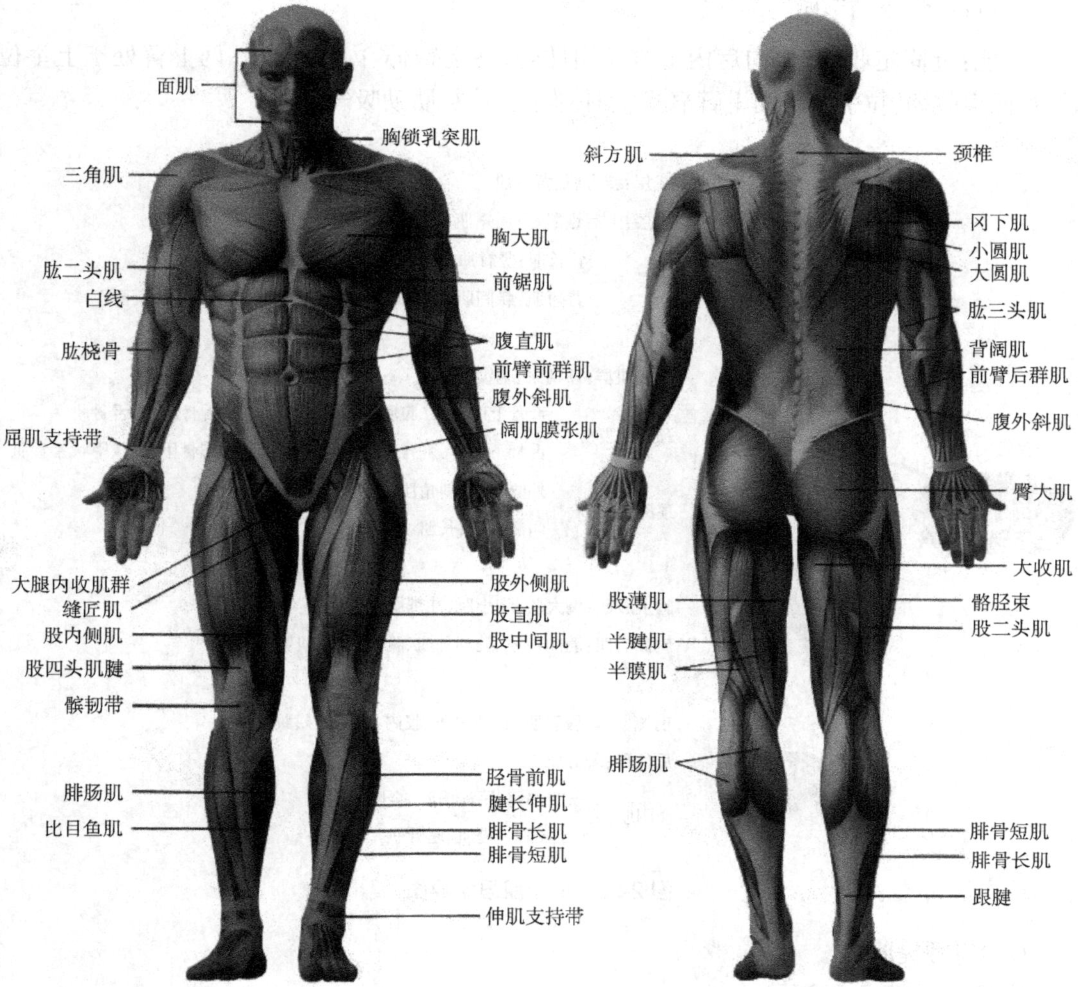

图 2-21　肌肉前视图与后视图

1. 躯干肌(见图 2-22)

(1)斜方肌。

起点:上项线、枕外隆凸、项韧带、第七颈椎和全部胸椎的棘突。

止点:锁骨外侧 1/3、肩峰和肩胛冈。

功能:

近固定:上部,使肩胛骨上提、后缩、上回旋;中部,后缩;下部,下降、后缩、上回旋。

远固定:单侧收缩使头和脊柱向同侧屈并向对侧回旋;双侧同时收缩,使头和脊柱伸直。

(2)背阔肌。

位置:腰背部皮下。

起点:第七胸椎至骶骨的所有椎骨棘突、髂棘和下三位肋外面。

止点：肱骨小结节嵴。

功能：近固定收缩时，向后内下方拉引肱骨，使上臂伸、内收、旋内；两上臂处于上举位时，远固定收缩，拉引躯干向上臂靠拢（引体向上）或提肋助吸气。

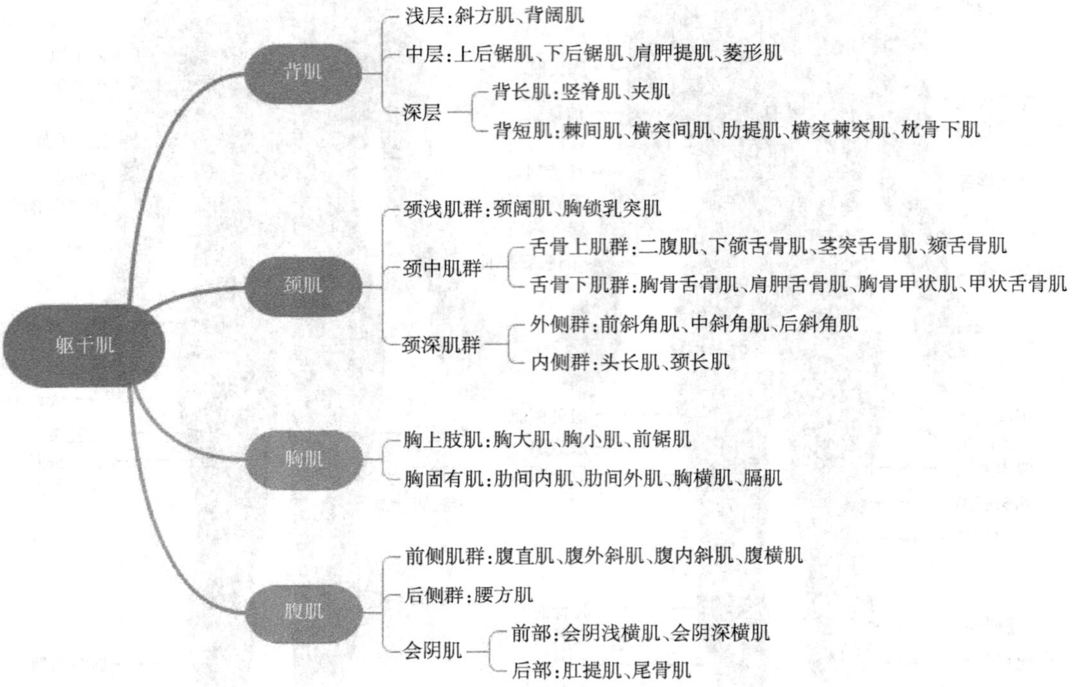

图 2-22　躯干肌思维导图

（3）肩胛提肌。

位置：斜方肌上部深层。

起点：上四个颈椎的横突。

止点：肩胛骨的上角。

功能：近固定时肩胛骨上提和下回旋；远固定时单侧收缩使颈（带动头部）向同侧侧屈和转动，双侧收缩使颈部伸直。

（4）菱形肌。

位置：斜方肌深层。

起点：第六、七颈椎和第一至四胸椎的棘突。

止点：肩胛骨的内侧缘。

功能：近固定时肩胛骨后缩、上提、下回旋；远固定时与斜方肌相同。

（5）竖脊肌。

位置：棘突两侧，自骶骨到颅底，分为棘肌、最长肌和髂肋肌三部分。

起点：骶骨背面，髂棘后部、腰椎棘突和胸腰筋膜。

止点：颈椎和胸椎的棘突、横突、颞骨乳突和肋骨的肋角。

功能：下固定时，两侧收缩使头和脊柱伸，一侧收缩使脊柱侧屈；上固定时，两侧收缩使脊柱后伸并带动下肢后摆，一侧收缩使脊柱侧向运动，如完成鞍马上的侧摆运动。

（6）胸大肌。

位置：胸前上部皮下。

起点：锁骨的内侧半、胸骨、第一至六肋软骨和腹直肌鞘前壁上部。

止点：大结节嵴。

功能：近固定时，使肩关节屈、水平屈、内收和内旋；远固定时，拉躯干向上臂靠拢，提肋助吸气。

（7）胸小肌。

位置：胸大肌深层。

起点：第三至五肋骨前面。

止点：喙突。

功能：近固定时，使肩关节前伸、下降和下内旋；远固定时，提肋助吸气。

（8）前锯肌。

位置：胸廓的外侧面。

起点：上位第八至九肋骨的外侧面。

止点：肩胛骨的内侧缘和下角的前面。

功能：近固定时使肩胛骨前伸、上回旋；远固定时，提肋助吸气。

（9）膈。

位置：胸腹部之间，穹窿形扁肌。

起点：自胸廓下口（上三腰椎、下六肋、胸骨剑突）。

止点：中心腱，主动脉裂孔、食管裂孔、腔静脉裂孔。

功能：呼吸、腹压。

（10）腹直肌。

位置：腹前壁正中线两侧的腹直肌鞘内，形状扁而长，被3~4条腱划分为多个肌腹。

起点：耻骨上缘。

止点：胸骨剑突和第五至七肋。

功能：下固定时，一侧收缩使脊柱向同侧屈，两侧同时收缩使脊柱前屈，可降肋助呼气；上固定时，一侧收缩使同侧脊柱和骨盆侧屈，带动下肢侧摆；两侧收缩使骨盆后倾；无固定收缩时，使胸廓下口和骨盆上口互相靠近，完成仰卧两头起。

（11）腹外斜肌。

位置：腹壁前外侧面浅层。

起点：第五至十二肋外面。

止点：一部分止于髂嵴，大部分纤维于腹直肌外缘移行为腱膜并构成腹直肌鞘。腱膜下缘卷曲增厚形成腹股沟韧带，架在髂前上棘和耻骨结节之间；其余大部分腱膜于腹正中线与对侧纤维交错，形成腹白线。

功能：下固定单侧收缩使脊柱向同侧侧屈向对侧转动，其余功能与腹直肌相同；上固定单侧收缩使骨盆和脊柱向同侧侧屈并转动。

（12）腹内斜肌。

位置：腹外斜肌深面。

起点：胸腰筋膜、髂嵴和腹股沟韧带外侧，大部分纤维向内前上方行。

止点：构成腹直肌鞘前、后壁和腹白线。其余部分纤维止于第十至十二肋。

功能：下固定时，一侧收缩使脊柱向同侧侧屈和回旋，两侧收缩使脊柱屈；上固定时，两侧收缩使骨盆后倾。

（13）腹横肌。

位置：腹内斜肌深面。

起点：下位六个肋软骨内面，胸腰筋膜、髂嵴、腹股沟韧带外侧，纤维横行，在腹直肌外缘移行为腱膜。

止点：终于腹白线。

功能：增大腹压，使第七至十二肋互相靠近，缩小胸廓，引起呼气。

（14）腰方肌。

位置：腹腔后壁脊柱两侧。

起点：髂嵴后部和第二至五腰椎横突。

止点：第十二肋和第一至四腰椎横突。

功能：下固定时，两侧收缩降肋助呼气和加固腰椎关节突关节的作用；一侧收缩使脊柱向同侧侧屈。

2. 上肢肌

上肢肌见图 2-23。

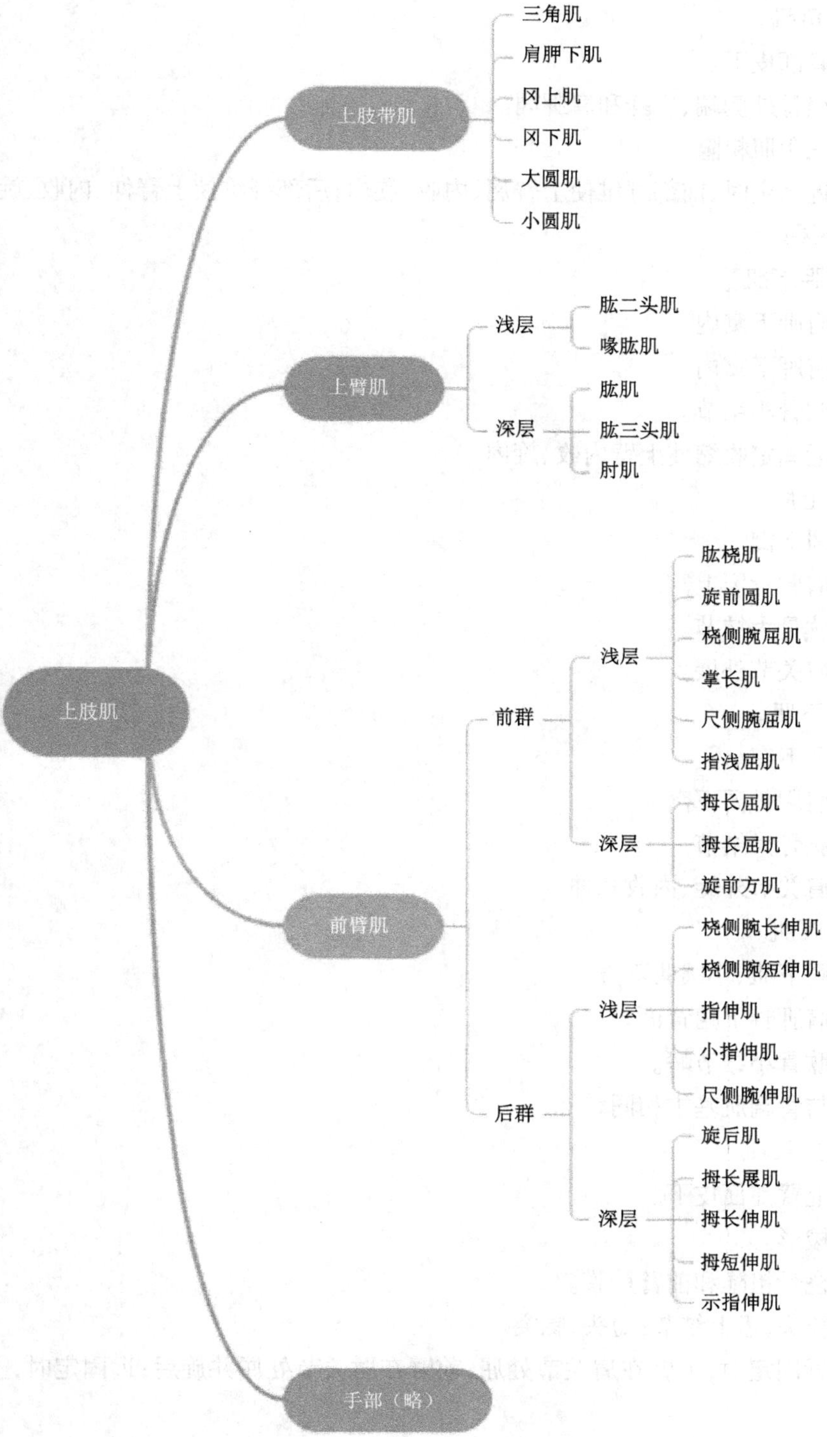

图 2-23 上肢肌思维导图

(1)三角肌。

位置:肩部皮下。

起点:锁骨外侧端、肩峰和肩胛冈。

止点:三角肌粗隆。

功能:近固定时,前部纤维使上臂屈、内收、旋内;后部纤维使上臂伸、内收、旋外;中部纤维使上臂外展。

(2)肩胛下肌。

位置:肩胛下窝内。

起点:肩胛下窝内。

止点:肱骨小结节。

功能:近固定收缩使上臂内收、旋内。

(3)冈上肌。

位置:冈上窝。

起点:肩胛骨冈上窝。

止点:肱骨大结节。

功能:肩关节外展。

(4)冈下肌。

位置:冈下窝。

起点:肩胛骨冈下窝。

止点:肱骨大结节。

功能:肩关节外旋、内收和伸。

(5)大圆肌。

位置:冈下肌、小圆肌下方。

起点:肩胛骨下角背面。

止点:肱骨小结节嵴。

功能:与背阔肌基本相同。

(6)肱二头肌。

位置:上臂前面皮下。

形态:梭形。

止点:桡骨粗隆和前臂筋膜。

起点:长头,盂上结节;短头,喙突。

功能:近固定时,上臂在肩关节处屈,前臂在肘关节处屈并旋后;远固定时,上臂向前臂靠拢。

(7)喙肱肌。

位置:肱二头肌短头内侧深面。

起点:肩胛骨喙突。

止点：肱骨内面中部。

功能：近固定收缩使上臂屈和内收。

（8）肱肌。

位置：肱二头肌深面。

形态：羽状肌。

起点：肱骨前面下半部。

止点：尺骨粗隆。

功能：近固定收缩时，使前臂屈；远固定收缩时，使上臂在肘关节处屈。

（9）肱三头肌。

位置：上臂后面皮下。

止点：尺骨鹰嘴。

起点：长头，盂下结节；外侧头，肱骨体外上部；内侧头，肱骨体内下部。

功能：近固定时，使前臂于肘关节处伸，长头使上臂在肩关节处伸；远固定时，上臂在肘关节处伸。

（10）肘肌。

位置：肘关节后外下方皮下。

起点：肱骨外上髁。

止点：尺骨背面上部。

功能：同肱三头肌。

3. 下肢肌

下肢肌如图 2-24 所示。

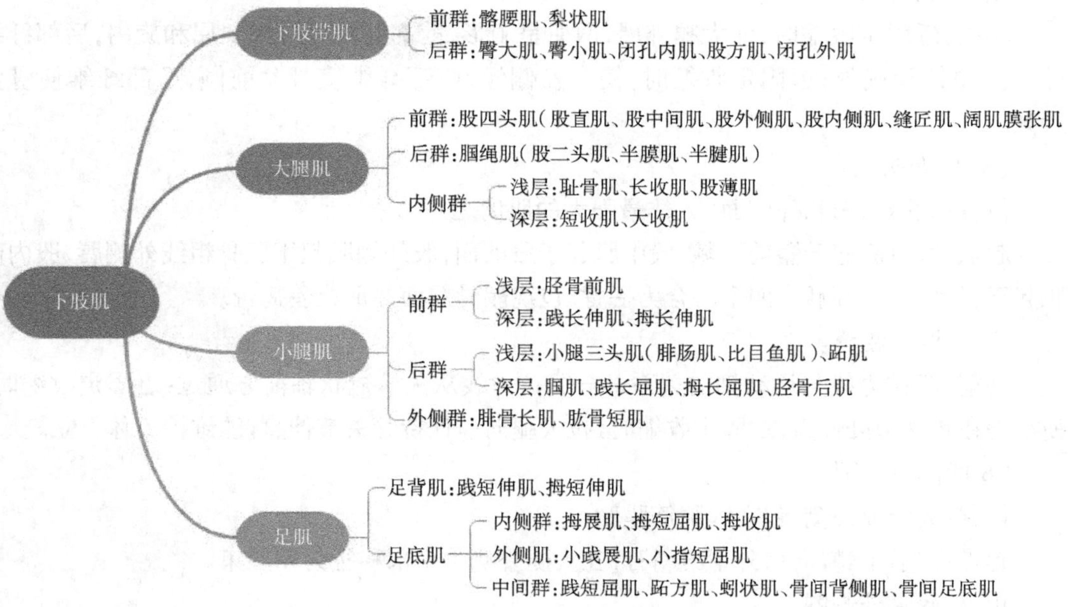

图 2-24　下肢肌思维导图

(1)髂腰肌。

位置:脊柱腰段两侧和骨盆内,分为腰大肌和髂肌两部分。

起点:腰大肌起于腰椎体侧面和腰椎横突,髂肌起于髂窝。

止点:股骨小转子。

功能:近固定时,使大腿屈和旋外;远固定时,两侧肌肉同时收缩使骨盆前倾,躯干前屈,一侧收缩使脊柱向同侧侧屈和旋转。

(2)梨状肌。

位置:小骨盆内。

形态:呈三角形。

起点:骶骨(第二至五骶椎)前面,出坐骨大孔。

止点:股骨大转子尖。

功能:近固定时,收缩使大腿外展、旋外;远固定时,收缩使骨盆侧倾和向对侧转。

(3)臀大肌。

位置:臀部皮下。

起点:髂骨翼外面的后部、骶骨和尾骨的后面。

止点:股骨臀肌粗隆。

功能:近固定时,收缩使大腿伸和旋外,该肌宽大,髋关节矢状轴通过其中部,外上部纤维收缩使大腿外展,内下部纤维收缩使大腿内收。

(4)臀中肌和臀小肌。

位置:臀部外上方(臀中肌在浅层,臀小肌在深层)。

起点:髂骨翼外面。

止点:股骨大转子。

功能:近固定收缩时,使大腿外展,两肌呈扇形,前部纤维可拉大腿屈和旋内,后部纤维可拉大腿伸和旋外;远固定收缩时,使骨盆侧倾,前部纤维使骨盆前倾,后部纤维使骨盆后倾。

(5)股四头肌。

位置:大腿前面和外侧面(人体最强大的肌肉之一)。

起点:股直肌起于髂前下棘,股中肌起于股前面,股外侧肌起于股骨粗线外侧唇,股内侧肌起于股骨粗线内侧唇,四个头合为一腱,包绕髌骨前面并形成髌韧带。

止点:胫骨粗隆。

功能:肌拉力线与运动轴的关系——肌拉力线从关节冠状轴前方通过;近固定收缩时,使小腿在膝关节处伸直;远固定收缩时,拉大腿向前保持膝关节伸直,能维持人体直立。

(6)阔筋膜张肌。

位置:大腿前外侧,包在大腿筋膜鞘内。

起点:髂前上棘,向后外下方斜行,在大腿外侧上中部移行为髂胫束。

止点:胫骨外侧髁。

功能:维持人体直立。

(7)缝匠肌。

位置:大腿前内侧浅层。

起点:髂前上棘,向大腿内下方斜行。

止点:胫骨粗隆内侧。

功能:肌拉力线与运动轴的关系——肌拉力线从髋关节冠状轴前方通过(屈);膝关节冠状轴后方通过(屈);与两关节垂直轴斜交。近固定收缩时,使大腿在髋关节处屈、旋外,小腿屈、旋内;远固定收缩时,使骨盆前倾,大腿在膝关节处屈。

(8)股二头肌。

位置:大腿后面的外侧。

起点:长头起于坐骨结节;短头起于股骨粗线外侧唇下半部。

止点:腓骨头。

功能:肌拉力线与运动轴的关系——肌拉力线从两关节冠状轴后方通过;近固定收缩时,使大腿伸,小腿在膝关节处屈和旋外;远固定收缩时,使骨盆后倾和大腿在膝关节处屈。

(9)半腱肌和半膜肌。

位置:大腿后面内侧,半腱肌在浅层,半膜肌在深层。

起点:坐骨结节。

止点:胫骨粗隆内侧。

功能:近固定收缩时,使大腿伸、小腿在膝关节处屈和旋内;远固定收缩时,同股二头肌。

(10)大腿内侧肌群——长、短收肌,耻骨肌(三肌起点止点和作用类同)。

位置:大腿内侧上方,大收肌的前面。

起点:耻骨上、下支。

止点:股骨粗线内侧唇的上、中部。

功能:肌拉力线从该关节冠状轴前方通过(屈);矢状轴内侧下方通过(内收)。与关节垂直轴斜交。近固定收缩时,使大腿内收、旋外和屈;远固定收缩时,一侧收缩,使骨盆向对侧倾斜和转动;两侧收缩使骨盆前倾。

(11)大收肌。

位置:大腿内侧深面。

起点:坐骨结节、坐骨支和耻骨下支。

止点:股骨粗线内侧唇上 2/3 和股骨内上髁。

功能:近固定收缩时,使大腿内收、旋外和伸;远固定收缩时,两侧同时收缩使骨盆后倾;一侧收缩,可与臀大肌一起完成跑步后蹬的“送髋”动作。

(12)股薄肌

位置:大腿内侧,是内收髋肌群中唯一跨过髋、膝两个关节的肌肉。

起点:耻骨下支。

止于:胫骨粗隆内侧。

功能:肌拉力线从该关节冠状轴前方通过(屈);矢状轴内侧下方通过(内收)。与关节垂直轴斜交。近固定收缩时,使大腿屈、内收,使小腿在膝关节处屈和旋内;远固定收缩时,使骨盆前倾、使大腿在膝关节处屈。

(13)胫骨前肌。

位置:胫骨前嵴外侧。

起点:胫骨体外侧面,向下。

止点:足底内侧缘第一楔骨和第一跖骨。

功能:近固定收缩时,使足背屈和内翻;远固定收缩时,拉小腿向前移动。胫骨前肌和腓骨长肌组成一个肌袢共同维持足弓。

(14)趾长伸肌。

位置:胫骨前肌的外侧。

起点:胫、腓骨体上部。

止点:第二至五趾骨底背面,其中第三腓骨肌止于第五跖骨底。

功能:近固定收缩时,使第二至五趾伸,使足背屈和外翻;远固定收缩时,可拉小腿前移。

(15)拇长伸肌。

位置:胫骨前肌和趾长伸肌之间。

起点:腓骨体下方。

止点:拇指远节趾骨底背面。

功能:近固定收缩时,使足背屈和伸拇指;远固定收缩时,同趾长伸肌。

(16)腓骨长肌,腓骨短肌。

位置:小腿外侧皮下。

起点:腓骨体(腓骨长肌靠上,腓骨短肌靠下),肌腱经外踝转至足底。

止点:腓骨长肌止于第一楔骨和第一跖骨;腓骨短肌止于第五跖骨底。

功能:近固定收缩时,使足在踝关节处跖屈;远固定收缩时,参与维持足尖踮立和维持足弓。

(17)小腿三头肌。

位置:小腿后方皮下,由浅层的腓肠肌和深层的比目鱼肌组成。

起点:腓肠肌内、外侧头分别起于股骨的内、外上髁;比目鱼肌起于胫、腓骨后面上方。两肌肌腹在小腿中部合并,向下形成跟腱。

止点:跟骨结节。

功能:近固定收缩时,使小腿在膝关节处屈,使足在踝关节处跖屈,腓肠肌内侧头使屈曲的小腿外旋,外侧头使屈曲的小腿内旋;远固定收缩时,拉小腿骨上端和股骨下端向后,使膝关节伸直,维持人体直立。

(18)拇长屈肌。

位置:胫骨后肌外侧。

起点:腓骨体后面下方,经内踝后方转至足底。

止点:趾末节趾骨底。

功能:除近固定收缩屈踇趾外,其他功能同胫骨后肌。

(19)趾长屈肌。

位置:胫骨后肌内侧。

起点:胫骨后面中部,经内踝后方转至足底。

止点:第二至五趾骨底。

功能:除近固定收缩屈二至五趾外,其他功能同胫骨后肌。

(20)胫骨后肌。

位置:小腿三头肌深层。

起点:胫、腓骨和骨间膜,经内踝后方转至足底。

止点:舟骨和三个楔骨。

功能:近固定收缩时,使足跖屈伴内翻;远固定收缩时,拉小腿向后,维持足尖踮立。

第二节　营养学基础

食物中含有能维持人体正常生理功能,促进生长发育和健康的化学物营养素。人体所需的营养素有蛋白质、碳水化合物、脂类、矿物质、维生素、水和膳食纤维。

一、蛋白质

蛋白质是一种化学结构复杂的化合物,主要由碳、氢、氧、氮四种元素构成,有的含有硫、磷、铜、铁等元素。氨基酸是蛋白质的基本构成单位,已知食物蛋白质中的氨基酸有20种。氨基酸可分为必需氨基酸、非必需氨基酸、条件性必需氨基酸三类。食物蛋白质的营养价值取决于所含氨基酸的种类和数量,可根据食物蛋白质的氨基酸组成,按其营养价值可分为完全蛋白、半完全蛋白、不完全蛋白三类。

(一)生理功能

1. 构成和修复组织

蛋白质是构成机体组织和器官的重要成分,人体各组织和器官均含蛋白质。人体的瘦组织,如肌肉组织和心、肝、肾等器官均含有大量蛋白质;骨骼、牙齿和指、趾也含有大量蛋白质;细胞中,除水分外,蛋白质约占细胞内物质的80%。构成机体组织和器官的成分是蛋白质最重要的生理功能。身体的生长发育可视为蛋白质的积累过程。

2. 调节生理功能

机体生命活动能够有条不紊地进行,有赖于多种生理活性物质的调节。体内蛋白质是构成多种重要生理活性物质的成分,参与调节生理功能。

3. 供给能量

蛋白质在体内降解成氨基酸后,经脱氨基作用生成的物质,可以直接或间接经三羧酸循环氧化分解,释放能量,是人体能量来源之一。蛋白质的这种功能可以由糖类、脂肪代替,因此，供给能量是蛋白质的次要功能。

4. 其他

神经系统的功能与摄入蛋白质的质量密切相关，蛋白质可明显地影响大脑皮层的兴奋和抑制过程。在婴幼儿大脑发育时期，蛋白质供给不足，会使脑细胞数目减少，影响智力发育。人的记忆过程也与脑内蛋白质的合成有关。蛋白质还与体内许多重要物质的运输有关。

（二）推荐摄入量和食物来源

中国营养学会2000年修订的蛋白质推荐摄入量标准是成年人每天1.16 g/kg，儿童、少年每天1.68 g/kg，优质蛋白应占蛋白质摄入总量的1/3。蛋白质供给的热量应占一日膳食总热量的11%~14%，其中儿童为13%~14%，成人为11%~12%。蛋白质含量较高且利用率较高的食物主要有鱼类、禽类、蛋类、瘦肉、奶类、豆类及其制品，其次是谷类。蔬菜、水果含量最低。

（三）蛋白质与运动

机体内影响运动能力的很多因素，如肌肉收缩、氧的运输与储存、物质代谢与生理机能的调节等，都与蛋白质有密切关系。机体内肌糖原储备充足时，蛋白质供能仅占总热量需要的5%左右；肌糖原耗竭时，蛋白质供能可上升至10%~15%；在大多数情况下，蛋白质供给6%~7%的能量。

运动使体内蛋白质分解代谢加强，因此机体对蛋白质的需要量增加。但不同性质的运动训练对蛋白质代谢的影响有所不同。多数人认为耐力训练后高蛋白饮食对获得肌肉组织更有效。

补充蛋白质必须适度，并且与渐进性力量训练相配合。过量补充蛋白质和氨基酸会引起一系列的副作用，因为蛋白质的代谢产物呈酸性，使肝、肾负担增加，导致肝、肾肥大，容易疲劳；大量补充蛋白质可导致机体脱水、脱钙，引发痛风病以及骨质疏松；高蛋白对水和无机盐代谢也不利，可能引起泌尿系统结石和便秘；高蛋白食物常伴随高脂肪和高胆固醇的摄入，增加动脉粥样硬化和高脂血症的患病危险。

二、碳水化合物（又称为糖类）

人体每天都需要大量糖类，但储存于体内的量很有限。对健身运动员而言，20%的糖原存在于肝中，79.5%的糖原存在于肌肉中，其他0.5%存在于血浆中。

除婴儿期外，其他大部分时间人体最主要的能量来源是糖类。食物中约有60%的热量来自糖类。碳水化合物广泛存在于动植物体内。植物通过光合作用将二氧化碳与水合成葡萄糖，并以淀粉形式储存或转化成网架状的纤维素。动物可利用脂质和蛋白质合成一些糖类，但所需的绝大多数糖类仍通过摄取植物获得。糖类可分为单糖、多糖、寡糖、复合糖。

（一）生理功能

（1）提供身体需要的能量。每克糖能提供约为16.8 J（4 cal）的热量。

（2）节省蛋白质。糖类不够时，身体会氧化蛋白质帮助产生能量（糖质新生作用）。要蛋白质行使修补、建造组织的功能，必须保持正常量的糖类供应。

（3）适量的糖类可维持正常脂肪代谢，糖不够使用时，脂肪会部分氧化产生酮体（酮酸），使身体受到中毒伤害。

（4）葡萄糖是神经细胞唯一的能量来源，缺乏葡萄糖会干扰神经组织（特别是脑部）的正常功能。

（5）乳糖留于肠道的时间比其他糖类长，有促进肠蠕动的作用，有助于肠内乳酸菌生长。

（6）糖类中无法消化利用的纤维质可帮助排泄粪便。

（7）糖类是构成核酸、结缔组织及神经的重要成分。

（二）推荐摄入量和食物来源

我国膳食营养素参考摄入量（DRLs）研究组推荐：除婴幼儿外，碳水化合物的适宜摄入量应为总热量的 55%~65%。碳水化合物的种类很多，其中淀粉主要来自五谷类、豆类和根茎类。人体对淀粉的适应性好，较大量长期食用无不适应，淀粉消化吸收较慢，使血糖保持在较稳定的水平。简单的糖只能在某些情况下适当食用，不宜摄入过多。

（三）碳水化合物与运动

运动者在剧烈运动时保证其膳食中有充足的糖，对保持血糖水平、保持充足的糖氧化供能，使运动后肝糖原和肌糖原水平迅速恢复均有良好作用。体内糖原水平与耐久力密切相关。研究证实人体肌糖原水平影响耐久力，并受膳食种类含量的影响。体内肌糖原水平的降低与疲劳的发生密切相关。在进行大于 1 h 的运动时，如长跑、长距离游泳、自行车、滑雪、马拉松、铁人三项、足球、排球、网球等，当体内糖储备耗竭时，会影响运动能力，特别是耐久力。

运动前适量补糖可提高肝脏和肌肉的糖原储备量，保持运动时血糖水平稳定；运动中适量补糖可提高血糖水平，进而提高运动能力，保持较高的糖氧化速率，减少蛋白质和脂肪酸供能比例，延长运动耐力，延缓疲劳的发生；运动后补糖可促进肝脏和肌糖原储备的恢复，缓解疲劳，加快体力恢复。

三、脂类

脂类包括脂肪和类脂两大类。脂肪是由甘油及脂肪酸组成的甘油酯；类脂包括磷脂和固醇类。类脂有很高的生理价值，对运动员的营养有特殊作用。磷脂中有卵磷脂、脑磷脂和神经磷脂；固醇类为一些类固醇的前体。胆固醇是人体中主要的固醇类化合物，是类固醇激素、维生素 D 及胆汁酸的前体。

脂肪酸的种类很多，按分子结构可分为饱和脂肪酸与不饱和脂肪酸。不饱和脂肪酸又可分为单不饱和脂肪酸与多不饱和脂肪酸。目前已知的多不饱和脂肪酸中，亚油酸等对人体最重要，它在体内不能合成，必须从食物中摄取，故称必需脂肪酸。

（一）生理功能

1. 储能和供能

一般合理膳食的总能量的 20%~30% 由脂肪提供。储存脂肪常处于分解（供能）合成

（储能）的动态平衡中。1 g 脂肪在体内氧化可产能 37.56 kJ，相当于 9 kcal 能量，比等量蛋白质和糖类产生的热量大一倍多。

2. 组织细胞的组成成分

细胞膜是由磷脂、糖脂和胆固醇组成的。神经组织含有磷脂和糖脂；胆固醇是类固醇激素、维生素 D 及胆汁酸的前体。

3. 保护脏器和维持体温

脂肪分布于腹腔、皮下、肌纤维间，具有保护脏器、组织和关节的作用。皮下脂肪还是很好的绝缘物质，有保温防寒的作用。

4. 促进脂溶性维生素的吸收

食物脂肪是脂溶性维生素 A、D、E、K 的载体，协助脂溶性维生素和胡萝卜素等的吸收。

脂肪还可以节约蛋白质，提供必需脂肪酸；具有内分泌作用，参与某些内分泌激素，增加膳食的美味，增加饱腹感。

（二）推荐摄入量与食物来源

膳食中脂肪的需要量受年龄、生理状态、饮食习惯、运动、经济条件和气候等因素影响，变化范围很大。成人膳食脂肪的推荐摄入量小于总热量的 30%，饱和脂肪小于总能量的 10%，单不饱和脂肪酸占总能量摄入量的 10%，必需脂肪酸的安全摄入量占总能量的 1%~2%，胆固醇每天摄入量是 300 mg。高血脂和调节功能差者，应更加严格限制胆固醇摄入量，每天要低于 200 mg。

脂肪的食物来源有两种：一种是动物性食物，如猪油、牛油、羊油、奶油、鱼油、骨髓及鸡蛋黄；另一种是植物性食物，如芝麻、棉籽、菜籽、茶籽等，以及加工后制成的植物油。另外，花生、核桃、杏仁、松子及黄豆都是脂肪含量丰富的食物。

（三）脂肪与运动

脂肪是膳食中浓缩的能源，是食物中供能最多的营养素。人体在休息状态下，60% 的能量源于体内脂肪。一般来说，运动强度越小，持续时间越长，依靠脂肪氧化供能占人体总能量代谢的百分率越高。在小于 65%VO_{2max} 强度下长时间运动时，以脂肪酸的氧化供能为主；在大于 60%VO_{2max} 强度下持续时间短于 60 min 的运动时，以有氧氧化或无氧酵解供能为主。

脂肪代谢产物蓄积会降低耐久力并引起疲劳；过多摄入脂肪会降低蛋白质和铁等其他营养素的吸收率；过多摄入脂肪还会带入外源性的食物胆固醇，引起高脂血症。

四、矿物质

人体内含有的各种元素，除碳、氢、氧、氮，主要以有机化合物的形式存在外，其余的元素统称为矿物质。其中有 20 多种已经被证实是人类营养所必需的。含量较多的，在机体中在 0.01% 以上的，称常量元素，有钙、磷、钾、钠、硫、氯、镁 7 种。含量在 0.01% 以下的，称微量元素，有铁、锌、碘、硒、氟、铜、钼、锰、铬等 14 种。

矿物质的分类见表 2-3。

表 2-3　矿物质的分类

种类		生理功能	推荐摄入量（每天）	食物来源
常量元素	钙	构成骨骼和牙齿；维持神经肌肉正常的兴奋性；维持细胞膜和毛细血管的正常功能；参与血液凝固过程；作为第二信使，调节机体各种生理活动	青少年为 1 000 mg、成年人为 800 mg、50 岁以上人群为 1 000 mg，孕妇和哺乳期女性为 1 000~1 200 mg。钙摄入过量会增加肾结石的患病危险性，引起奶碱综合征，干扰铁、锌、镁、锶等元素的吸收利用	奶和奶制品是钙的主要来源，含钙最丰富并且吸收率高，可以连骨或壳吃的小鱼、小虾及一些坚果类，含钙也较多。豆类、绿叶蔬菜也是钙的较好来源。含草酸较多（如菠菜）的食物对钙吸收有所影响。硬水中也含有相当量的钙
	磷	构成骨骼和牙齿的主要物质；核酸、磷脂、磷蛋白等的组成成分，参与调节体内生理功能。磷酸盐组成缓冲体系，维持体内酸碱平衡以磷酸高能键形式参与物质代谢和能量代谢	因食物来源丰富，不易缺乏，11~18 岁青少年为 1 000 mg，18 岁以上成年人为 700 mg，妊娠期和哺乳期女性为 700 mg	无论是动物性食物还是植物性食物，其细胞中都含有丰富的磷，动物乳汁中也含有磷，磷是和蛋白质并存的。瘦肉、蛋、奶、动物的肝脏、肾中，磷的净含量都很高（海带、紫菜、芝麻酱、花生、干豆类、坚果、粗粮含磷也较丰富）
	钾	钾是细胞内液中的主要阳离子，也是血液的重要成分。钾不仅维持着细胞内液的渗透压和酸碱平衡，还维持神经肌肉的兴奋性。参与蛋白质、糖及能量代谢的过程	11~14 岁为 1 500 mg，14 岁以上为 2 000 mg，妊娠期和哺乳期女性为 2 500 mg	大部分食物都含有钾，蔬菜和水果是钾最好的来源
	钠	钠是细胞外液的主要阳离子，维持细胞外液的渗透和酸碱平衡，对细胞的水分、渗透压、应激性、分泌和排泄等具有调节功能	11~14 岁为 1 200 mg，14~18 岁为 1 800 mg，18 岁以上为 2 200 mg（包括妊娠期和哺乳期女性）	普遍存在于各种食物中，但人体钠的来源主要为食盐、酱油、腌制肉、酱咸菜类食物，咸味的食物等
	镁	以磷酸盐和碳酸盐形式组成骨骼和牙齿；是某些酶的辅助因子或激活剂，维持神经肌肉正常兴奋性，维持心肌正常结构与功能	11~14 岁为 350 mg；14 岁以上为 350 mg；成年人、老年人为 350 mg；妊娠期和哺乳期女性为 400 mg	绿叶蔬菜、粗粮、坚果中镁的含量丰富，肉类、牛奶中的镁含量中等。硬水中也含有少量的镁
微量元素	铁	主要作为血红蛋白、肌红蛋白、细胞色素等组成部分参与体内氧的运送和组织呼吸过程。催化胡萝卜素转化为维生素 A，参与胶原的合成，促进抗体的产生，增强机体免疫力	成年人铁适宜摄入量男子为 15 mg，女子为 20 mg，可耐受最高摄入量男女均为 50 mg	动物肝脏、全血、肉类、豆类和绿色蔬菜等是铁的良好来源，蛋黄中的铁吸收率虽然偏低，但含铁丰富，仍是较好的铁来源食物
	锌	是许多金属酶的组成成分，一些酶的激活剂，增强机体免疫力，加速创伤愈合；促进维生素 A 代谢，保护夜间视力，改善味觉，促进食欲，提高智力	普通成年男子的需要量为 2.2 mg，每日膳食锌的供给量为 11 mg	贝壳类海产品、红色肉类、动物肝脏类都是锌的极好来源，水果类、谷类胚芽和麦麸富含锌，奶酪、虾、燕麦、花生等也是良好来源。一般的植物性食物和蔬菜水果中含锌较低

续表

种类		生理功能	推荐摄入量(每天)	食物来源
微量元素	铜	氧化酶的组成成分;促进组织中铁的转移和利用;催化血红蛋白的合成;清除自由基,防止衰老,抗癌	成年人为 2 mg,可耐受最高摄入量成年人为 8 mg	铜广泛存在于各种食物中,牡蛎、贝类食物以及坚果类是铜的良好来源;其次是动物肝脏、肾、谷类发芽部分、豆类等
	氟	预防龋齿和老年骨质疏松症;加快伤口愈合和铁的吸收	成年人适宜为 1.5 mg,可耐受最高摄入量成年人为 3.0 mg	一般动物性食物中氟含量高于植物性食物,海洋动物中包含的氟高于淡水动物及陆地动、植物,其中茶叶、海鱼、海带、紫菜中氟含量较高
	碘	参与甲状腺的合成,甲状腺对蛋白的合成、能量代谢、水盐代谢有重要的影响	成年人为 150 μg,可耐受最高摄入量每天为 1 000 μg	海产品的碘含量大于陆地食物,如海带、紫菜、鲜鱼、干贝、淡菜、海参、海蜇等。海带含碘量最高,其次为海贝及海鱼。陆地食品蛋、奶含碘较高,其次为肉类
	硒	维持细胞膜结构和功能的完整性;预防克山病和大骨节病;促进免疫球蛋白合成,增强机体免疫功能和抗癌,降低毒物对人体的危害;促进生长,保护视觉器官的健全功能	18 岁以上者为每天 50 μg,可耐受最高摄入量为每天 400 μg	动物性食物为硒的来源,特别是内脏和海产品;植物性食物中硒的含量随产地土壤、河流硒含量及可被吸收利用量的变化而变化

1. 钙与运动

营养调查显示,运动者钙缺乏或不足,尤其是女运动员,原因主要有钙摄入量不足,每天只有 800 mg。控制体重和闭经的女运动者有 1/3 存在钙摄入量不足问题;钙丢失量大,运动可增加钙丢失。钙在维持神经和肌肉细胞的兴奋性、骨骼肌的收缩、细胞内第二信使等方面具有重要功能,钙营养的平衡对保持运动能力具有重要作用。

2. 铁与运动

研究表明,运动可加快铁在机体的代谢。长期运动训练使组织内储存的铁含量明显下降。运动可使肌肉增大,肌肉中铁酶的含量增加,表明运动使铁的需要量增加。铁储备低会增加发生贫血的危险性,并影响运动成绩。近期研究资料表明,运动者的铁营养状态与运动能力和认知能力有关。补充铁剂对改善铁营养状况、提高运动能力有非常显著的效果。

3. 锌与运动

长期进行大运动量训练可使运动员血清内锌的含量处于较低水平,这与运动者的锌代谢较快、排出增多、吸收率下降等因素有关。充足的锌对肌肉的正常代谢十分重要,缺锌可引起肌肉生长发育缓慢、质量减少,给锌不足的运动员补锌,可加强运动员肌肉代谢,提高肌肉力量。

五、维生素

维生素是维持人体正常生命活动所必需的一类有机化合物。在体内含量极微,但在机体代谢、生长发育等过程中起重要作用。维生素主要分为水溶性维生素和脂溶性维生素。

水溶性维生素是B族维生素和C族维生素，脂溶性维生素是维生素A、D、E、K。

维生素的分类见表2-4。

表2-4 维生素的分类

种类		生理功能	每天推荐摄入量（参照2000年中国营养学会制定）	食物来源
脂溶性维生素	维生素A	维持正常的视觉功能； 维持上皮组织结构的完整和健康； 具有类固醇激素的作用，影响细胞分化，促进生长和发育； 有抗氧化、抗癌和抗疲劳作用	成年男性为800 μgRE，女性为700 μg RE，可耐受最高摄入量为3 000 μgRE	存在于动物性食物中，尤其是动物的肝脏、蛋类和奶类。维生素A可由β-胡萝卜素合成。胡萝卜素的良好来源是有色蔬菜和水果，如菠菜、豌豆苗、红心甜薯、胡萝卜、青椒、杏和芒果等
	维生素D	调节体内钙、磷代谢，促进钙、磷的吸收和利用，构成健全的骨骼和牙齿	成年人每天为5 μg，可耐受最高摄入量为每天20 μg	主要存在于动物性食物中，最丰富的来源是鱼肝油、各种动物肝脏和蛋黄，夏季动物奶中的含量也较多。晒后的青菜，其他维生素可能被破坏，但维生素D剧增，故菜干是富含维生素D的食物
	维生素E	抗氧化作用；促进毛细血管增生，改善微循环，有利于防止动脉粥样硬化及冠心病；促进新陈代谢，增加氧的利用率，增强机体耐力，维持正常生殖功能；参与体内一些必需物质的合成	14~18岁15 mg（22.4 IU），成年人15 mg（22.4 IU），孕妇15 mg（22.4 IU），母乳喂养的青少年和女性19 mg（28.4 IU）	主要存在于植物性食品中，麦胚油、花生油、芝麻油是良好的来源
	维生素K	促进凝血酶原合成	每天为120 μg，可耐受最高摄入量未定	甘蓝、菠菜、花菜中含量最丰富，番茄、奶酪、蛋黄和动物肝脏中含量也比较丰富
水溶性维生素	维生素B_1	促进糖类代谢，维护心脏和神经健康，增进食欲，增强消化功能	成年男女分别为1.4 mg和1.3 mg，可耐受最高摄入量为50 mg	广泛存在于天然食品中，含量丰富的有动物内脏、肉类、豆类、花生和粗粮。谷类也是主要来源
	维生素B_2	直接参与氧化反应及电子传递系统，是蛋白质、脂肪和糖类在体内代谢时不可缺少的物质	18岁以后男女分别为1.4 mg与1.2 mg	广泛存在于动物性和植物性食物中，以肝、肾、心、奶类、蛋黄和鳝鱼中的含量较多，其次是豆类和绿叶蔬菜

续表

种类		生理功能	每天推荐摄入量(参照2000年中国营养学会制定)	食物来源
水溶性维生素	维生素B_3	参与生物氧化,维持皮肤健康	18岁以后男女分别为14 mgNE与13 mgNE,可耐受最高摄入量为35 mgNE	广泛存在于动植物食品中,其中含量最丰富的是酵母、花生、谷类、豆类及肉类,尤其是动物肝脏
	维生素B_6	参与蛋白质、氨基酸代谢	18~50岁、50岁以上分别为1.2 mg与1.5 mg,可耐受最高摄入量儿童为50 mg,成年人为100 mg	广泛存在于各种食品中,各种谷物、豆类、肉类、蛋黄等。体内肠管细菌也可以合成一部分
	维生素B_{12}	防治脂肪肝;促进红细胞的发育和成熟,维持机体正常的造血机能	联合国粮食及农业组织和世界卫生组织推荐正常成年人摄入量为1 μg,在我国目前提出的适宜摄入量中,成年人为2.4 μg	主要源于动物性食品,如肝、肾、肉、海鱼、海虾等
	叶酸	与蛋白质核酸合成有关,与红细胞白细胞成熟有关	成年人为400 μgDFE(DFE为膳食叶酸当量)。成人、孕妇及乳母的可耐受最高为1 000 μgDFE	广泛分布于各种食物,最丰富的食物来源是动物肝脏、绿叶蔬菜、酵母等。肠菌也能合成叶酸供人体利用
	维生素C	参与氧化还原反应;促进胶原蛋白合成;提高应激能力;增强机体免疫力和抗癌作用;降低血胆固醇水平,可加速肌肉中磷酸肌酸与糖原的合成,提高运动能力	成年人为100 mg,14岁以后的可耐受最高摄入量为1 000 mg	主要源于新鲜蔬菜和水果,青菜、韭菜、菠菜、青椒、花菜、鲜枣、草莓、山楂中含量尤其丰富

六、水

无论何种营养成分最终都将产生代谢物(废物),身体必须使用很多方式将代谢物排出体外,大多数时候使用的媒介就是水。水是让身体及肌肉活化的工具,水可稳定细胞,让营养成分流向身体每一个位置。

所有身体组织都含有水分,但含量有很大差异,如牙齿中的水含量为5%,脂肪及骨骼中的水含量为25%,肌肉中的水含量为80%。身体中大部分的化学反应均需在水环境下进行。

身体内的水可分为细胞内液、细胞外液及细胞间液。细胞内液是指细胞内的水分,占体重的40%。细胞外液是指血浆、淋巴液、脊髓液及身体分泌液,占体重的20%。细胞间液是指存在于细胞与细胞间的液体,占体重的20%。99%的细胞间液可借由血管上的小孔与血液互相流通,受血液蛋白质所形成的胶体渗透压的控制。细胞间液积聚太多无法排出时,身体处于水肿状态。

(一)生理功能

(1)水是构成细胞的成分。细胞内的化学变化都要在有水分的情况下进行。

(2)水是细胞间液、分泌液与排出液的成分。血液淋巴液、消化液、胆汁、汗液、尿液皆含有适当量的水。

（3）水是一种溶剂，消化后的产物溶于水中，才能被小肠黏膜吸收，再送入血液循环。

（4）促进正常的排泄，尿液、粪便与汗液中的水分可以溶解和稀释体内的废物，避免伤害体内细胞，使废物顺利排出体外。

（5）调节体温。身体运行产生的热量随体液分散至身体各部位，体温过高时可借由排汗、呼出的水汽、尿液及粪便水分排泄至体外，调节身体温度。

（6）润滑作用。唾液可润滑食道帮助吞咽，肠道、呼吸道及泌尿道的分泌液皆有滑润黏膜的作用，关节间的液体可防止骨骼之间的磨损。

（二）推荐摄入量与来源

1. 摄入量

每日摄入的水分应能补充肾脏、肺脏、皮肤及肠道损失的水分，口渴是身体需要水的信号。对于健身运动员，建议每日摄入水分为 2 500 mL，运动前摄入 250 mL，运动时每 20 min 补充 200 mL，运动后根据体重减少情形适量补充。

2. 食物来源

（1）直接摄取的水分。如饮用水、饮料和汤汁。

（2）食物中所含的水分。牛奶的含水量为 87%，蛋的含水量为 75%，肉类的含水量为 40%~70%，蔬菜、水果的含水量为 70%~95%，谷类的含水量为 8%~20%，面包的含水量为 35%。成年人平均每日能够从食物中获得 1 000 mL 的水分。

（3）营养素在体内代谢氧化所产生的水分。100 g 脂肪氧化产生 107 mL 的水分，100 g 糖类氧化产生 56 mL 的水分，100 g 蛋白质氧化产生 41 mL 的水分，因此 240 g 糖类、170 g 蛋白质及 40 g 脂肪氧化后约产生 247 mL 的水分。

七、膳食纤维

膳食纤维是一种多糖，它既不能被胃肠道吸收，也不能产生能量，曾一度被认为是一种“无营养物质”而长期得不到足够的重视。但随着营养学和相关学科的发展，人们逐渐发现膳食纤维具有相当重要的生理作用，因此将膳食纤维补充认定为第七类营养元素。膳食纤维具有抗腹泻、预防肠癌、治疗便秘、解毒、降低血液胆固醇等作用。

第三节　运动生理基础知识

运动生理学主要研究在运动训练过程中，人体各器官功能产生的变化规律及机制。近年来，随着健身产业和私人教练行业的快速发展，新的训练模式被广泛应用，运动生理学的知识对增强私人教练的专业素质起着越来越重要的作用。

一、人体能量系统

运动训练的基本原理，要先从能量的重要性及其来源说起。一切人体运动都是由肌肉收缩产生的。无论是一瞬间就可以完成的动作（如跳高、跳远）或者要持续数分钟，甚至数小时的活动（如跑步、游泳），肌肉均需要有足够的能量储备及补充，但能量被身体有效利用之前，必须先转化为三磷酸腺苷（简称 ATP），才可供身体使用。肌肉运动时收缩所需的能量就是通过 ATP 的分解释放出来的。

每克 ATP 分子可释放 29.26~50.16 kJ（7~12 kcal）能量。ATP 一旦被分解，便迅速补充，肌肉细胞内 ATP 的储存量极少，必须不断补充才可以满足身体持续活动的需要。补充能量基本有 ATP-CP 系统、乳酸系统、有氧供能系统三个途径。前两个系统可以在缺氧的情况下补充 ATP，又称无氧系统；第三个系统要在有充足氧气的情况下才能够有效地补充 ATP，称为有氧系统。

（一）ATP-CP 系统

身体开始运动后，虽然可以立即获得 ATP 供应肌肉收缩的需求，但它在肌肉中的储存量只能供短时间、高强度的运动使用。当储存在肌肉内的 ATP 很快被消耗后，在肌肉细胞内储存的磷酸肌酸（简称 CP），就会继续迅速分解，释放能量重新合成 ATP，ATP 得以再度分解，释放出能量供肌肉收缩使用。

特点：不需氧；输出功率最大；储量少，供能时间短，为 7.5 s；不产生乳酸；快速可动用性；主要供能项目为高功率项目，如短跑、跳、投等。

（二）乳酸系统（糖酵解系统）

乳酸系统主要在 ATP-CP 系统之后继续提供能量，支持持续 20 s 及以上的高强度无氧运动。其是运动时间稍长、强度很大项目（如 200 m 和 400 m）的主要能源供应来源。运动时，能量先由 ATP-CP 系统供能，8~10 s 后转为乳酸系统供应。乳酸系统主要靠分解储存在肌肉细胞及肝脏中的糖原释放能量重新合成 ATP。

糖原可以快速产生 ATP 供应高强度的运动。糖原在缺氧的情况下分解，在肌肉内会产生大量的乳酸，乳酸快速通过肌肉细胞膜进入血液循环，可被其他组织有氧分解再产生 ATP。当乳酸产生速率大于清除速率时，会造成血液中的乳酸堆积过剩。乳酸堆积会引起疲劳，最严重者可令身体活动无法继续进行。

特点：无氧供能；输出功率较高；供能时间为 33 s。能源：糖原；产生乳酸使机体至疲劳；10 s 以上（主要为 1~3 min）的大强度项目供能，如 400 m、800 m 跑等。意义：缺氧时应付机体能量急需。

（三）有氧供能系统

有氧供能系统可以大量有效地产生 ATP。氧气是这种系统供能有效运作的必要条件，一个人的最大耗氧量是影响其运动能力的重要因素。对最大耗氧量有影响的因素包括心脏的泵血功能；肌肉利用氧的能力；遗传因素、年龄、种族及性别因素；训练的影响。

有氧供能系统在运动时会比较缓慢地被活化，大约在运动后的 2 min 开始工作，在至少连续运动 5 min 之后才会大幅度、有效地进行有氧代谢。这时，心率和呼吸速度都会加快，增加摄氧量释放能量合成 ATP 的同时不会产生乳酸。有氧系统是持续时间为 2 min 及以上的运动项目（如 1 500 m 长跑项目）的主要供能，超过 20 min 以上的持续运动，脂肪也可以被分解释放能量，至于蛋白质只会在特殊情况下（如长期饥饿）才会被分解释放能量。

特点：有氧供能；输出功率低；能生成大量ATP，贮能多；不产生致疲劳物质，供能持久；供能项目主要是长时间的耐力项目。意义：是人体最重要的供能系统。

二、有氧与无氧系统

在运动过程中，使用哪种供能系统是根据运动的强度和时间决定的，除极短时间的运动外，大多数运动在不同程度上用到有氧及无氧两种供能系统。

这三种能量供应系统并非简单地交互轮替，在任何时间皆有运作，相互配合，其中一种系统供应主要能量时，其他系统也会有不同程度的参与。在开始运动的2 min之内，三种系统间的交互作用最为复杂，各种能量供应系统的作用的变化：ATP-CP系统的作用量从最高降至最低，乳酸系统稳定地维持高能量输出，有氧系统的作用量从最低变成最高。

静态休息时，身体主要的能量由有氧供能系统提供。如果突然活动量增加，有氧供能系统不能满足在短时间内对ATP的大量需求，需由无氧供能系统提供，有氧供能系统会继续提高其工作量，产生更多的ATP。

中高强度的运动持续了一段时间后，身体会开始提高氧气输送系统的效率来配合。假如这时有氧供能系统能满足运动量，身体便会减低无氧供能系统的工作，肌肉里的乳酸含量也会保持稳定。如果运动量太大，有氧供能系统的工作不能满足需求，无氧供能系统就会维持工作量，体内的乳酸就会持续增加。

糖、脂肪、蛋白质三大能源物质在运动中的利用速率中，糖的利用速率最大。运动开始时机体首先分解肌糖原，肌糖原通过糖酵解方式参与供能。持续运动5~10 min，血糖开始参与供能，运动时间继续延长，肝糖原分解补充血糖。脂肪在安静时为主要供能物质，在运动达到30 min左右时，脂肪输出功率达到最大。蛋白质在运动中作为能源供能时，通常发生在持续30 min以上的耐力项目。随着耐力水平的提高，产生肌糖原及蛋白质的节省化现象。

思考题：

1. 试述躯干骨、上肢骨和下肢骨的组成。
2. 试述关节的组成。
3. 试述胸大肌、股四头肌的起止点和功能。
4. 人体所需的营养素有哪些？
5. 简述ATP-CP系统的功能。

第三章 运营管理

运营管理部(营运部)作为健身会所的三大业务部门(会籍部、教练部和营运部)之一,是维持健身俱乐部运转的重要部门。营运部的主要任务是维护健身会所基本健身设施、设备的正常运转,为会员提供安全、舒适的健身环境,联络和协调三大部门的工作。营运部的管理水平和部门内的员工素质,对健身会所的服务质量和会员满意度起着至关重要的作用。

有些健身俱乐部将营运部称为客服部,将营运部经理称为客服经理或营运经理,工作内容基本相同。

营运部经理作为整个部门的负责人,组织、督促各岗位员工全面完成其职责范围内的各项工作,对部门员工的表现进行评估及考核。为了让会员获得完善的健身服务,营运部应保证健身俱乐部设备、设施的正常运转,保证健身俱乐部的环境整洁,保证会员用品的充足供应。作为健身俱乐部的基层管理者,营运部经理需要制订详细的能源控制方案,完成水吧与卖品部的销售指标,监督前台的服务标准等。

有些健身俱乐部设立专门的客服部,处理客户投诉,组织会员活动,对会员进行电话跟踪服务等。本章将重点介绍前台、水吧与卖品部、保洁三个部门的重点工作和部分设备的维护知识。

(一)前台

前台员工作为健身俱乐部与客户沟通最直接、最频繁的人员,是企业形象的代言人。前台员工具有较强的职业感、沟通能力和应变能力尤为重要,同时,必须熟练掌握健身俱乐部的标准接待流程,了解健身俱乐部的各方面信息,具有与其他部门合作的意识和能力。

收银人员必须熟练掌握健身俱乐部财务系统的操作流程及收费系统软件的使用,按照公司价格标准收取会籍费用,迅速准确地将客户资料录入计算机,打印会员合同,按照健身俱乐部规定管理会员卡的发放,全面协助会籍部进行会员入会、转会、退会的工作,为客户提供热情周到的优质服务。有的健身俱乐部收银人员与前台人员合并组成一个部门,会员合同由会籍部录入资料,再由收银人员收款后确认信息。

(二)水吧与卖品部

水吧与卖品部是为了方便健身俱乐部会员设立的附属服务部门,也是健身俱乐部为会员提供服务的一个窗口。水吧与卖品部人员有义务为会员、顾客、员工创造一个温馨的休闲环境,其一举一动同样影响着健身俱乐部的形象。大多数健身俱乐部将水吧员工与前台员工合并组成一个部门。

(三)保洁

健身俱乐部的保洁工作一般采取由专业保洁公司承包或自己招聘保洁人员两种方式管理。无论采用哪种方式管理,清洁幽雅的健身俱乐部环境对会员是至关重要的。保洁人员的工作质量直接影响健身俱乐部的卫生状况，影响顾客对健身俱乐部的观感，健身俱乐部应要求保洁人员了解并严格执行卫生清洁标准，熟练掌握清洁用具的使用方法及清洁流程。保洁人员的工作热情和精神面貌也影响着健身俱乐部的整体服务质量。

第一节　前台服务与管理

一、前台员工的重要性及八大服务标准

（一）前台员工的重要性

前台是进入健身俱乐部的必经之路，也是会员每天进入、离开俱乐部时接触最多的部门。考察健身俱乐部的管理水平和服务档次往往从前台开始，前台就像人的眼睛，在判断人的美丑中起着至关重要的作用。因此，前台的服务质量是营运部管理的重点。

优秀的前台服务可以给会员、参观者和内部员工热情、友好、家一般的感觉，使人们感到亲切。招聘前台员工相对于教练和会籍顾问似乎容易一些，培训也似乎简单一些，但前台是整个健身俱乐部的信息中心和情感交流窗口，其服务质量要不断地提高，服务的方式要不断地改善，不断地跟进，其员工必须具备丰富的行业经验和职业技能。性格开朗、乐于助人、声音甜美、积极向上和愿意学习的人适合担此重任。然而，许多健身俱乐部管理者并没有足够重视这个部门，导致了会员的满意度不高。

前台是健身俱乐部的窗口，是健身企业的服务标准和品牌形象的具体体现，工作的重要性决定了前台员工的工作压力较大，主要体现在以下几方面：

（1）最早到岗，最晚离开，每天工作时间较长。

（2）工作活动范围较小，站立时间较长。

（3）主要接受会员的投诉，需要有非常好的耐心，要善于控制自己的情绪。健身俱乐部每一位员工，特别是健身俱乐部管理者都应该关心爱护前台员工。能做到这一点，健身俱乐部达到优秀甚至是卓越的客户服务才是有可能实现的。

（二）前台员工的八大服务标准

前台人员在自觉遵守健身俱乐部员工行为规范的同时，更应注意以下几点：

（1）以热情和职业的方式问候会员、访客和员工，随时与会员说“您好！欢迎光临”，“再见，欢迎再次光临”。

（2）接待会员时，要随时随地保持微笑和目光接触，要称呼他们的姓氏，如张先生、李小姐等。

（3）用双手接递客户的物品、会员卡。

（4）主动询问会员的锻炼情况，经常赞美、关心会员。

（5）无论是与会员面对面交谈还是通过电话交流，应该始终保持礼貌、友好、热情。

（6）禁止使用手机或拨打私人电话，不可使用话机免提功能。

（7）对待会员应有耐心，语气应温和、亲切，在任何情况下都不得与会员争吵，会员抱怨

时,应先请会员到较安静的地方,聆听会员意见,再委婉解释原因,共同寻找解决方案。

(8)主动询问会员是否有困难,是否需要帮助,如有未解决的事情应立即转告值班经理,请其协助处理。

二、前台员工的主要工作职责及岗位描述

前台员工的主要工作职责:监控健身俱乐部的入口,接听电话,为会员、顾客和员工提供咨询,处理会员投诉,负责广播及更衣柜管理,协助其他部门开展工作。

健身俱乐部称前台负责人为主管,鉴于前台在健身俱乐部的特殊地位和重要性,越来越多的健身俱乐部称负责管理前台工作的人员为前台经理,一方面体现了健身俱乐部对这一岗位的重视,其名称和薪酬都区别于普通的主管,级别与会籍部经理和教练部经理相同;另一方面,便于在处理客户投诉时,满足会员要求见到负责经理的心态。健身俱乐部应依据《中华人民共和国劳动法》的有关规定,根据每天营业时间、客流量大小和营运部整体人员架构分工等方面,确定若干数量的前台工作人员。前台和前台经理的岗位描述见表 3-1 和表 3-2。

表 3-1 前台职位说明书

基本信息	职位名称:前台	所属部门:健身俱乐部营运部
	责任上级:前台经理	责任下属:无
工作关系	内部工作关系 1. 会籍部 2. 教练部 3. 公司其他部门	外部工作关系 1. 会员 2. 电话咨询、上门拜访的访客 3. 外联单位
工作概要	接听电话,控制入口,形成健身俱乐部的信息中心,为健身俱乐部创造一种热情、友好的环境	
工作职责	1. 熟悉前台各项操作流程,熟知各种会员卡的类型及各类卖品的销售价格 2. 负责保管部门内部相关物品,做好部门内仓库盘点工作,严格遵守公司各项规章制度 3. 按规定依次打开前台电源及电器设备,准备营业所需的接待物品,查看上一班次的工作留言本 4. 双手递接会员物品,认真核对会员卡,做好会员卡和手牌号的登记,计算机输入应快速准确 5. 统计每日客流情况和毛巾的日耗量,统计水、电等日常开销,准确记录,确保手牌、毛巾等物品的用量充足,做好与次日工作人员的交接留言工作 6. 整理归放前台物品,检查各设备是否完好,依次关闭电器设备、电源及柜门,配合保洁人员做好每日清洁收尾工作 7. 接待会员投诉,主动维护公司的形象和声誉,对公司、客户的资料严格保密 8. 主动促销卖品,积极配合、协助其他部门的工作	
工作权限	1. 改善前台工作的建议权 2. 禁止非前台员工的进入权 3. 前台计算机的使用权	

续表

<table>
<tr><td rowspan="6">任职资格</td><td>内容</td><td>必备条件</td><td>期望条件</td></tr>
<tr><td>教育水平</td><td>完成九年义务教育</td><td>高中以上（含高中）学历</td></tr>
<tr><td>外表要求</td><td>女：160 cm 以上
男：170 cm 以上
五官端正，胖瘦适宜</td><td>女：165 cm 以上，外貌清秀，身材匀称，气质佳
男：175 cm 以上，举止潇洒，身材匀称，气质佳</td></tr>
<tr><td>工作经验</td><td>热爱服务性工作，有良好的倾听能力</td><td>有服务性工作经验 1 年及以上</td></tr>
<tr><td>技能与能力</td><td>具备良好的语言表达能力，简单的计算机操作能力，简单的英语口语能力</td><td>具有服务性行业知识及技能，掌握电话接听技巧，熟练应用办公自动化软件，具有较强的英语口语能力</td></tr>
<tr><td>个性与品质</td><td>热情、开朗、有责任心</td><td>耐心、思维敏捷，对企业忠诚度高</td></tr>
<tr><td>薪酬待遇</td><td colspan="3">前台工资 = 基本工资 + 岗位津贴 + 工作表现奖 + 部门销售提成 + 餐费补助</td></tr>
</table>

表 3-2　前台经理职位说明书

<table>
<tr><td rowspan="2">基本信息</td><td>职位名称：前台经理</td><td>所属部门：健身俱乐部营运部</td></tr>
<tr><td>责任上级：营运部经理</td><td>责任下属：前台</td></tr>
<tr><td>工作关系</td><td>内部工作关系
1. 俱乐部所有部门
2. 公司其他部门
3. 部门内前台员工</td><td>外部工作关系
1. 会员
2. 电话咨询、上门拜访的访客
3. 外联单位</td></tr>
<tr><td>工作概要</td><td colspan="2">保证前台工作的正常运行，监督、管理部门员工的日常工作，完成健身俱乐部下达的任务</td></tr>
<tr><td>工作职责</td><td colspan="2">1. 俱乐部营业前准备
（1）检查客服人员出勤率；检查客服人员着装和仪表是否符合员工行为规范要求；检查俱乐部设施运行情况
（2）查看交班本内容，组织召开展会；指出前台人员工作的不足之处，提醒注意点，安排当天工作内容，安排调整前台人员的班次和作息时间
（3）检查前台、保洁、工程岗位的准备情况；按营业时间段打开营业区电源和设备，确保工作用品、客用品、日耗品的充足，保证良好的卫生条件
2. 俱乐部营业中工作
（1）查看各岗位的工作情况，保持联系，纠察指正工作中发现的问题；检查俱乐部卫生情况；热情接待客户，及时上报和处理客户投诉
（2）管理重要物品。每日毛巾的送洗、签收和交接，核实数量和清洗质量；监督物品领用情况
（3）签字确认物品领用单是否属实；按规定时间开放桑拿、霓虹灯等设施
（4）及时跟踪和反馈设备的使用和损坏情况，配合工程人员维护和更新
（5）负责安排部门员工的上班日期
（6）负责前台管理工作，按时召集前台员工例会，定期给部门员工进行培训（客户服务消防知识和专业技能）
3. 俱乐部营业结束后的工作
（1）签字确认当日毛巾盘点，准确交接
（2）查看各工作点的物品数目、摆放及会员卡、销售物品的数量等情况
（3）统计并填写每日营运客流分析表
（4）确认当日值夜人员
（5）检查并关闭所有电源及电器设备，消除安全隐患</td></tr>
</table>

续表

工作权限	1. 部门办公用品领用权 2. 前台人员的每日工作计划和排班的时间安排权 3. 部门员工假期的安排权 4. 职权范围内投诉事件的处理权 5. 在第三方（人力资源部 / 营运部 / 稽核部）监督下对下属员工的评估权 6. 部门监督、考核、奖惩权 7. 部门工作的改善权		
任职资格	内容	必备条件	期望条件
	教育水平	高中以上学历	大专及以上学历，酒店类专业毕业
	外表要求	身体健康，五官端正	男外表俊朗，女外表甜美，都具亲和力
	工作经验	从事酒店业或相关服务性行业的客服工作1年	从事酒店业或相关服务性行业的客服工作1年以上
	技能与能力	具备较好的中文表达能力和沟通能力	具备基础外语能力和处理突发事件的应变能力，掌握服务业知识和技巧
	个性与品质	诚实，责任感强，外向型	善于学习、热爱本职工作
薪酬待遇	工资 = 基本工资 + 岗位津贴 + 工作表现奖 + 部门销售提成 + 餐费补助		

前台员工具体相关职责可进一步归纳如下。

（一）监控健身俱乐部的入口

（1）通过健身俱乐部的管理软件系统，在会员进入、离开健身俱乐部时，为会员验卡，确认卡的有效性，及时发放和收回手牌（某些国外健身俱乐部和国内部分健身俱乐部不提供公共更衣柜的锁，可能不用提供手牌）。

（2）由于某种原因还没有进入健身俱乐部管理系统的卡，要进行手工登记。

（3）如果发生健身俱乐部的管理系统限制会员进入的情形，要礼貌、适当地进行处理。

（4）熟悉访客接待流程，热情问候来访顾客，请求他们完成访客登记表，于等候区就座，并根据当时的具体情况主动与访客进行交流，直到他们约见的会籍顾问或其他同事接待他们为止。

（5）熟悉试训练者的接待流程。

（6）熟悉员工的锻炼流程。

（二）接听电话

（1）热情和职业地接听电话。

（2）准备回答关于健身俱乐部的任何问题（例如健身俱乐部的开放时间，课程的安排，健身俱乐部的位置，连锁健身俱乐部的电话号码等）。

（3）按流程认真处理咨询电话。

（4）为其他员工传递消息，有责任确保他们收到。

（三）为会员、顾客和员工提供服务

前台为会员提供的服务包括以下几方面：

（1）负责会员卡的存卡、停卡等业务。

（2）负责健身俱乐部的设施、设备和计算机系统的报修。

（3）负责预约场地和团体课程。

（4）负责更衣柜的清理。

（5）负责保持前台的整洁。

（6）负责会员受伤或会员物品丢失时执行应急程序。

部分会员、访客和同事遇到问题时，要找的第一个人就是前台。前台处理问题的能力和服务水平将直接影响健身俱乐部的形象。为此，前台应该熟悉以下信息，并对其变化了如指掌：

（1）各种接待流程、会员卡类型及享有的特权。

（2）会籍顾问、私人教练、需要预约的集体课程的预约程序和规定。

（3）健身俱乐部开设的集体课程及相关知识。

（4）集体课程的课表，员工的排班表，健身俱乐部的开放时间。

（5）健身俱乐部周边的环境和交通。

（6）健身俱乐部内部的设施和设备，如游泳池、儿童房、美容或桑拿浴，以及它们的开放时间。

（7）健身日卡、周卡、月卡的使用程序。

（8）本健身俱乐部各分机电话号码及使用人、员工和管理者的电话号码。

（9）俱乐部中消防用具的摆放位置、使用方法、消防疏散通道的分布情况。

（10）突发事件处理流程和应急电话。

（11）公司旗下其他健身俱乐部的地址、电话和传真号码。

（12）公司服务中心的电话、地址、传真号码，公司网址和人事招聘电话。

许多健身俱乐部管理者将前台作为信息中心，为了充分发挥信息中心的作用，除了解和掌握以上各方面信息外，前台员工必须确保在前台触手可及地拿到笔，以及用以记录信息的便笺簿、团操课表、员工工作时间表以及各种记录本（电话登记本、停车卡登记表、免费卡登记表、异地刷卡登记表、媒体登记表、员工签到本、会员管理系统登记表、失物领取登记本、公共更衣柜处理情况登记本、会员投诉登记表）。

（四）处理会员投诉

前台还承担会员投诉及意见的初步接待工作，处理会员投诉的能力直接影响事情的处理结果。前台要主动帮助投诉的会员解决问题，如遇到不能解决的问题，应立即通知前台经理或者值班经理；前台应负责完成会员遗失物品的登记和认领工作，协助健身俱乐部其他部门的工作。

（五）协助其他部门工作

（1）协助市场部统计来访客人和咨询电话信息来源。

（2）协助会籍部登记每日来健身俱乐部参观顾客的资料。

（3）协助完成新进员工的培训工作。

（4）协助开展健身俱乐部的会员活动。

三、前台电话转接的注意事项

前台工作的重要性已经不言而喻，前台员工的电话转接看似简单，但是此项工作非常重要也是容易被忽视的部分，此处做特别介绍。

当电话无人接听时，顾客会感到愤怒；当顾客拿着电话等待时，会感到受挫；当顾客的电话被遗忘或找不到想要寻找的人时，会感到焦虑。因此，接听电话时，前台人员应注意以下几点：

（1）在要求来电者等待之前，先给来电者一个提出问题或陈述的机会。避免在来电者谈论之前说“请稍等”。

（2）想把来电者的电话转接给其他部门同事时，先询问来电者是否同意，并对来电者表示感谢后，再转接电话。如果遇到来电者不希望转接电话时，应委婉告诉对方将为其转接一个能够提供专业信息，可以给他满意答复的人或部门。前台人员始终以友好、礼貌的态度与来电者进行沟通，即使来电者挂断电话或未回答前台人员的问题，也可以给他们留下好的印象。

（3）如果是咨询电话，需请对方留下联系方式，并在来访电话记录本上登记客户的基本信息。大部分来电者会配合留下联系方式，但少数客户会因为种种原因不愿意留下电话，并坚持询问会员卡价格，这时可以明确告诉对方对于不同类型的会籍资格不是十分了解，告诉他健身俱乐部的会籍顾问可以尽快给其满意的答复，委婉询问他有何顾虑，如不方便接听、担心隐私曝光等。在通话过程中要始终保持给来电者诚信感，为其消除顾虑，告诉来电者健身俱乐部的其他同事会在其方便的时候致电回复，不需要担心其信息的外泄等，注意要在努力要求来电者留下必要信息的同时，给其留下专业的印象。

（4）转接电话时，一定要知道转接的电话是否会被接听，如果在几秒之内无人接听，服务人员需告诉来电者电话暂时无人接听，同时询问来电者是否愿意继续等待，或者需要留言。如果来电者说：“不，我不愿意等！”可回答：“没关系，可以知道您的电话、名字和您想了解的问题吗？稍后，我会让我们负责这方面工作的同事给您回电话。”如果来电者仍然拒绝，同样要感谢其给健身俱乐部打电话并道别。

（5）需要来电者拿着电话等待时，必须先征得来电者的同意，在做之前待来电者的反应，让来电者知道他们拿着电话等待时，前台人员准备做什么。例如，“我要核对一下时间表，您介意等一下吗？”

（6）对于大多数来电者来说，30 s 的等待是非常长的。前台人员需要每隔 20~30 s 核实一下来电者是否还在线上，给来电者一个选择，是继续等待，还是选择放弃。

四、投诉处理流程及重大顾客投诉处理

会员投诉一般是指会员至前台投诉（现场投诉）、电话投诉或会员来信、意见单处理。前台（有的健身俱乐部由客服部负责）要以最快的速度反馈会员投诉，所有投诉处理过程不可超过 1 周。每天健身俱乐部应有专人（前台经理或客服领班）回收意见单及来信，审阅后

将其分类，参照会员电话投诉处理流程解决。同时注意，如果会员是来电投诉，则有可能会直拨到其他部门，需提醒同事注意，接听完电话，如不能当场处理，请他们将相关资讯交由客服部统一处理，以免无人追踪，引起第二次投诉。健身俱乐部要不断培训和检查，确保健身俱乐部按照标准化作业流程有效处理顾客投诉，提升会员满意度。

（一）处理客户投诉的基本原则

（1）轻微投诉：门店方主观存在一些不足，不涉及服务态度和管理意识，主要涉及服务设施、服务意识、服务产品、服务标准、服务规范等方面，引起客户抱怨不满，给门店造成的影响较小。

（2）一般投诉：门店方主观存在一定的错误，主要涉及服务设施、服务态度、服务意识、服务产品、服务标准、服务规范、管理意识及管理水平等方面，引起客户的不满，给门店整体形象造成负面影响。

（3）重大投诉：门店方主观存在严重错误，主要涉及服务设施、服务态度、服务意识、服务产品、服务标准、服务规范、管理意识及管理水平等方面，引起客户的强烈不满，给门店和企业造成或可能造成经济损失和严重的负面影响。

（二）常规客诉处理

（1）电话投诉：关于服务、工程、卡务、卫生等投诉，详细记录客户姓名、联系方式、会员卡号及投诉内容，向客户致歉，并告知客户我们会及时将投诉的内容传达给相关负责人或领导，负责人或领导会在 24 h 内与客户取得联系（见表 3-3）。

表 3-3　电话投诉的处理

步骤和要点	内容	注意事项和话术
热情问候	保持微笑，语气柔和，电话铃响 3 声之内接听，若超过 3 声，应致歉："不好意思，让您久等了！"	"您好，×× 健身 ×× 店，很高兴为您服务！"（用"您好""请问""对不起，让您久等了""请稍等"之类的谦词）
主动询问	出于尊重，应用尊称	"请问有什么可以帮您？"
仔细聆听	耐心倾听客户所述内容，适当给予回应	前台接听电话时要保持良好的站姿，声音甜美，语速适中，认真聆听客户描述，中途不要打断客户，不得在电话中对来电者耍脾气、使性子甚至讲粗话
复述	适当复述，以便准确了解客户的投诉内容	"先生 / 女士，您是想投诉我们的服务 / 工程 / 卡务 / 卫生是吗？"
真诚致歉并记录	用诚恳的态度致歉，并进行详细记录	"先生 / 女士您好，对于您所说的事件我们感到非常抱歉，我已将您的投诉内容详细记录，我会及时传达给相关部门的负责人，负责人会在 24 h 内与您取得联系。"
结束语	了解客户是否需要其他帮助	"您好，先生 / 女士，请问还有其他可以帮到您吗？"如果没有其他问题，应提示："非常感谢您的来电，请挂机，再见！"
传达	挂机后，将客户投诉内容传达给相关部门负责人	"您好，请问是 ×× 主管 / 经理吗？我是前台 ×××，刚刚收到一位客户的投诉，投诉内容是……，客户姓名、电话是……，请您在 24 h 内与客户取得联系，谢谢！"
记录、跟踪	记录通传内容、时间、处理结果	记录通传给相关负责人的时间，并在规定回复时间内跟踪事件处理结果，直到事件处理完毕为止

（2）现场投诉：前台在接到客户投诉时应先致歉，安抚客户情绪，了解客户投诉的具体内容并详细记录，请客户冷静并立即通知相关领导和责任人与客户进行沟通处理（见表 3-4）。

表 3-4　现场投诉的处理

步骤和要点	内容	注意事项和话术
礼貌接待	问询客户需要什么帮助？	“您好，请问有什么可以帮您？”
主动询问	出于尊重，应用尊称；安抚客户情绪，了解客户具体的投诉内容	语气柔和，面带微笑：“先生 / 女士，您好！请您不要着急，请您将投诉的具体内容告诉我，我会详细记录并安排相关负责人积极处理，尽力帮助您解决的，好吗？”
安抚、致歉	将客户带领到休息区向客户真诚地致歉，积极处理事件	诚恳致歉：“非常抱歉，× 先生 / 女士，您放心，您反映的问题我已详细了解，非常抱歉给您带来不便，我立即安排相关负责人为您处理，好吗？”
通传	通知相关部门负责人现场处理客户投诉	营运部通知营运部经理，会籍部通知会籍部经理，教练部通知教练部经理，团操通知团操主管，如果客户情绪非常激动且影响到正常运营，立即通知店长处理
记录、跟踪	将客户投诉内容详细记录在投诉登记表上，及时跟进事件处理	记录通传给相关负责人的时间，在规定回复时间内，跟踪事件处理结果，直到处理完毕为止

知识链接

门店一般投诉的回复

1. 游泳池水质浑浊，消毒水气味刺鼻

答：您好，先生 / 女士，我们门店游泳池会在每周进行水质处理，您看到的水质浑浊是因为游泳池的水质循环系统在消毒过程中产生的气泡现象，这是正常现象。消毒水本身具有药品气味，我们按照严格的国家标准进行投放，所使用的药品均是经国家检验合格的，您可以放心。

2. 商品质量问题要求退换货

答：您好，先生 / 女士，这次给您添麻烦了。您反馈的商品质量问题我们会进行核实，如确定是产品质量问题，我会马上向上级反馈，立即做出调整，请您稍等，我通知门店管理为您解决。（向客户做好解释，尽可能以服务弥补）

3. 场地内空调、排风新风系统需优化，温度不适宜

答：您好，先生 / 女士，我们场地采用的是中央空调及循环新风系统，定期都会进行清洗和检查，从营业时间开始，达到开放条件我们就会启动这些设备，适合常温 26 ℃的锻炼环境，如果存在问题我们会进行及时维修或更换，给您带来的不便，敬请谅解。

4. 易耗品质量问题（洗发液 / 沐浴乳使用后皮肤过敏）

答：您好，先生 / 女士，我们所有门店提供的洗漱用品都是统一采买，在质量方面有非常严格的购买标准，但我们面对的是所有的会员，每个人的体质过敏源不一样，所以不能完全保证所有会员用了以后不会产生过敏，建议有过敏现象的会员自带私人洗漱用品，以免不必要的状况发生，由此给您带来的不便，敬请谅解。

5. 提供的拖鞋难看，又脏又臭

答：您好，先生 / 女士，我们提供的客用拖鞋都是统一采买，主要考虑的是会员的安全，对防滑能力更注重一些。每天保洁人员都会随时清洗和消毒拖鞋。因不属于一次性物品，所以经过消毒会自带药品味道，给您带来的不便，敬请谅解。

6. 团操课课程频繁更换，不利于会员锻炼

答：您好，先生 / 女士，我们门店团操课程根据团操课老师行程安排所定，我们会提前以门店公告的形式通知会员，对于课程频繁更换的问题请您填写会员意见反馈表，我们会将您反馈的问题提交至团操部门，并在 24 h 内给您回复。

7. 协议合约条款不合理，客户签署前未详细阅读或客户提出工作人员有口头承诺

答：您好，先生 / 女士，在您办理入会时是否有我们工作人员给您对协议内容进行详解？在您办理入会时明确已详细阅读入会协议内容并确认无误签字后方可生效。入会协议外的口头协议属于无效协议，请您填写会员意见反馈表，我们会将您反馈的问题提交至相关部门，并在 24 h 内给您回复。

8. 会员要求退卡或退私教（转卡或转私教）

答：您好，先生 / 女士，请您填写会员意见反馈表，我们会将您反馈的问题提交至相关部门，并在 24 h 内给您回复。

（三）重大顾客投诉处理

重大顾客投诉一般可分为受伤、物品遗失、媒体曝光。重大顾客投诉一旦发生，应第一时间报告值班经理和店总，由俱乐部客服经理经店总授意后代表，进行协调、解决。若涉及法律问题，由俱乐部客服经理汇报至总公司相关职能部门，咨询法律顾问后，再予协调解决。

（1）会员投诉因俱乐部设备、设施受伤。当班人员通知前台经理，同时汇报值班经理及健身俱乐部总经理，在教练协助下，前台经理（或客服经理）对伤势较轻的会员进行简单的医疗处理。核实会员受伤原因，确定为俱乐部设备、设施故障造成的，拨打报险电话，回答保险公司工作人员相关问题，如会员无须就医，需留下会员联系方式，立即汇报给营运部经理和健身俱乐部总经理。营运部经理于 3 日内联系会员，询问会员伤势是否好转，做好跟踪记录，并汇报给健身俱乐部总经理和公司负责部门（营运部）；如伤势严重，前台经理（或客服经理）在征得值班经理及健身俱乐部总经理同意后，拨打“120”或派遣俱乐部工作人员陪同会员就医，进行报险并做好突发事件记录，及时通报公司负责部门（营运部）。陪同就医人员需保留医药单据及会员联系方式，以便向保险公司提供索保凭证。

（2）会员存入更衣柜的贵重物品遗失。当班人员应立即通知值班经理，同时报告营运部经理、健身俱乐部总经理。在征得营运部经理同意后，立即报警。

（3）新闻单位、政府部门要求反映顾客投诉解决情况。如媒体要求摄像、报道，前台人员须热情接待，婉拒采访，留下对方联系方式，立即汇报给营运部经理，告知对方意图，反映情况。

（4）会员与俱乐部工作人员发生冲突。当班人员应立即汇报给营运部经理，由营运部经理在健身俱乐部总经理授权后进行处理。

（5）恶意索赔。当班前台人员或客服人员向会员解释情况时，如无法解决，应立即汇报给营运部经理，由营运部经理汇报健身俱乐部总经理，在取得法律依据后，代表健身俱乐部在合法、合理的原则下，力求以健身俱乐部最小的损失获得顾客最大满意度为原则进行处理。

五、前台的有关管理规定

为保证健身俱乐部的正常运营，为会员创造良好的健身环境，健身俱乐部根据不同情况和管理系统，制定出不同的健身俱乐部管理规定。为便于更多地了解健身俱乐部的整体运营和前台工作，以下特别列举五项常用规定作为参考。

（一）会员卡管理制度

（1）未带会员卡或会员卡遗失者不予入场。如有特殊情况，无卡会员需经值班经理或部门经理以上同意（任何员工无权私自让会员入场），前台核实会员身份无误后，将有效证件放于前台方可入场。会员卡遗失者需至收银台办理补卡手续。

（2）16岁以下儿童在未经健身俱乐部允许和家长带领的情况下，不得进入健身俱乐部。

（3）会员本人实际情况与计算机显示会员资料不相符者禁止入场。

（4）持单次试练券入场者须按软件管理系统登记并将身份证或有效证件放于前台，退场时再归还。

（5）试锻炼者需与会籍顾问提前预约，并由会籍顾问带领至前台填写资料，办理试锻炼手续，并将身份证或有效证件放于前台方可入场。

（6）前台不负责保管任何会员卡，如发现遗失会员卡，应尽快联系会员，通知其取卡。

（二）广播呼叫的规定

（1）只有前台人员才能进行广播呼叫的操作，必须使用普通话，发音要准确，吐字要清晰。

（2）广播呼叫的服务范围是紧急通知、课程通知、呼叫员工、结束营业或配合俱乐部活动。

（3）为维护会员隐私，俱乐部不为会员提供找人呼叫服务。无特殊情况，找人服务只针对员工进行，只有在员工状态表上显示该员工在健身俱乐部内，同时不在“正在工作，暂不能接待”位置上时，才可呼叫。

（4）广播呼叫前必须有提示音，并为单轮呼叫，每轮最多可重复两次。

（5）高峰期（17:30—21:00）除团操课程通知外，尽量不做广播呼叫，避免打扰会员。

（6）前台每日早班要在无顾客时（或顾客较少时）调试话筒，禁止在高峰期随便打开话筒调节音量，严禁不广播时随意开关话筒，需检查每日播放的广播稿是否齐全，确定每个时段的广播内容及广播次数。

知识链接

播报话术

按照播音标准进行播报，常规播报须按时，非常规播报须及时，播报话术须做到普通话标准、口齿清晰、语速得当。

营业播报话术（营业前5 min播报）：亲爱的会员朋友，您好！美好的一天从清晨开始，××健身俱乐部全体员工欢迎您的到来。生命在于运动，××健身俱乐部将会是您的健康乐园，愿您身体健康，健身愉快，谢谢！

课程播报

课程前 5~10 min 播报：亲爱的会员朋友，您好！欢迎光临 ×× 健身，本会所将于 ××：×× 在瑜伽房 / 大操房由 ×× 老师为您带来 ×××× 课程，现距离开课时间还有 10 min，请上课的会员到瑜伽房 / 大操房做好准备！祝您健身愉快，谢谢！

突发事件播报

1. 市政原因：亲爱的会员朋友，您好！现接到物业 / 自来水 / 电力 / 天然气公司通知，本会所所属片区将于本月 ×× 日 ×× 点至 ×× 日 ×× 点停水 / 停电 / 停气，在此期间暂时停止供水、供电、供气，由此给您带来的不便，敬请谅解，感谢您的支持与配合，谢谢！

2. 设备故障：亲爱的会员朋友，您好！由于 ××（游泳馆、更衣室等）设备临时出现故障，目前无法正常使用，我们已经通知工程人员进行紧急检修，预计设备将于 ×× 点恢复正常使用，在此期间给您带来的不便，敬请谅解。×× 健身感谢您的理解与配合，祝您健身愉快，谢谢！

事件恢复播报

亲爱的会员朋友，您好！物业 / 自来水 / 天然气 / 电力公司 / 设备故障已检查完毕，即日起恢复正常运营，×× 健身感谢您的理解与支持，祝您健身愉快，谢谢！

寻人播报

亲爱的会员朋友，您好！下面播报一条寻人通知，请正在锻炼的 ×× 先生 / 女士在听到广播后速到前台 / 休息区，您的朋友在这里等您，谢谢！（需重复播两遍）

1. 友情提醒

亲爱的会员朋友，您好！×× 健身提醒您，在您离开器械区或更衣室时，请携带好您的随身物品，以免丢失，×× 健身祝您健身愉快，谢谢！

2. 高峰时段播报

亲爱的会员朋友，您好！现在是锻炼高峰时段，请合理安排您的锻炼计划，请勿长时间占用器械以方便他人使用。×× 健身感谢您的理解与配合，祝您健身愉快，谢谢！

3. 失物认领

亲爱的会员朋友，您好！前台每日将详细登记会员不小心遗留的物品，如果您的物品不小心遗留在本会所，请至前台询问认领。×× 健身祝您健身愉快，谢谢！

（三）音乐及广告片播放的规定

（1）要选择播放热烈、快节奏、英文版的背景音乐，声音高低适合。不得与上健美操的音乐雷同，背景音乐不得随意中断（俱乐部经营者应考虑音乐播放版权的问题）。

（2）前台有显示器的健身俱乐部，需每天滚动播放健身俱乐部广告宣传片。

（3）跑步机在能够播放有线电视的同时，必须能够播放 DVD（统一播放公司宣传广告），会员有权利选择收看自己喜欢的频道，一般情况下，由巡场人员或前台人员将跑步机频道调节在统一频段上。

（四）健身俱乐部照明的管理规定

（1）健身俱乐部的灯光、灯箱、广告牌在开关面板上必须以统一的标签贴注明开关时间。

（2）当客户参观及健身俱乐部举行活动时，须全部开启或部分开启健身俱乐部照明设施（包括喷泉、水池）。

（3）广告灯箱及招牌开启的时间应视当地季节等情况而定。

（4）操房的灯光要能够随课程的要求开关明暗度，如瑜伽房应该可以调暗灯光。课程结束后即关闭操房灯光照明。

（5）器械区要保证自然光线与通风，在非高峰时间可部分开启照明，根据实际情况，以能看清训练计划为准。晚上高峰期（17:30~21:00），照明应全部开放。

（6）单车房的照明按课程要求来开关。配备声控灯的一定要按规定使用，每次连续使用不超过 60 min。非课程时间严禁打开声控灯。

（7）棋牌室、托幼房、球类运动场所的照明，应该做到顾客随来随开，离场后及时关闭。所有人员都应注意店内的各个灯光、招牌是否正常运作，发现问题后立即报修，维护俱乐部的整体形象。

（8）下班前，值班人员需负责将各个照明、电源、灯箱关闭。

（五）停车卡发放的相关规定（部分俱乐部适用）

（1）发放停车卡是给会员的一种服务。员工不能利用职务之便领取停车卡，员工也不能替会员领取停车卡。

（2）除俱乐部总经理签字确认外，任何到健身俱乐部办业务的客户、员工均不能领取停车卡。

（3）如果有大型活动需要给高层领导停车卡，要提前打入预算并以书面形式通知前台，前台到收银处领取停车卡并做特殊登记。

（4）发放停车卡时必须登记领卡的时间、日期，并请会员出示会员卡。

（5）一个会员只能领取一张停车卡，锻炼的人才能领取。

（6）每张停车卡要确保盖上当日的日期章。

第二节　水吧、卖品部及收银的服务与管理

水吧、卖品部员工的一举一动同前台客服人员一样影响健身俱乐部的形象。其主要负责商品售卖、陈列柜管理，给会员提供优质的饮（食）品及客户服务，保持吧台、食品操作间、卖品区的整洁卫生，保持水吧、卖品部休息区域的整洁，保持报刊架上的报刊整齐充足，管理库房，定期盘点物品，随时申购补充，向客服经理汇报卖品销售情况，协助其他部门的工作等。某些健身俱乐部考虑人力成本问题，将健身俱乐部的收银员和水吧、卖品部人员合并。

一、水吧、卖品部员工应掌握的知识、技能和八大工作标准

（一）水吧、卖品部员工应掌握的知识、技能

水吧、卖品部员工首先应具备优秀的服务意识，学习掌握产品制作、保管的岗位技能，特别是开设营养吧、果汁吧或运动配餐的健身俱乐部。水吧、卖品部员工要了解水吧、卖品部提供的全部产品的品质特点，具备良好的沟通能力和销售能力，并具备处理客户投诉和处理突发事件的能力。因此，水吧、卖品部员工需要掌握如下信息知识：

（1）营养吧卖品的价格及相关知识和信息。

（2）用具的清洁及消毒程序。

（3）水吧、卖品部现加工食品、饮品的制作流程。

（4）俱乐部的区域分布情况，消防疏散通道的分布情况，消防用具的摆放位置和使用方法。

（5）营养吧员工与上级的联系电话和应急电话。

（二）水吧、卖品部员工的八大工作标准

（1）掌握商品有关知识，以便为顾客进行商品说明。

（2）通过对商品展示、整理、更换等身体语言动作，吸引顾客注意，使他们关注商品。

（3）配合理货、收银、防损，在顾客易于寻找的位置，为顾客提供导购指导及服务。

（4）保持微笑及正确的站立姿势，留心会员目光、动作和询问，使用礼貌语言，及时提供帮助。

（5）根据会员的需要，观察会员的喜好，推荐和说明商品，促成交易。

（6）会员询问购买某种商品时，应直接带会员找到该商品。

（7）如会员需要的商品暂时缺货或健身俱乐部没有出售，应尽量介绍其他替代品。

（8）认真、热情地发放会员礼品，随时注意用双手接递会员的物品。

二、水吧、卖品部及收银人员的主要工作职责及岗位描述

水吧、卖品部及收银人员较少（一般 2~3 人），工作看似简单，却能反映出健身俱乐部的管理水平，关系到财务、物品和会员合同等重要工作，其服务质量和效率会给会员带来深刻的印象（见表 3-5 和表 3-6）。

表 3-5　水吧、卖品部人员职位说明书

基本信息	职位名称：水吧、卖品部	所属部门：健身俱乐部营运部
	责任上级：营运部经理	责任下属：无
工作关系	内部工作关系 1. 前台、收银 2. 会籍部 3. 教练部 4. 公司财务部	外部工作关系 1. 会员 2. 供货商
工作概要	保证水吧、卖品部所属区域整洁有序，销售水吧、卖品部范围内的商品，负责店内库存工作概要与管理，为会员提供优质服务	

续表

<table>
<tr><td rowspan="1">工作职责</td><td colspan="3">1. 产品销售
(1)熟知水吧、卖品部范围内各种商品的名称、价格、产品特征和保质期
(2)主动热情向会员问好,主动向会员推荐商品
(3)水吧、卖品部所销售的物品,如有残缺的情况,需要及时有效地处理,并向上级汇报
(4)早、晚清点库房物品,认真填写库存表单
(5)每日交接班时,认真填写工作交接单
(6)协助联系水吧、卖品部商品的供货商并订货,安排商品的促销,更换货品
(7)负责货品展架的摆放及物品的陈列,按照促销调整物品的位置,保证物品的齐全
2. 发放会员礼品
3. 产品保管
(1)负责月底对水吧、卖品部商品进行结款
(2)严格执行物品出入库流程
(3)保证健身俱乐部内各种日常单据的使用量
(4)保证商品的有效期,定期对商品进行检查,保证库房安全通道的畅通
(5)协助公司负责健身俱乐部内固定资产的保管
4. 保持水吧、卖品部、食品操作间、会员休息区的整洁
(1)随时保持水吧、卖品部台面整洁,遵守一清、二洗、三消毒的程序
(2)负责水吧、卖品部休息区展架的摆放,报刊的位置,桌椅的摆放和地面的清洁
(3)对水吧、卖品部商品要分类摆放,遵守物品先进先出原则</td></tr>
<tr><td>工作权限</td><td colspan="3">改善水吧、卖品部工作的建议权</td></tr>
<tr><td rowspan="6">任职资格</td><td>内容</td><td>必备条件</td><td>期望条件</td></tr>
<tr><td>教育水平</td><td>完成九年义务教育,有基本的财务知识,能熟练操作 Office</td><td>高中以上(含高中)学历,财务知识丰富,办公软件操作经验丰富</td></tr>
<tr><td>外表要求</td><td>五官端正</td><td>形象良好</td></tr>
<tr><td>工作经验</td><td>1 年以上收银工作经验</td><td>有出纳财务工作经验</td></tr>
<tr><td>技能与能力</td><td>能与人沟通,能接受和理解信息</td><td>熟练操作计算机,熟悉专业领域知识</td></tr>
<tr><td>个性与品质</td><td>诚实,细致,集中力强</td><td>对企业忠诚度高</td></tr>
<tr><td>薪酬待遇</td><td colspan="3">工资 = 基本工资 + 岗位津贴 + 工作表现奖 + 销售提成 + 餐费补助</td></tr>
</table>

表 3-6 收银人员职位说明书

<table>
<tr><td rowspan="2">基本信息</td><td>职位名称:收银</td><td>所属部门:健身俱乐部营运部</td></tr>
<tr><td>责任上级:营运部经理</td><td>责任下属:无</td></tr>
<tr><td>工作关系</td><td>内部工作关系
1. 会籍部
2. 教练部
3. 水吧、卖品部、前台
4. 公司财务部</td><td>外部工作关系
1. 金融机构
2. 网银平台</td></tr>
<tr><td>工作概要</td><td colspan="2">负责健身俱乐部内的费用收取、购物和票据管理</td></tr>
</table>

续表

<table>
<tr><td>工作职责</td><td colspan="3">1. 负责会籍、教练协议的系统录入，收款确认协议，确认协议上双方签字
2. 发放会员卡，并进行登记，填写收银报表，开具发票和收据（部分健身俱乐部由会籍顾问、私人教练录入会员资料，收银确认）
3. 收款后，将合同副联、收据副联双手交到顾客手中，告知其开具发票的日期（开发票时，收回收据）
4. 负责收取营养品、服装、饮料等卖品款，填写卖品日报表
5. 每日营业结束，统计全天的销售情况，并上报至公司财务部（如有软件系统支持，可自动发送）
6. 按流程存放当天 17:00 后的收入，并在规定时间内存入指定的银行账户
7. 收银时要做到唱收唱付，钱、物要与票据一致，做到准确无误
8. 认真填写收银表格及单据，做到准确无误
9. 保证计算机、收银机、发票机、收据打印机的正常使用，出现问题时要及时与计算机部联系
10. 详细记录收银留存的各类备用金的使用及补款过程
11. 完成保险箱内各类现金及其他款项的交接工作
12. 配合会员进行私教课程次数的登记</td></tr>
<tr><td>工作权限</td><td colspan="3">改善收银系统的建议权</td></tr>
<tr><td rowspan="6">任职资格</td><td>内容</td><td>必备条件</td><td>期望条件</td></tr>
<tr><td>教育水平</td><td>中专 / 高中以上学历，有基本的财务知识，能熟练操作 Office</td><td>大专以上学历，财务知识丰富，办公软件操作经验丰富</td></tr>
<tr><td>外表要求</td><td>五官端正</td><td>形象良好</td></tr>
<tr><td>工作经验</td><td>1 年以上收银工作经验</td><td>有出纳财务工作经验</td></tr>
<tr><td>技能与能力</td><td>能与人沟通，能接受和理解信息</td><td>熟练操作计算机，熟悉专业领域知识</td></tr>
<tr><td>个性与品质</td><td>诚实，细致，集中力强</td><td>对企业忠诚度高</td></tr>
<tr><td>薪酬待遇</td><td colspan="3">工资 = 基本工资 + 岗位津贴 + 工作表现奖 + 会所总体任务奖金 + 餐费补助</td></tr>
</table>

【案例 2-1】列举健身俱乐部水吧、卖品部两班倒员工的日常工作程序，健身俱乐部采用“作一休一”的工作方式，即工作一天休息一天。

健身俱乐部水吧、卖品部两班倒员工的日常工作程序如下。

【早班】

（1）进入健身俱乐部后，签到并将本人的工作状态牌调整好，换上工服，戴好工作牌。

（2）查看交接本，清点货物，当实际物品数量与库存交接单的数量一致后，在库存交接单上签字确认。

（3）将陈列物品取出，分类摆放整齐。

（4）随时整理水吧、卖品部区域的桌椅和报刊架上的报刊。

（5）随时整理吧台，将所需物品备齐，定点摆放整齐。

（6）随时清洁食品操作间。

（7）销售水吧、卖品部商品，发放会员礼品。

（8）下班前填写交接班本，统计早班物品销售和礼品发放的数量，并填写库存交接本，签字确认。

（9）补足台面销售物品的数量。

（10）办完交接后，签退，将工作状态牌调整好，换下工服后离开。

【晚班】

(1)进入健身俱乐部后,签到并将本人的工作状态牌调整好,换上工服,戴好工作牌。

(2)查看交接本,清点货物,当实际物品数量与库存交接单的数量一致后,在库存交接单上签字确认。

(3)随时整理水吧、卖品部区域的桌椅和报刊架上的报刊。

(4)随时整理吧台,将所需物品备齐,定点摆放整齐。

(5)随时清洁食品操作间。

(6)销售水吧、卖品部商品,发放会员礼品。

(7)下班前填写交接班本,统计晚班物品销售和礼品发放的数量,并填写库存交接本,签字确认。

(8)在水吧、卖品部计算机软件上核实电子报表,确认电子报表和库存交接单上物品数量一致后保存并关机。

(9)将水吧、卖品部台面陈列物品收回到水吧、卖品部库房,锁好冰柜和所有抽屉、房门。

(10)签退,调整好工作状态牌,换下工服,离开健身俱乐部。

三、水吧、卖品部管理制度

(一)吧台管理制度

(1)各种工作用品分类摆放整齐,不得摆放私人物品。

(2)随时清洁水吧、卖品部的台面,保持干净、整洁、卫生。

(3)保持吧台货架上物品的充足和整齐。

(4)保证销售票据、库存交接单的充足和完整。

(5)不得私自携带水吧、卖品部资料等俱乐部公共物品离开俱乐部。

(6)不得将俱乐部的物品私自借与他人。

(7)发生特殊情况时,必须通知本部门的上级领导,不得擅自处理。

(二)食品操作间管理制度

(1)不得摆放私人物品。

(2)不得利用工作之便加工制作私人食品。

(3)不得在食品操作间进食。

(4)每天必须对食品操作间进行消毒。

(5)随时清洗,保持操作台、清洗池、消毒池的清洁卫生。

(6)操作中严格执行“一清、二洗、三消毒”的操作规定。

(7)没有需要,不得随便进入食品操作间。

(8)非水吧、卖品部人员不得进入食品操作间。

(9)所有食品及消耗品必须遵守“先进先出”的原则。

（三）库房管理制度

（1）非当班水吧、卖品部员工不得进出库房。

（2）保持库房的清洁，物品分类摆放整齐。

（3）合理摆放货物，保证库房通道的畅通，有利于货物的进出。

（4）残破物品必须用标签注明。

（四）耗品管理制度

耗品主要是健身俱乐部经常使用且无法重复利用的物品，如洗涤剂等。

（1）耗品出库。每天由仓管（水吧、卖品部员工担当）按日常使用量领取日用品及清洁物品，并填具出库单，必须有仓管及营运部经理签字。在仓库台账及计算机上做好登记，健身俱乐部物品不得作为私人物品使用，经理 / 仓管需严格把关，如因特殊原因领取数量偏多，需在备注栏中写明情况。

（2）耗品入库。仓管必须收货、验货，送货单、入库单的确认必须由营运部经理签字。实收的物品必须和申购单要求的数量和质量相符。计算机入库信息和收到的实物应 100% 相符。入库单及明细有索引编号，需要联号。

（3）汇总。仓管每月月底汇总日用品的上月库存数、本月入库数、本月消耗量，制作月度耗品使用表存盘（台账），由营运部经理备案并于每月固定日上报健身俱乐部相关部门。

第三节　保洁服务与管理

保洁人员的工作质量直接影响着健身俱乐部的卫生状况，影响着会员对俱乐部的观感。因此，清洁幽雅的健身俱乐部环境对评价健身俱乐部服务的质量是至关重要的。保洁人员的主要工作是负责打扫和清理本区域，确保自己所负责区域的卫生清洁，需按标准正确使用各类清洁剂及清洁工具，定时对各种器械进行清理，保质保量地完成上级布置的清洁工作。同时，保洁人员工作时应热情主动，积极配合好其他部门的工作，注意自身行为规范，自觉维护俱乐部形象和声誉，爱护、节约俱乐部财产物品，遵守健身俱乐部的各项规章制度，给会员以礼貌周到、标准化的服务。

保洁人员的负责人是保洁主管，主要负责巡检区域内的保洁质量，督导保洁人员的工作情况，确保他们都能按要求完成健身俱乐部布置的各项任务，确保自己负责区域的清洁情况符合标准，确保各类清洁剂及清洁工具的正确使用，确保各种保洁机械设备的正常使用，做好日常保养，带领保洁人员依照公司制定的清洁标准，严格认真、一丝不苟地完成清洁工作，及时跟进区域内的整改情况，在检查中提醒保洁人员不要损坏健身俱乐部内的任何健身器械及相关物品，服从健身俱乐部营运部经理的管理，对布置的工作及时安排、落实，每周对保洁人员进行技能培训与素质培训。

一、保洁人员服务标准

（一）仪容仪表规范

（1）头发：保洁人员的头发和头皮要清洁。

①男员工：前不遮眉，后不盖领，两边不过耳朵，不可剪奇异发型，不可染黑色以外的其他颜色。

②女员工：短发需打理整齐，长发需盘起，前发不过眉，不可散乱。

（2）面部：干净，不可油光满面，要保持口气清新，牙齿清洁，鼻毛不外露。男员工不可留胡须，胡须必须剃净；女员工需化淡妆。

（3）身体：每天至少洗一次澡，身体无异味；统一着工服，佩戴工作牌，工服干净平整，大小适当，无破损，无掉扣，无脱线，无异味等；不可将衣服敞开或将衣领竖起，不可将衣袖或裤脚卷起（工作特殊需要时除外），外套拉链（或纽扣）拉至胸口以上；衣兜不能放大串钥匙及其他物品，保持平整。

（4）双手：不可留长指甲（长度不超过 2 cm），保持双手干净卫生，不可涂指甲油。

（5）鞋子：统一式样工鞋，表面干净，勤清洁，无异味，无破损，不能穿皮鞋、凉鞋，最好穿布鞋。浴室保洁人员在清理淋浴区时可以更换拖鞋或雨靴以方便工作，一旦离开淋浴区，必须立即换回工鞋。

（6）袜子：干净，无破损，无异味，统一着黑色袜子。

（7）饰物：只可戴一枚结婚戒指，不可佩戴其他首饰。

（二）行为规范

（1）使用礼貌用语，例如，“早上好”“晚上好”“您好”“再见”“请”“谢谢”“对不起”“抱歉”“打扰了”“请您再说一遍”“有什么可以帮您的吗？”称呼有“小姐”“先生”“太太”等。

（2）见到会员时主动问候，无论何时何地都应保持微笑，若在工作中遇到会员，应主动停止手中的工作，站立问候，表示敬意；遇到会员对俱乐部环境不熟悉时，有引领和指路的义务；遇会员询问时，不得回答“不知道”或“不清楚”，确实不知道时应回复会员说：“请稍等，我去帮您确认一下。”

（3）与会员或同事相遇，应点头微笑并主动问候，在通道、走廊遇到领导或会员时要礼让，不能抢行。

（4）工作时应该正确使用保洁工具，不得违规操作或损坏，每人必须拿两块抹布（一干一湿），必须擦到位。

（5）对待会员询问应有耐心，语气应温和、亲切，主动帮助会员解决问题，如不能自行解决，应及时和俱乐部值班经理、客服领班或经理联系。

（6）在俱乐部内，应保持优雅的姿势和动作。具体要求：站姿自然挺胸，脖颈伸直，目光平视，使人能看清自己的面孔；两臂自然下垂，不耸肩，身体重心在两脚中间。保洁人员在工作区域巡视时，需保持良好的精神状态，步态平稳，双手自然摆动，禁止双手放在背后行走等不良姿势。

（7）给会员物品时须双手将物品放在会员手里。

（8）如发现设备设施不能正常运作、会员受伤或其他异常状况，应立即汇报给值班经理及客服领班或经理。

（9）工作时应节约用水用电，看到有浪费水电的情况应主动制止。若看到有会员在更衣室内吸烟应及时制止，若看到会员拿衣物在浴室内清洗需制止，不听劝说的，上报客服经理或值班经理。

（10）进入办公室之前必须敲门，得到同意后方可进入。

（11）不得直接批评会员，在任何情况下不得与会员争吵。

（12）严禁代管会员的任何物品，捡到会员的财物应主动上交前台并在遗拾物品登记本上签字。

（13）不得在工作区域吃东西、喝水，应于休息时间在休息区域用餐或喝水。

（14）不可因私事打扰正在接待顾客的同事或健身的会员，不可在工作时间接待亲友、接打私人电话或随意带朋友进入健身俱乐部。

（15）不能使用会员更衣室、卫生间，只可在下班时间使用浴室（具体时间根据健身俱乐部的有关规定确定），如在使用时见到会员，应主动让会员优先使用。

（16）与会员相处时应保持适当的距离，切勿虚言妄行、任意承诺，举止不得过于随便。

（17）走通道、走廊时要放轻脚步，在通道不能一边走一边大声说话，更不得唱歌或吹口哨等；员工之间谈话不能声音过大影响到别人；不准群聚聊天或在工作时间看书报。

（18）严禁欺骗会员，严禁盗窃、向会员索要或未经会员同意拿走其物品。

（19）不得在健身俱乐部内无精打采，无表情或冷漠，不得随意打扰会员或表露轻视之意，不可有不耐烦的表情。

（20）遵守健身俱乐部规章制度，服从上级管理，与同事团结协作、和睦相处。

二、清洁工具的使用及保养

（一）扫把

1. 操作要领

（1）扫把的握法：用一只手的大拇指按在扫把端上，并用其他四指握住，另一只手在下方 30~40 cm 处握住。这种握法便于用力，又可防止扫把碰撞别人。

（2）姿势：上身向前微倾，但不可太弯曲，要用不易疲劳的姿势。

（3）扫法：扫把不离地面，扫动扫把时，手要用力往下压，既要将灰尘、垃圾扫干净，又要防止灰尘腾起。地面灰尘较多时，每扫一下，应在地面上墩一墩，消除粘在扫把上的灰尘及垃圾。

2. 使用流程

（1）为了不踩踏垃圾，应不断向前方清扫。

（2）从狭窄处向宽广处清扫，从边角向中央清扫。

（3）在室内清扫时，原则上从里面开始向门口清扫。

（4）将桌下的垃圾向宽广的地方清扫。

（5）清扫楼梯时，站在下一阶，从左右两端往中央集中，然后往下扫，注意防止垃圾灰尘从楼梯旁掉下去。

（6）当垃圾、灰尘较多时，要随时将其扫入垃圾铲，不要总是推着垃圾、灰尘往前走。

3. 注意事项及保养方法

（1）要清扫干净，不可留下垃圾和灰尘，不可在地面上留下扫把痕迹，特别是将垃圾扫入垃圾铲时，不可留下未扫进去的垃圾和灰尘。

（2）扫把容易黏附棉状尘，应经常用毛刷或毛梳等工具将其除去。

（3）经常清洗扫把，及时清除黏附物、污垢，理顺扫把头，清洁扫把杆，使用完毕后悬挂摆放于空气流通处风干，使扫把保持干爽、平直。

（4）地面上黏附着口香糖等污垢时，不能用扫把清扫，要用小铲刀除去，并用地拖拖净。

（5）保管：悬挂在清洁间墙壁挂钩上。

（二）抹布

1. 操作要领

（1）干擦：有些表面，如不锈钢、器械等，不宜经常湿擦，可用干抹布擦拭。操作时要轻擦，以去除微细灰尘。如果用力干擦，会产生静电黏附灰尘。

（2）半干擦：对于不宜经常湿擦，但干擦又比较难清洁的表面，可用半湿半干抹布擦拭。

（3）油处理抹布法：用少许油类浸湿抹布后擦拭。这种抹布粘灰尘效果好。

（4）湿擦：去除建筑表面及家具表面的灰尘、污垢时，广泛使用湿抹布，可将污垢溶于水中，去污除尘效果好。使用时要经常清洗脏了的抹布，保持抹布洁净。另外，抹布不可渍水过多。

（5）加清洁剂擦拭：对于含有油脂的污垢，可在抹布上喷清洁剂后擦拭。擦拭后，再用清洗干净的抹布擦去残留的清洁剂。

2. 使用流程

（1）擦拭时应从左到右（或从右到左）、先上后下，将被擦拭物全部均匀地擦一遍，不要落下边角，不要漏擦。

（2）有些污垢用一般抹布擦不掉，可用百洁布或刷子去除。

3. 注意事项及保养方法

（1）按区域分颜色使用。

①白色—器械、更衣柜。

②黄色—营养吧。

③蓝色—卫生间、洁具。

④粉色—台面。

各区域需严格分类使用，不可混用。

（2）抹布宜选用柔软、吸水力强、较厚的棉制毛巾。使用时将毛巾对折 3 次叠成 8 层，正反 16 面，正好比手掌稍大一点。

（3）折好的毛巾用脏一面后再用另一面，16 面全部用脏后，洗净拧干再用。注意不可用脏布反复擦拭。

（4）擦拭一般家具的抹布、擦拭饮食用具的抹布和擦拭洗手间的抹布等，必须严格区分专用。

（5）及时清洗、消毒、风干。

（6）保管：悬挂在清洁间的晾杆上，在不同区域使用的需分类、分区摆放。

（三）地拖

1. 操作要领

（1）干拖：用干地拖擦拭地面，主要用于擦亮地面或擦去地面的水迹。

（2）半干拖：用半湿半干的地拖擦拭地面，可以去除地上的灰尘、污垢，又可使地面不留水迹，保持地面光泽。如给地面打蜡，要用半干拖。

（3）推尘：推尘可使用尘推，尘推是一种特殊地拖，由尘推幕和尘推架组成。使用时为增强附尘能力，减少灰尘浮动，常在尘推幕上加尘推油（一种石油类物质）。使用尘推简单省力，除尘干净，又可以保持地面光亮，推尘时要注意尘推不能离地。

（4）水拖：将地拖浸湿后拖抹地面，主要用于清除地面上的泥和污垢。水拖是通过水浸泡将泥和污垢溶于水中，然后拖擦干净，但水分过多，有可能弄脏地面，因此要适度掌握。拖擦后地面如留有水迹，应将之拖干并放置"小心地滑"的警示牌。

（5）加清洁剂拖擦：为了除去不被水溶解或含有油脂的污垢，需用地拖蘸上清洁剂拖擦，拖擦后再用清水擦一遍，除去残留清洁剂。

2. 使用流程

（1）地拖握法与扫把相同，即用一只手的大拇指放在地拖顶端并握住，另一只手握住下方 30~40 cm 处。

（2）原则上应左右挥动，使擦痕呈一字形，角落处可用直拖擦一次。使用时要翻动一下，尽量使地拖的干净面都用到。使用扁形地拖时，先用一面，用脏后再翻面使用，两面都脏了，用清水洗净拧干后再用。

（3）将地拖头全部放入桶中，上下抖动、左右来回转动，洗净后挤干地拖头。用脚按住把柄或用臂夹住把柄，把地拖头分成两半，左右手各持一半，向外拧转，也可以先拧一半，拧干后再拧一半。用拖布压干器挤干更好。

3. 注意事项及保养方法

（1）拖头必须经常清洗，不可用脏地拖拖擦。已经用旧的拖头容易碎落，要及时更换。新拖头应浸湿后再使用。

（2）移动地拖时，不可扛在肩上或在地面上拖着走，以免碰到他人或墙壁玻璃等。为避免地拖头脏水滴在地面上，应放在地拖桶中与桶一起移动。

（3）办公室、卫生间等处使用的地拖，应严格区分，不可混用。

（4）地拖暂不使用时，应放在指定地点，不可随意摆放，影响美观。

（5）作业结束后，必须将地拖头清洗干净、理顺，吊起或倒立在架子上晾干备用，否则地拖头容易腐烂。

（6）保管：将地拖悬挂在清洗间的挂钩上。

（四）榨水车

1. 使用流程

（1）将榨水车的车头与水桶固定好。

（2）将地拖放到水桶内清洁干净，放入榨水车车头部分。

（3）用手按下榨水车的手柄将地拖的水分充分挤干净。

2. 注意事项及保养方法

（1）使用榨水车时不要使用太大的力量，以免将弹簧弄断。

（2）榨水车要及时清洗，保持车身清洁、颜色鲜明。

（3）保管：保管在清洁间的清洗池内。

（五）吸尘机

1. 使用流程

（1）解开电源线，将软管接在机身上，并接上吸尘器吸嘴，接通电源。

（2）开动吸尘机顶上的按钮。

（3）握好吸尘把柄，将吸尘器吸嘴自然放在地面上，如果用力过大，可能妨碍吸尘。

（4）掌握好吸尘器吸嘴的角度，将吸嘴向前伸，吸嘴稍稍向自己一方抬起，然后向自己一边慢慢拉动。这样空气和灰尘容易进入，吸得干净，操作方便。

2. 注意事项及保养方法

（1）不同的吸尘环境，选用不同的吸尘嘴，如清洁窄缝、铝合金道轨等要用扁吸嘴。

（2）工作时，不要让吸尘机吸嘴碰到墙壁或其他物件，不要让电源线绕在物件上，避免损坏物件。

（3）作业时，从里面的角落开始，一边作业，一边往后退，向入口方向进行。这样操作，可不留下作业人员的踏痕。

（4）吸尘时，应由前向后，横向移动。两个吸尘部位应有几厘米左右的重叠部分。

（5）吸尘机的主体和配件等，尽可能放在入口处，以便吸尘工作完成后撤出。

（6）移动机身时，不能拉着吸尘管行走。

（7）不能用吸尘机吸水，以免烧坏电动机。

（8）不能用吸尘机吸铁钉、玻璃片、小石块等尖锐物体，防止损坏尘袋。

（9）要经常将机内尘袋、电动机上的杂物清洁干净，以免影响吸尘效果。

（10）吸尘完毕，必须除去内部积存的垃圾和灰尘，清洁尘袋，整理电源线和接管等配件，最后用抹布擦净外表。

（11）保管：存放在保洁仓库内。

（六）玻璃刮

1. 使用流程

（1）将玻璃清洁剂或全能水按比例稀释。

（2）将羊毛套浸入清洁剂溶液，待充分吸入后，用手轻轻拧一下，以不滴水为宜，均匀涂抹在玻璃上。

（3）涂抹时，应由上往下抹，横向移动，每次涂抹的抹痕要交叉相压，以防漏抹。

（4）用玻璃刮将涂抹在玻璃上的清洁剂刮净，操作时应稍用力，将玻璃刮均匀按压在玻璃上，由上到下慢慢刮动。一次刮净一列，用湿毛巾擦净玻璃刮后，再横向移动刮另一列。

（5）整扇玻璃刮净后，用毛巾将窗框擦净。

2. 注意事项及保养方法

（1）刮玻璃时，防止脏水滴在窗台上。

（2）使用时若有脏水滴下，要用毛巾擦净。

（3）使用后清洗干净，擦干。

三、各种设施、设备的清洁标准

（一）健身、体测设备清洁步骤及标准

1. 力量器械

（1）清洁步骤：

①用湿抹布，将其对折再对折，拿于手掌中，与干抹布的握法相同。

②将器械拿到地面用湿抹布擦拭器械架子，风干。

③将湿抹布拧干并对折，再擦拭器械，顺序：上→下，左→右，内→外。

④擦拭完再采用以上相同的步骤，用消毒并拧干的抹布擦拭一遍。最后用干抹布擦拭一遍。

⑤将擦拭干净的器械摆放在器械架正确的位置上。

特别提示：对于不宜经常湿擦，但干擦又难擦净的表面，可用半湿半干抹布擦拭。

（2）清洁标准：所有器械无污渍、无汗渍、无锈斑，器械架无灰尘、无污渍、无异味。

2. 有氧器械

（1）清洁步骤：

①将有氧器械电源断开。

②将湿抹布拧干并对折，再擦拭器械，顺序：上→下，左→右，内→外。

③在清洁跑步机跑带时需要清洗跑带的整个周长。

④显示屏应用干净棉布浸入酒精，挤干再擦拭正面。不可用浸水的湿抹布擦拭显示屏。

（2）清洁标准：

①所有有氧器械表面及正反面无灰尘、无污渍、无汗渍、无异味。

②显示屏表面无灰尘、无污渍、无汗渍。

3. 瑜伽垫、瑜伽球

(1)清洁步骤:

①选择一块干净的地面,放好要清洁的瑜伽垫和瑜伽球。

②用拧干的湿抹布将表面的污迹擦拭干净。

③使用稀释的医用消毒水擦拭瑜伽垫、瑜伽球表面,消毒之后放于通风处风干。

(2)清洁标准:所有瑜伽垫、瑜伽球表面及正反面无灰尘、无污渍、无汗渍、无异味。

4. 踏板

(1)清洁步骤:

①放入稀释后的清洁液中浸泡,用软毛刷刷洗表面、侧面、底面,去除灰尘、污迹、汗渍。

②清洗干净后,用抹布浸取稀释后的医用消毒水,拧干(以不滴水为宜),擦拭表面、侧面、底面,然后用干的洁净抹布擦净水迹。

(2)清洁标准:踏板表面、侧面、底面无灰尘、无汗渍。

5. 动感单车

(1)清洁步骤:

①用干抹布擦拭单车,顺序:上→下,左→右,内→外。

②将单车的头及螺钉松开,清洁完成后复位。如遇污渍不易去除,可使用半干抹法。

(2)清洁标准:单车从上到下无灰尘、无污渍、无汗渍。

6. 体测仪器

(1)清洁步骤:

①用消毒拧干的抹布(半干抹布)擦拭仪器表面。

②将擦拭过的仪器归位。

(2)清洁标准:仪器表面无灰尘、无污渍、无汗渍。

(二)其他设备、设施类清洁步骤及标准

其他设备、设施类清洁步骤及标准见表3-7。

表3-7 其他设备、设施类清洁步骤及标准

设施	清洁步骤	标准
空调	1. 空调表面 用消毒过的抹布拧干,将表面擦拭干净 2. 空调排风口 用湿抹布拧干,将出风口擦拭干净 3. 空调滤网 将空调滤网拆下,用软毛刷将滤网上的灰尘刷干净,再用清水冲洗,清洗干净后风干,将滤网安装还原	空调表面无灰尘、无污渍,表面光亮、有光泽 空调出风口无灰尘、无污渍,表面光亮 空调滤网无灰尘、无污渍,滤网空隙明显
桌椅	用消毒拧干的抹布将桌椅按照从上到下、从左到右的顺序擦拭,包括桌、椅角落。定期进行保养,如有污渍,加清洁剂擦拭	桌椅表面、上下以及角落都干净、无灰尘、无污渍
沙发	用干净的抹布将沙发按照从上到下、从左到右、从里到外的顺序擦拭(包括沙发角落)。定期进行保养	沙发表面无灰尘、无污渍、有光泽

续表

设施	清洁步骤	标准
更衣柜	所需要的工具：两块干净的毛巾，一瓶普通清洁剂，一桶热水，一个板刷 1. 准备一桶热水提到更衣柜的房间 2. 打开要清理的更衣柜 3. 洗净毛巾，拧干，擦拭衣架，让其自动晾干 4. 拧干毛巾，放一些清洁剂在毛巾上，擦拭更衣柜内部 5. 擦拭衣钩，尤其是容易沾染尘土污垢的地方 6. 洗净、拧干毛巾，放清洁剂在毛巾上，继续清洁更衣柜的背面和两边，从上面开始清洁 7. 如果有顽固的污迹或者斑点很难除去，要持续清洗直到污迹、斑点都清洗干净 8. 洗干净毛巾，拧干，放一些清洁剂在毛巾上，仔细擦拭更衣柜的门 9. 用一块干的毛巾擦拭刚刚擦过的更衣柜，包括衣钩，使更衣柜里面无灰尘、无污渍 10. 关闭更衣柜的柜门，洗净毛巾加放清洁剂，彻底清洁更衣柜门的前面，尤其是顾客看得到的地方 11. 清洁后用干的毛巾擦干表面 12. 检查更衣柜是否可以正常使用 13. 退后几步仔细检查是否有漏掉的地方没有清理干净。不允许有任何可以看到的灰尘，要把容易遗漏的地方都清洗干净 14. 把干的衣架放回原处，使更衣柜处于备用状态 15. 清洗毛巾和水桶，放回原处	更衣柜里面和外面、衣架无灰尘、无污渍
淋浴区	所需要的工具：一个板刷，一桶水，一块干净的毛巾，一瓶清洁剂（淋浴或者浴室专用） 1. 关闭淋浴，摆放"清洁中"标志 2. 检查沐浴液、洗发水是否需要添加 3. 喷洒清洁剂，清洗淋浴墙、隔板墙的顶部、水管和淋浴头 4. 把排水道上面的挡水板拿出，彻底刷洗 5. 往排水槽喷洒清洁剂，等候 5 min，其间向其他淋浴间喷洒清洁剂，同时准备一桶热水 6. 用湿毛巾清洁窗帘杆 7. 检查窗帘是否有污点或者损坏。如果窗帘不够干净，换一块干净的窗帘 8. 检查窗帘挂钩是否在正确的位置，是否正确地悬挂窗帘 9. 用湿板刷刷洗所有的墙砖，工作的次序要从上往下。要特别注意角落、墙砖的边缘和缝隙、隔板的顶部。刷洗时要不断地用热水清洗板刷 10. 彻底刷洗排水道，尤其是角落等容易积尘土的地方，然后洗净板刷 11. 用干净的湿毛巾把墙砖擦干净，在此期间要不断地用热水洗干净毛巾 12. 用湿毛巾擦干净放洗手液的盒子，然后把毛巾洗干净 13. 用湿毛巾把喷头和管子彻底擦干净 14. 用热水冲洗排水道 15. 把排水道的挡水板放回原处 16. 退后几步检查是否有遗漏的地方，不允许有可以看到的污点 17. 把漏掉的地方擦拭一遍 18. 清洗板刷、毛巾、水桶 19. 保证所有工具清洁，放回原处	检查位置：淋浴墙、窗帘表面、墙砖、排水道、喷头及管子、挡水板 淋浴墙、隔板墙表面无水垢、无锈迹 窗帘表面无灰尘、无水垢、无锈斑 墙砖表面无水垢、无任何杂物，摸上去无黏滑感，顶部无灰尘 排水道内部及角落无杂物、无黏滑物、无水垢、无锈斑 喷头及管子表面光亮，无水垢、无锈斑 挡水板表面光亮、无污垢、无污迹、无锈斑

续表

设施	清洁步骤	标准
卫生间	所需要的工具:一个簸箕,一把扫把,一个水桶,一个板刷,一块"小心地湿(滑)"的标志,一个桶刷,一瓶清洁剂,一副橡胶手套,两块干净的毛巾,榨水车和垃圾袋 1. 将所有的清洁工具带到卫生间,把暂时不用的放在一边 2. 戴上手套 3. 用簸箕和扫把打扫卫生间地板 4. 清空垃圾桶的垃圾,用热水和清洁剂彻底清洗垃圾桶的里面和外面,套上垃圾袋 5. 用清洁剂喷洒墙壁和隔板,等候几分钟 6. 摆放"小心地湿(滑)"的标志 7. 准备半桶热水 8. 用板刷刷洗刚才喷洒过清洁剂的地方,不断把板刷用热水清洗 9. 特别注意容易沾染灰尘的角落和墙砖的缝隙 10. 用同样的方法清洗卫生间门的背后 11. 用干净的湿毛巾擦拭干净的地方 12. 用干布擦拭刚刚擦过的地方 13. 用拖把擦干地板上的水迹和清洁剂 14. 清理卫生间所有瓷砖墙壁,小心喷洒清洁剂,不要喷到纸巾处 15. 用马桶刷彻底清洗马桶,包括男卫生间的小便池 16. 用清洁剂喷洒马桶外部和整个卫生间,包括男卫生间的小便池,先用湿布擦拭,然后用干布擦拭 17. 准备一桶热水(记得换水)清洗门的外面,然后用干布擦干 18. 把毛巾拧干,擦拭厕所外面的纸巾桶 19. 用拖把清理地面 20. 退后几步检查地板是不是已经干净了,是否有遗漏的地方没擦 21. 检查,如卫生纸没了,要及时放纸 22. 清洗所有的工具,放回原处	检查位置:垃圾桶、墙壁和隔板、地板、马桶、小便池、门、卫生纸筒 垃圾桶表面无灰尘、无污垢、无水迹 墙壁和隔板表面无灰尘、无污垢 地板表面无杂物、无水迹 马桶表面光滑、光亮,无灰尘、无污垢 小便池表面光滑、光亮,小便池喷水处无水垢、无锈斑 门、卫生纸筒表面无灰尘、光亮

第四节 健身俱乐部运营环境和设施的维护及管理

一、工程维修人员的主要工作职责及岗位描述

工程维修人员职位说明书见表 3-8。

表 3-8 工程维修人员职位说明书

基本信息	职位名称:工程维修人员	所属部门:健身俱乐部营运部
	责任上级:营运部经理	责任下属:无
工作关系	内部工作关系 1. 总公司工程部 2. 会所各部门	外部工作关系 1. 原装修队 2. 物业工程部
工作概要	负责健身俱乐部硬件设施的维护,水电工程方面的维修,以及营运部经理交办的其他事情。各俱乐部日常工程维护、维修	

续表

工作职责	1. 负责健身俱乐部器械的维护及修理 （1）每日上班进行所有器材的巡查，保障水、电及硬件设施设备的正常运行 （2）及时解决器械故障问题 （3）如需器材厂商修理，要及时联系，在损坏的器材上加挂“维修暂停使用”指示牌 （4）定期保养器材 2. 定期检查音响设备，进行维护，如有损坏要及时修理 3. 对健身俱乐部内照明设施进行维护和更换 4. 更衣室及卫生间等设施的维护 （1）更衣室内吹风机的维护及维修 （2）饮水机的维护及维修 （3）更衣室内面盆的维护及维修 （4）卫生间设施的维护及维修 （5）更衣柜的维护及维修 （6）水龙头的维护及维修，如出现漏水现象及时修理 （7）桑拿房的维护及维修 5. 墙面、地板、地面的维护及维修 6. 对突发事件及时处理 （1）停水、停电及时处理，保障健身俱乐部的正常运行 （2）出现漏水要及时解决，避免出现更严重的问题 （3）健身俱乐部内电视信号中断时要及时进行处理 7. 协助健身俱乐部内的装修工作，进行监督和管理 8. 配合其他部门的活动		
工作权限	工程维修方面的建议权		
任职资格	内容	必备条件	期望条件
	教育水平	高职或中专学历	中专以上维修方面专业
	外表要求	身体健康	能适应登高工作（5 m）
	工作经验	从事工程维修工作 1 年	从事工程维修工作 1 年以上
	技能与能力	初级电工证书	中级电工证书、司炉工证书
	个性与品质	诚实、细致	有耐心、肯动脑、对本职工作有兴趣
薪酬待遇	工资 = 基本工资 + 岗位津贴 + 工作表现奖 + 餐费补助		

二、健身设备的保养

健身俱乐部的健身设备日常简单保养大多由健身俱乐部的教练部负责，确保健身设备在正常运营条件下工作。工程维修人员按规定定期检查和重点保养健身设备。

（一）跑步机保养

在不保养的情况下，跑带和跑板通常在使用两年后就基本接近报废，同时，会影响跑台的整个驱动系统。在保养的情况下，跑带和跑板的寿命可延长一倍。因此，定期保养可为电动机和驱动器提供安全可靠的工作环境，降低故障率，减少维修费用的支出。

健身俱乐部一般规定跑步机保养由教练部经理负责，全体教练具体实施。保养所需物品包括内六角、十字和一字旋具，活口扳手，吸尘机，毛刷，硅油。具体保养要求：每日检查跑带最佳张力和偏移量，进行调整，每周清洁一次马达及前后滚轮，每月一次为跑带加油

20 mL。教练部经理必须确保保养跑步机的教练掌握调整跑带最佳张力和偏移量以及正确为跑步机加油的方法。

1. 跑步机保养的安全注意事项

（1）跑带下的跑板只能用干的清洁用具清洁。

（2）不能用清洁剂清洁跑板。

（3）机台和仪表不能有液体进入。

（4）拆机台电动机护盖前，必须先关闭跑步机电源（有必要拔掉电源线）。

（5）靠近跑带或滚轮等传动部位时需将长发和衣服束好，确保安全。

2. 调整跑带最佳张力和偏移量的方法

若运动者在跑步机上跑步时脚底有打滑的感觉，就需要调节跑带。将跑带调节器放入跑步机后端两侧的螺钉孔内，各顺时针调节 1/4 圈，直到打滑现象消失。特别要注意的是，每次调节量不能超过 1/4 圈。

跑带有不居中现象时，即有一侧较为贴近跑步机边部，便需要调整跑步带位置。将跑步机加速到中速（8 km/h 左右），将跑带调节器放入跑带较贴近跑步机边部一侧的后端螺钉孔，顺时针调节 1/4 圈，此时跑带有一个自动复位的过程，等待约 1 min，如自动复位不够，再顺时针调节 1/4 圈，直到跑带完全居中为止。特别要注意的是，每次调节量不能超过 1/4 圈。在调节跑带时每个自动复位的过程，都要有等候的过程（约 50 s）。注意不要将跑带调得过紧，将其调整到跑步时不打滑即可。调得过紧会影响跑带、滚轮及传动部件的寿命。

3. 为跑带加润滑油的方法

用跑带调节器调节跑带，将跑带松开，先用略湿的毛巾清洁跑带，再清洁跑板，然后把润滑油呈 S 形打在跑板上。使用一个月加一次油，每次加 15~20 mL。加油后调好跑带张力，在跑步机上慢走 5 min，使之充分润滑。

4. 正确使用和维护跑台触摸屏

跑台的触摸屏为四线电阻式，触摸屏表面有一层几微米厚的特殊涂层，一旦该涂层被刮伤，触摸屏的功能便失效。其使用寿命与正确使用和维护有直接关系。当发现显示屏上有汗迹或水迹时应立即清洁，具体流程：先关机或将界面切换至电视状态，然后用干净的棉质抹布蘸少量中性计算机清洁剂 / 医用酒精 / 纯净水擦洗，严禁用手指甲或其他尖锐物触碰或覆盖显示屏。

（二）动感单车保养

在不保养的情况下，车架极易被汗迹腐蚀，调节旋钮咬死，刹车失灵。正确保养将大大减缓单车的老化。

健身俱乐部一般规定动感单车保养由教练部经理负责，全体教练具体实施。保养所需的物品包括内六角、十字和一字旋具，活口扳手，毛刷，黄油，单车曲柄拔腿器。具体的保养要求为：每日用半干抹布擦洗单车表面支架，检查中轴螺钉是否松动，脚踏与曲柄转动是否顺畅，无异声；每周检查、调整刹车片与刹车线灵敏度，为单车活动件处加油；每月检查、调整链条松紧度、飞轮偏摆度，为链条加黄油或机油润滑剂，在刹车片、飞轮和套筒上加润滑剂进行维护。

每位实施保养的教练必须掌握正确的拆卸左右曲柄，拆卸和安装脚踏，调整链条松紧度和调整飞轮偏摆度的技能。

如动感单车的链条松动，可按以下步骤调整：

（1）将单车固定飞轮两侧的固定螺钉放松。

（2）找到前车架两个拉伸螺钉，顺时针调整半圈。

（3）上车骑行是否还有间隙的感觉，如有，按第二步调整链条，直到松动的现象消失。

（4）将先前飞轮两侧放松的螺钉旋紧。

保养时，还应刹紧惯性飞轮，检查脚蹬曲柄在两个方向上是否活动，如果活动，意味着链条存在着伸长问题，应及时调整或更换。当单车有噪声时，应该拆下链条、隔离脚蹬曲柄和惯性飞轮来确定噪声产生的原因，并加以调整。

（三）力量器械保养

具体的保养方法如下：

（1）哑铃螺钉松紧—每日检查。

（2）杠铃螺钉松紧—每日检查。

（3）力量单功能坐垫与支架螺栓—每日检查。

（4）力量单功能传动皮带（钢丝）松紧调整—每月检查。

（5）力量单功能滑动导杆润滑—每周检查一次。

第五节　营运部经理的基本工作

营运部经理的工作比较繁杂，需要具备多方面才能。优秀的营运部经理是为保证健身俱乐部正常运营和提供优质客户服务，从而建立健身俱乐部品质的重要岗位之一。以下简单地对其工作内容和应掌握的技能进行介绍，从中也能让全体健身俱乐部员工更好地了解营运部的整体工作内容和重要性，尽可能地给予配合和支持。

一、营运部经理的主要工作职责及岗位描述

营运部经理职位说明书见表3-9。

表3-9　营运部经理职位说明书

基本信息	职位名称：营运部经理	所属部门：健身俱乐部营运部
	责任上级：健身俱乐部总经理	责任下属：营运部员工
工作关系	内部工作关系 1. 总公司各职能部门 2. 会所各部门	外部工作关系 1. 公安、消防、卫生防疫、工商、城管、社区 2. 物业、合作方 3. 各区职业介绍所社保中心 4. 保洁、绿化等各协作单位
工作概要	督导营运部的服务质量，进行客户关系维护，保证俱乐部的正常营运	

续表

<table>
<tr><td>工作职责</td><td colspan="3">1. 负责健身俱乐部所有员工的考勤
2. 负责控制健身俱乐部的能源消耗，管理易耗品
3. 熟悉掌握营运部内各岗位的工作流程及要求，对每日工作进行合理分配
4. 监督、审核下属按照公司有关操作流程进行会员卡制作、发放，会员礼品发放，更衣柜管理等工作
5. 负责水吧、卖品部销售及管理，并努力完成部门业绩指标
6. 每月按时盘点仓库及卖品区物品，保证账实相符
7. 每天检查公共更衣柜的使用、清理情况，负责对员工休息室、员工更衣室、公共更衣柜进行管理
8. 按公司规定的流程处理会员投诉
9. 召开部门例会，及时发现工作中的问题并解决
10. 负责本健身俱乐部会员活动的策划、执行和总部各项活动的配合
11. 负责管理文件及档案分类，上传下达公司文件
12. 负责监督健身俱乐部内工程、设施设备的报修和日常维护
13. 按时上交总公司要求的各项报表
14. 协助面试、培训及考核新进员工，掌握相关的消防、卫生知识</td></tr>
<tr><td>工作权限</td><td colspan="3">1. 对健身俱乐部内部管理有建议权
2. 对健身俱乐部突发事件的处理有决定权
3. 对部门员工有奖惩处理权
4. 对部门员工的招聘、录用、辞退有建议权
5. 对部门工作内容、流程有建议权和监督权
6. 对客服系统的成本预算有知情权、建议权、参与权</td></tr>
<tr><td rowspan="5">任职资格</td><td>内容</td><td>必备条件</td><td>期望条件</td></tr>
<tr><td>教育水平</td><td>大专以上学历</td><td>酒店、旅游等服务专业教育背景</td></tr>
<tr><td>工作经验</td><td>两年以上酒店管理工作经验，熟练掌握客户服务理论知识</td><td>四星级以上酒店、大型连锁超市管理经验，有外企工作经验</td></tr>
<tr><td>技能与能力</td><td>良好的组织能力和人员管理能力，强烈的服务意识和良好的沟通协调能力，能熟练运用计算机</td><td>良好的英语口语能力
具备一定的财务和人事管理知识</td></tr>
<tr><td>个性与品质</td><td>性格外向，善于沟通，遇事冷静，乐观，好学向上。对工作认真负责、勇敢、理智、敏锐</td><td>热爱公司，严于律己，职业目标明确，具有强烈的学习欲望和创新意识，能承受工作压力</td></tr>
<tr><td>薪酬待遇</td><td colspan="3">工资 = 基本工资 + 岗位津贴 + 工作表现奖 + 部门提成 + 餐费补助</td></tr>
</table>

二、营运部经理的对外工作

（1）与公安、消防、卫生防疫、工商、城管、物业、合作方、各区职业介绍所、社保中心、保洁、绿化等各协作单位保持良好的沟通和联络。

（2）参加以上部门组织的会议和学习，及时将具体的要求和内容转达给健身俱乐部总经理。

（3）完成这些部门交办的工作并随时向健身俱乐部总经理汇报。

（4）配合这些部门的检查并随时向健身俱乐部总经理汇报。

（5）搞好与以上部门的感情联络工作。

（6）不定期和以上各部门的工作人员进行联谊活动。

三、营运部经理的对内工作

营运部经理对内的日常工作流程主要有以下三个阶段。

（一）第一阶段——接管岗位阶段

（1）按公司规定穿着制服，并提前 5 min 到岗签到。

（2）注意个人仪容、仪表、仪态，保持良好的精神状态，面带微笑。

（3）岗位准备工作（20 min）。

①查看部门工作交接本及值班经理留言。

②进行巡店检查，查看上一班次各项工作的完成情况，确保营业中本部门各岗位的正常运行，防止隐患的发生。

③准备当日的例会内容：仪容、仪表的检查，前一班次的工作总结，本日各岗位工作安排、注意事项及特别说明。

（二）第二阶段——在岗负责阶段

（1）召开部门每日例会（10 min 左右），对本班次的工作进行安排。

（2）检查各区域的设备、设施是否可以正常使用，对异常现象解决处理。

（3）督导营运部员工工作。

（4）检查各类客用品的补充情况，确保客用品的充足。

（5）确保各区域清洁卫生。

（6）巡视查看部门内各岗位员工的工作情况，对其行为举止、服务质量加以督察，并及时指正问题。

（7）协调配合好其他部门的工作。

（8）负责与供应商厂家订货沟通。

（9）妥善处理各项投诉问题。

（10）核查各岗位是否按照规范程序领用物品。

（11）不断发现本部门营运中的问题，并合理解决，做好各事项的反馈与跟踪。

（12）检查外包单位员工工作，并与外包单位负责人及时就发现的问题进行沟通。

（三）第三阶段——交班阶段（下班前 60 min）

（1）统计每日客流分析表。

（2）查看各区域的清洁卫生收尾工作。

（3）查看并确保本部门内各岗位物品都整理归放于指定地点。

（4）做好次日的工作留言和交接。

（5）检查关闭各电源开关、各电器设备、柜子和门窗。

（6）查看健身俱乐部各处，防止安全隐患发生。

（7）商讨部门内的留言交接本上的内容、上一班次未完成的工作事项，安排下一班次工作事宜。

第六节 健身俱乐部突发事件处理办法及预防措施

一、各类突发事件的处理

(一)停电

(1)第一时间汇报上级。

(2)联系物业或供电单位,了解停电原因,如果是设备故障,应询问维修何时可以完成。

(3)安抚会员,通知会员可以正常营运的时间,并安排会员的疏散工作。

(4)平时应做好防范措施,定期检查应急照明是否能正常使用,并准备多个应急灯及蜡烛,保证各个区域的可见度。

(5)如果短时间内不能来电,需以电话或短信的方式告知所有会员,请其更改健身计划。

(二)停水

(1)第一时间汇报上级。

(2)联系物业或供水部门,了解停水原因,如果是设备故障,应询问维修何时可以完成。

(3)了解浴室中正在沐浴的会员有多少,从附近其他区域借水使会员完成沐浴(水温适宜)。

(4)安抚会员,通知会员可以正常供水的时间。

(5)在前台贴出告示,并口头告知每一位进入俱乐部锻炼的会员,询问其是否需要锻炼。

(6)如果短时间内不能来水,需以电话或短信的方式告知所有会员,请其更改健身计划。

(三)火灾

为加强健身俱乐部的消防工作,落实"预防为主、防消结合"的方针,确保人员生命财产的安全,需要制定消防安全制度。

(1)各健身俱乐部总经理为防火安全第一责任人,所属各部门负责人为消防安全责任人。

(2)各健身俱乐部必须按照国家有关规定配置消防设施和器材,设置消防安全标志,要定期组织检验、维修,确保消防设施和器材完好有效。

(3)健身俱乐部营运部经理及工程维修人员定期进行防火巡查、防火检查,及时发现、消除火灾隐患,给予合理建议。

(4)健身俱乐部每季度要对重点部位管理人员进行一次消防安全知识培训,定期组织对重点部位管理人员进行消防演练。针对各部门的特点,采取不同的防火措施。

(5)健身俱乐部须建立防火档案,确定部门消防安全重点部位,并设置防火标志,实行由专人严格管理。

(6)健身俱乐部各公共区要确保疏散通道和安全出口的畅通,在各楼梯口设置符合国家规定的消防安全疏散标志;要制定重点部位灭火和应急疏散预案,并报健身俱乐部总经理存档。

(7)值班经理要实行每日防火巡查,并建立巡查记录。

遇到俱乐部内部起火,根据实际情况,处理步骤如下:

(1)维持秩序,判明火灾形势。工作人员要保持镇静,要稳定情绪,维持现场秩序,避免顾客因慌乱而发生摔伤、挤伤的事故。迅速判明起火位置和火势,准备照明用具。

(2)根据火情采取应急处理措施。如火势不大,工作人员应就近使用灭火设备灭火;如火势较大,工作人员应在外围维持秩序,阻止无关人员闯进火场。

(3)如火势较大无法控制,应迅速拨打“119”报警,并通知物业、总机等,报告起火时间、地点、火情、燃烧物质及报警人等情况。

(4)疏散顾客:工作人员应立即组织顾客安全有序地撤离火场,确保顾客人身安全。

(5)编写火灾报告:值班经理将起火过程和火灾处理过程详细记录,呈报健身俱乐部总经理及营运部。

(四)失窃

如会员存入更衣柜的贵重物品遗失,解决办法如下:

(1)保护现场,通知值班经理,同时报告营运部经理、健身俱乐部总经理。

(2)征得会员同意后立即拨打“110”报警。

(3)配合公安人员调查案情,查看监控记录。

(4)营运部经理报告健身俱乐部总经理,在咨询法律顾问后,代表健身俱乐部进行协调处理。

(五)斗殴事件

(1)如果是公司内部员工发生打架斗殴事件,要及时制止并汇报值班经理,注意防止伤及会员,当事人由相关部门酌情处罚。如情况严重,应及时拨打“110”报警,并保护好现场,交执法人员处理。

(2)如果是会员之间发生打架斗殴事件,应立即报告值班经理,视情况疏导周围其他会员,将周围会员引导到其他区域锻炼,请其他工作人员上前制止,留意会员携带物品,提防遗失。如情况严重,应及时拨打“110”报警,并保护好现场,交执法人员处理。

(六)会员伤病

(1)流鼻血:让会员坐到椅子上,使其情绪稳定;让会员头部前倾,用嘴喘气;从外面用手指压迫出血侧的鼻翼,用干净纱布轻轻堵塞出血的鼻孔,进行压迫止血。

(2)咽喉异物堵塞:若是成年人,可让会员自己压住舌头,连续咳嗽 2~3 次。会员上半身前倾,请别人从身后用两手合拢围起,将前胸向上提起,侧卧,用手指试勾咽喉部,有时也能勾出异物,若为儿童,则头朝下抱起,用力拍打背部 2~3 次。如异物无法去除,立即送医院。

(3)腓肠肌(腿肚)痉挛:腓肠肌痉挛时,应立即把腿伸直,用力向后扳脚拇趾,做肌肉按摩和温湿敷。

（4）触电：发生触电，应迅速切断电源，此前不能触摸触电者，否则会造成更多的人触电。如果一时不能切断电源，救助者应穿上胶鞋或站在干的木板凳上，双手戴上厚的塑胶手套，用干的木棍、扁担、竹竿等不导电物体，挑开触电者身上的电线，尽快将触电者与电源隔离。

对触电者的急救应分秒必争，若发现心跳呼吸已停，应立即拨打“120”急救电话，把病人送附近医院做进一步治疗，并对其进行口对口人工呼吸和胸外心脏按压等复苏措施，一般抢救维持时间不得少于60~90 min。如果抢救者体力不支，可换人操作，直到触电者恢复呼吸心跳。

（5）中暑。将病人搬到阴凉通风的地方平卧（头部不要垫高），解开衣领，同时用浸湿的冷毛巾敷在头部，并快速扇风。轻者一般经过上述处理会逐渐好转，再服一些人丹等；重者，除上述降温方法外，还可用冰块或冰棒敷其头部、腋下和大腿腹股沟处，同时用凉水反复擦身、扇风进行降温，如仍无效果应立即送医院救治。

（6）溺水。对泳池溺水者应立即进行“倒水”抢救。救护人员一腿跪地，另一腿屈膝，使溺水者头下垂，俯卧在救护者膝盖上，拍打溺水者背部，或按压背部，迫使呼吸道和胃内水排出，勿压迫腹部，避免水从胃逆流入呼吸道。若倒水效果不好，应立即停止。对呼吸、心跳停止者，应立即进行心肺复苏术，同时呼叫“120”求得救援。

（7）洗澡晕倒。工作人员应先呼喊会员，使其苏醒。扶会员到通风较好的地点躺好，最好将会员的腿垫高，为其盖上毛巾，并给会员倒杯热水（最好加糖）。

（8）心脏病。在心脏病患者晕倒后，不要移动，立即拨打“120”急救电话，保证会员周围的空气畅通。如果会员仍有意识，询问其是否身边有急救药品，如果有，给其服下药物；如果没有，在急救箱中取出救心丸，按说明给会员服下。在医务人员到达后由俱乐部总经理安排工作人员陪同会员至医院就诊。帮助会员通知其家人。

（9）外伤。

①闭合性外伤。闭合性外伤由钝力造成，无皮肤、体表黏膜破裂，常见的有挫伤和扭伤。挫伤是钝力打击所致的皮肤和皮下软组织损伤，皮肤无裂口，伤部青紫，皮下淤血、肿胀、压痛。轻者可用伤湿止痛膏外贴受伤区。对胸腹部挫伤及头部挫伤，可能有深部血肿或内脏损伤出血，应立即拨打“120”急救电话。扭伤常发生在踝部、腰部、颈部及手腕等处。扭伤的一般处理原则是让会员安定情绪，固定受伤部位，用冷湿布敷盖患处。手足扭伤者可抬高患部。颈部、腰部扭伤者在搬运时不可移动患部。扭伤常伴有关节脱位或骨折，如会员疼痛难忍，应立即到医院就诊。

②开放性外伤。开放性外伤多数由锐器和火器造成，少数可由钝力造成，常有皮肤、体表黏膜破裂。浅的伤口用温开水或生理盐水冲洗拭干后，以碘酊或酒精消毒、止血，或以药物喷雾剂喷于伤口，然后包扎，一般都能较快痊愈。对较小伤口外用“创可贴”即可。对较深的伤口，应立即压迫止血，速送会员到医院行清创术，视伤情进行缝合修补等。

对大量出血的患者，首先采取止血方法；对切割伤、刺伤等小伤口，若能挤出少量血液反而能排出细菌和尘垢;对伤口用清洁的水洗净,对无法彻底清洁的伤口,须用清洁的布覆盖其表面,不可直接用棉花、卫生纸覆盖。

如会员需到医院就诊,必须有一名俱乐部工作人员陪同,提醒会员挂号或就诊时保留所有费用的单据原件(含车费或急救车费、医药费、观察费等),并通知会员家属。

二、突发事件的情况汇报

突发事件发生后,工作人员应立即通知值班经理,同时汇报营运部经理。营运部经理详细记录事情经过,报备健身俱乐部总经理及营运部。营运部经理应对送医院治疗的会员进行会员医治情况的跟踪工作。

如会员无须就医,也需留下会员联系方式,汇报给营运部经理。营运部经理于3日内联系会员,询问会员伤势是否好转,做好跟踪记录,并随时汇报给健身俱乐部总经理及总公司相关职能部门。

三、会员保险及索赔

如会员意外受伤,由值班经理核实会员受伤原因,如为俱乐部设备、设施故障或本俱乐部营运管理不善造成,则立即拨打保险公司报险电话,说明保单号,简单叙述事件经过,并填写《保险出险通知书》。如受伤者提出误工索赔,则需提供市级以上医院开具的病假单和本人工资收入纳税单,如会员向公司提出其他索赔,则需出具书面索赔函,列举索赔理由和要求,当事会员需签名并留下联系方式,值班经理收集完整资料后立即送至保险公司相关负责人处。

提交保险公司材料清单如下(俱乐部相关负责人应备份提交材料):

(1)会员姓名、会员卡号、联系方式、身份证和会员卡复印件。

(2)事发经过情况说明(当事人双方各写一份)。

(3)所有费用清单及费用原始凭证。

(4)病历卡原件。

(5)保险出险通知书。

(6)书面索赔函(由会员出示,附签字)(此材料仅在会员提出索赔时提交)营运部经理和前台经理必须知道保险公司的联系人、电话、传真和地址。

四、安全措施具体执行方案

(1)健身俱乐部内安全组织机构人员包括健身俱乐部总经理、营运部经理、教练部经理、会籍部经理。

(2)健身俱乐部内应设每日安全负责人,即值班经理。

(3)为加强员工安全防范意识,落实预防为主的指导方针,教育员工必须懂得人人都有维护健身俱乐部内安全、保护安全设施、预防紧急事故并及时报警的义务。

①健身俱乐部总经理为安全第一责任人,所属各部门负责人为安全责任人。

②健身俱乐部按照国家有关规定设置安全设施、器材、标志,定期组织检验、维修,确保

其完好有效。

③工程部门定期进行巡查、检查,及时发现、消除安全隐患,给予合理建议。

④健身俱乐部总经理每季度要对店内管理人员进行一次安全知识培训,定期组织演练,并针对各部门的特点,采取不同的措施。

⑤健身俱乐部总经理办公室建立安全档案,确定各部门安全重点部位,由专人严格管理。

⑥公共场所要确保疏散通道和安全出口的畅通,在各楼梯口设置符合国家规定的安全疏散标志;要制定重点部位应急疏散预案并存档。

⑦要实行每日安全巡查(包括夜间保安人员),并建立巡查记录。

(4)组织员工学习急救基本常识,保证会员及员工生命财产的安全。

(5)组织员工演习紧急疏散流程。

①报警。一旦发生紧急事故,发现人要将信息以最快的速度传到店内值班经理处。

②值班经理接到紧急事故信息应立即到达事故现场,了解伤者现状,制订应急方案。

③确认事故状况后,立即拨打"119",并通知店内负责人及相关单位领导(水、电、燃气、事发部门负责人)。

④成立急救指挥平台,由现场的最高负责人和其他部门责任人组成救灾指挥部,现场最高负责人为总指挥,迅速向各部门发出指示。

⑤各部门人员工作分配。

a. 健身俱乐部总经理。

a)负责确认事故紧急情况及详细信息。根据情况及时拨打"119",详细说明事故发生地点、环境及人员情况。指挥店内的人员开始初期急救及人员的安全疏散。

b)掌握事故发展情况,及时调整力量,明确布置救人,疏散物资,供水、供电、电梯安排任务,并检查执行情况。

c)使用各种水源和通信、运输工具及其他设备,保证一部电梯为急救人员专用。

d)截断电力、可燃气体输送,限制用火、用电,非消防电梯全部禁止使用。

e)划定警戒区实行局部管制,命令人员转移,维护好外围秩序,迎接急救车,为急救人员到场创造有利条件,调集供水、供电、燃气、通信、医疗救护、交通运输、环境卫生等有关单位的人员,参加救助。

f)根据事故情况通报,要说明疏散路线,稳定人员情绪、疏散与救护,防止或减少人员伤亡是关键措施。

g)明确分工,查清是否还有人员应该疏散,应立即制订救援方案,对伤员进行护理,及时送往医院救护。

h)事故现场处理完毕后,在其区域内设立警戒区,保护现场,配合协助公安部门调查原因,如实提供情况,不得擅自清理、破坏或者伪造现场,核定损失,查明事故责任。

b. 营运部。

a)工程人员。截断电力、可燃气体输送,提供各种水源和通信运输工具及其他设备,为急救部门的到达做好准备；负责将店内事故设施情况告知调查部门。

b)前台人员。负责广播及稳定会员情绪，在必要时有序疏导人员撤离。

c)部门其他人员。在场地内和各紧急出口处做正确疏散路线指示。

c. 教练部。教练负责场地内会员的安全，在发生紧急情况时正确快速地将会员从器械上撤离到安全区域；利用心脏复苏(CPR)急救知识负责伤者现场急救；准备好医用急救箱，对受伤者做简单治疗处理后优先撤离。

d. 会籍部。会籍顾问配合营运部对会员进行安全疏导，安抚会员的心情；在疏散完毕后保护事故现场，禁止闲杂人员进入。

健身俱乐部总经理、营运部经理、工程人员应不定期抽查司炉工实操能力，定期考核其理论知识；定期检查店内通风设施，清洁空气净化系统，锅炉运转状况，干、湿蒸房正常工作情况。

第七节　健身俱乐部的基本规定

作为健身俱乐部的员工，包括各岗位的员工都应该了解并严格遵守健身俱乐部的基本规定。

一、健身俱乐部会员规定

作为健身俱乐部的员工，必须了解并严格遵守健身俱乐部的有关规定，为会员做出表率，并随时提醒他人遵守有关规定。

(一)入场须知

(1)健身俱乐部内禁止吸烟。

(2)未经许可，禁止拍照、摄像。

(3)进入本俱乐部必须配合前台工作人员进行身份登记。

(4)为保障会员的财物不受损失，请会员不要携带贵重物品至俱乐部。

(5)请会员在锻炼时佩戴手牌，并配合服务人员的核对工作。

(6)请会员不要在未通知前台工作人员或没有办理正常离场手续的情况下将手牌带出会所，如因此造成遗失及其他相关损失，会员有责任对此进行赔偿。

(7)16岁以下的儿童请勿进入器械区域。

(8)严禁将易燃易爆及可能危害他人的物品带入健身俱乐部。

(9)运动时请穿着运动服和运动鞋，请勿穿着西装、牛仔裤、皮鞋、拖鞋等有可能带来意外风险的服装或鞋类。

(二)更衣室使用规定

(1)更衣室内禁止吸烟。

(2)请保持更衣箱清洁卫生。

(3)请勿将首饰、手机、现金、信用卡、有价证券及其他贵重物品放在更衣箱内。

(4)请会员在更衣时看管好自己的物品,以防丢失。

(5)俱乐部提供的更衣箱是循环使用的,为方便他人使用、防止会员的物品遗失,离开时请带走自己的物品。

(6)如果会员需要长期存放私人物品,请在前台办理私人储物柜的租用手续。

(7)如需帮助请与前台联系。

(三)桑拿房使用规定

(1)俱乐部将按会员需求开启桑拿房。

(2)使用桑拿房前请先沐浴。

(3)进入桑拿房前请先适量饮水。

(4)有皮肤病、心脏病、高(低)血压、哮喘等疾病的患者请勿进入桑拿房。

(5)儿童及孕妇禁止使用桑拿房。

(6)饮酒后请勿进入桑拿房。

(7)桑拿房的温度已经设定好,如您需要调整温度,请向更衣室工作人员咨询。

(8)在桑拿房内时间不宜超过 15 min。

(9)请勿将食品、化妆品等带入桑拿房。

(10)请不要在桑拿房内洗、晾衣物。

(四)有氧操房使用规定

(1)有氧操房仅供进行健身锻炼类相关活动。

(2)在健身过程中,请始终穿着运动服和运动鞋,禁止穿拖鞋、皮鞋或光脚进入有氧操房。

(3)请遵守教练的指导及课程的预约程序。

(4)请准时参加健身课程,提前 5 min 在室外等候,按顺序入场。

(5)在参加健身锻炼时,请将手机调至振动或暂时关闭。

(6)请勿在有氧操房内用餐,如需适量进水,请保持环境的清洁。

(五)游泳池卫生须知

(1)患有肝炎、心脏病、皮肤病、手足癣、严重沙眼、急性结膜炎、中耳炎、肠道传染病、精神病等疾病者及饮酒者严禁游泳。

(2)游客在入池前和蹲厕后,必须通过裸体淋浴和浸脚消毒池,方准入池。

(3)禁止在游泳池边吃零食、吸烟、吐痰、擤鼻涕等,以保持池水清洁。

(4)严禁携带毛巾、肥皂和穿拖鞋入池。

(5)游客在游泳后,勿忘滴用眼药水。

(六)游泳者须知

(1)游泳人员必须遵守游泳池的各项规章制度,服从工作人员管理,爱护游泳池内的设施。

(2)严禁携带枪支、弹药、易燃易爆物品、有毒有害物品及利器等有碍安全的物品入池。

(3)游泳人员必须参加游泳人身平安保险。

(4)游泳人员参加游泳应主动出示当年度游泳体格检查合格证和当场有效票并依次入池。单位组织游泳的,应设领队或管理人员带队,集体整队入池。体格检查证不得转借或涂改。

(5)贵重物品请勿携带入池,一般物品自行保管。

(6)游泳者应根据自己的身体情况、游泳技术,在规定的区域内游泳。

(7)文明游泳,不准在水中喧闹或妨碍他人游泳,严禁花色跳、反跳、潜泳。

(8)1.2 m 以下的儿童必须有家长或成年人陪同入池。

(9)初学游泳者不得进入深水区,携带救生圈的泳客不得超越浅水区标线。

(10)严禁在游泳池内寻衅闹事,打架斗殴。

二、健身俱乐部运营规定

(一)健身俱乐部的通知张贴规定

(1)各部门如需在前台摆放通知,必须提前 3 天将有关中英文的内容编写完成,交给营运部经理进行校对、确认,并请健身俱乐部总经理签字确认后,交前台经理摆放于前台、男女更衣室、体操房等区域的专用公告栏内。

(2)健身俱乐部的任何通知、张贴物都必须张贴在固定的位置和专用的存放夹中,不得随意张贴,不得摆放在正对功能区域的入口处。

(3)健身俱乐部的任何通知、张贴物必须使用统一的字体,中英文对照,注意截止日期和完整性,如有过期或破损应及时更换。

(4)健身俱乐部内的一切指示牌、装饰物、标牌必须统一格式、简洁明了,指示牌的摆放和悬挂必须保证安全、整洁、有序、醒目、无破损。

(二)健身俱乐部内各区域的温度控制规定

除体操房外,其他区域的室内温度相似。冬季和夏季室内温度的标准是不同的,淋浴的水温也有冬夏之分。具体明细见表 3-10。

表 3-10 健身俱乐部内各区域的温度控制规定

项目	季节	区域	标准温度 /℃
室内温度	冬季	体操房	23
		其他区域	25
	夏季	体操房	20
		其他区域	22
淋浴水温	冬季	男女更衣室	46(最高)
	夏季		44(最高)

三、健身俱乐部员工管理规定

（一）员工使用健身俱乐部更衣室的规定

（1）健身俱乐部内未设独立员工淋浴、更衣室的，员工在上岗前可以在健身俱乐部更衣室内换衣服，时间不得超过 15 min。

（2）根据健身俱乐部的具体情况，员工可以有条件地淋浴和使用桑拿。一般健身俱乐部规定淋浴时间段为 7:00—17:00 和 21:00 以后，桑拿时间段为 21:00 以后。

（3）员工不得在高峰时间段（17:00—21:00）使用淋浴设备。

（4）员工的私人物品必须摆放在员工更衣柜内，不得在健身俱乐部更衣室内摆放任何私人物品，不得使用公共更衣柜，公共更衣柜仅限于员工在淋浴时临时使用，时间不得超过 15 min。

（5）员工必须使用员工专用卫生间，不得使用健身俱乐部更衣室内的卫生间。

（6）员工可在健身俱乐部为员工提供的员工休息室内取水、进食。不得在健身俱乐部更衣室内取水、进食、洗手等。

（二）员工休息室的管理规定

（1）非本健身俱乐部的员工不得进入员工休息室。

（2）不得在员工休息室内抽烟、喝酒，不得随地吐痰、扔垃圾。

（3）不得在员工休息室内游戏、大声喧哗、影响他人。

（4）员工休息室不得堆放私人物品，私人物品必须摆放在私人更衣柜内。

（5）不得在工作时间段进入员工休息室。

（6）每位员工必须爱护公司的财物，正确使用电器设备，如有损坏，照价赔偿。

（7）不得将训练用品带入员工休息室。

（8）及时处理自己的变质食品，保持冰箱、桌面整洁。

（三）员工更衣柜的使用规定

（1）任职员工凭健身俱乐部总经理签字到营运部经理处领取更衣柜的钥匙。

（2）更衣柜内不得摆放国家明令禁止的物品、危险品、现金、贵重物品等。

（3）员工更衣柜的表面不得有个性化的装饰，必须保持整洁。

（4）每位员工必须爱护健身俱乐部的财物，如有损坏，照价赔偿。

（5）营运部经理拥有所有柜子的备用钥匙，为遗忘、遗失钥匙的员工服务及进行安全检查。

（6）有 2 人以上（包括 2 人）在场的情况下，健身俱乐部有权对员工更衣柜进行开柜检查。

（7）员工离职、调离健身俱乐部时必须归还更衣柜的钥匙。

思考题：

1. 前台服务的重要性表现在哪些方面？
2. 跑步机的保养及安全注意事项有哪些？
3. 健身俱乐部突发停水情况的处理方法是什么？
4. 会员到健身俱乐部锻炼应该遵守哪些安全注意事项？

第四章 会籍顾问

第一节 会籍顾问概述

会籍顾问(Membership Consultant,简称MC)又可称为健康顾问,不仅是健身中心的销售人员,也是健身中心的服务人员,这是一个服务性的职位,即把销售的观念用于对顾客服务,并能够帮助顾客解决问题,达到“无心插柳柳成荫”的销售效果。其工作内容涉及会员服务、管理及市场营销等方面,在实际的工作岗位中销售与服务并重。健身会籍顾问的工作是用专业的健身知识去帮助客户,为客户提供专业性的健身服务,是具有一定专业度和高质量服务的销售工作;需帮助会员协调教练指导,督促会员坚持锻炼,以及为企业提供销售收入;解决顾客对俱乐部存在的不满和建议,管理好会员会籍卡有效时间,方便客户长期有效地坚持锻炼;会籍顾问是公司与客户的沟通桥梁,公司需要通过会籍顾问将现有的服务和配套设施推广出去。

会籍顾问上岗前如何调整自己的心态?被拒绝是销售工作的最大挑战,要从心理上克服,才能真正在遇到拒绝时泰然处之。意识到一个问题或障碍,应尽快从中吸取经验和教训,继续前进,充分准备和积极行动是对付恐惧最好的武器。

面对拒绝的第一种态度:具有积极态度。需要会籍顾问满怀热情,着眼于积极的一面。具有良好的职业自豪感,不断在职业上投入,在自己身上投入。坚持不懈地努力,给自己打气,在失败中不断学习,吸取经验和教训 。从来不将(表面的)失败看作(真正的)失败,仅仅当作一个学习的过程。从来不将(表面的)失败看作不能成功,仅仅当作一个学习的过程。

面对拒绝的第二种态度:从来不将(表面的)失败看作(真正的)失败,仅仅当作一个消极的反馈,(思考)如何改变或调整自己的方法。从来不将(表面的)失败看作不能成功,仅仅当作帮助研究自己目的的指导。总能从每一个(表面的)不成功中发现修正方法的数据。

面对拒绝的第三种态度:从来不将(表面的)失败看作(真正的)失败,仅仅当作一个激发自己灵感和诙谐的机会。从来不将(表面的)失败看作不能成功,仅仅当作一个激发自己灵感和诙谐的机会。总能很快地从(表面的)不成功中找到诙谐的感觉。

面对拒绝的第四种态度:从来不将(表面的)失败看作(真正的)失败,仅仅当作一个磨炼自己的技巧和完善自我的表现机会。从来不将(表面的)失败看作不能成功,仅仅当作一个磨炼自己的技巧和完善自我的表现机会。总能将每一个(表面的)不成功视为它给自己提供了一个磨炼自己的技巧和完善自我的表现机会。

面对拒绝的第五种态度:从来不将(表面的)失败看作(真正的)失败,仅仅当作一场自己必须赢得的比赛。从来不将(表面的)失败看作不能成功,仅仅当作一场自己必须赢得的比赛的一部分。总能将(表面的)不成功看作一场自己必须赢得的比赛中的一个需要的部分。

在不断的暗示和努力下,成功终将离你不远。

一、会籍顾问岗位能改变你什么

(1)自信,提高自身与陌生人的沟通能力。会籍顾问可以让自己的经济基础不断提高,增加自己的物质保障;能够提高会籍顾问的营销能力,增加专业的健身知识,帮助协调好同事关系,建立良好的人际关系;可以不断强化团队协作的能力,提供更多学习机会,增强团队管理能力,为其提供更多的发展前景。

(2)从会籍顾问晋升到会籍部经理。

①顾问→见习主管。连续几个月完成公司基本任务者均可申请公司会籍部见习主管。

②见习主管→会籍主管。拥有小组配置,完成当月小组业绩任务下月即可晋升正式主管。

③会籍主管→见习经理。小组内部培养两名见习主管成功晋升正式主管并在职几个月以上。

④见习经理→会籍经理。见习经理底薪完成一定销售量,到达储备时间,并作为各店正式经理储备人员。

二、会籍顾问的岗位职责

会籍顾问的岗位职责如图 4-1 所示。

(1)遵守公司和部门相关规章制度,服从管理,努力完成部门和公司规定的每月、每年的业绩任务。

(2)发放俱乐部的宣传单页,接听客户的咨询电话,收集、整理客户资源,负责健身卡的销售,同时宣传公司,维护公司形象,传播健康理念。

(3)邀约客户、接待客户,并为客户介绍本俱乐部的所有产品和具体优势,为客户办理会员卡相关手续。

(4)签订合同或协议。熟悉公司制定的销售制度和销售流程,熟悉协议或合同内容,并且规范填写。

(5)会员关系的维护,配合公司完成宣传营销活动。定期在合适的时间致电客户或通过一些交流软件,如微信、QQ、微博等和客户交流沟通;或者在必要时间拜访客户。给客户专业的、健康的健身知识,帮助解决一些顾客的健身问题。

(6)为会员做好售后服务工作。定期回访客户,在节假日问候客户,做完美的售后服务。

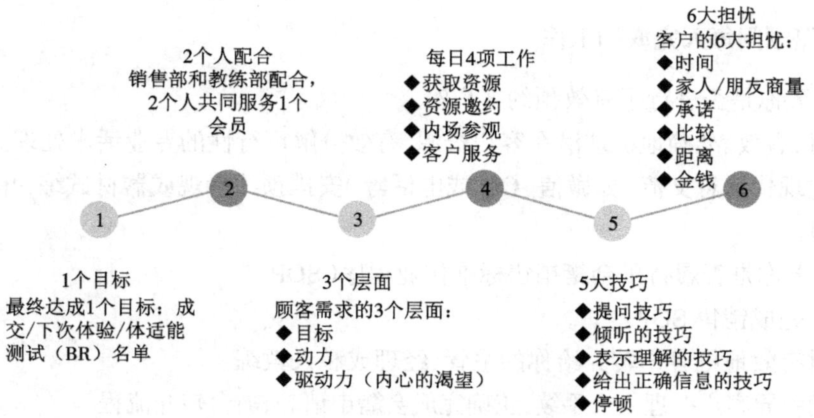

图 4-1　会籍顾问的岗位职责

三、会籍顾问岗位技能标准

（1）遵守俱乐部和本部门的销售流程及有关规章制度，服从管理，积极维护俱乐部形象。

（2）具备一定的心理学知识，能够很好地与会员沟通；具备一定的会籍营销经验、销售技巧；具备较强的、全面的健身专业知识和市场营销能力，以及会籍销售能力。

（3）具备卓越的语言表达能力、全方位获取会员资源的能力。

（4）能够按照销售流程拨打、接听非会员电话，较好地邀约非会员来访。

（5）按照销售流程带非会员导览参观。

（6）具备完美的报价方式和对会员完美的售后服务的能力。

（7）熟悉销售流程，能够较好地处理会员担忧，顺利谈单。

（8）能负责会员卡的销售工作，并认真填写每日工作记录和有关销售报表，做好店内销售、店外销售、电话销售与陌生拜访工作，努力完成每月和每年的业绩目标。

（9）熟悉俱乐部各项业务及卡种，积极接待参观的顾客，全程陪同顾客来访，按照销售程序引领顾客参观俱乐部并提供会员卡咨询服务。

（10）做好会员资料的管理及跟踪服务工作，与会员保持良好的关系，定期与会员联系，及时解答会员提出的问题并提供相应的服务，如约教练、通知会员俱乐部组织的大小活动等，在能力范围内解决会员担忧。

（11）做好俱乐部潜在客户的发掘、销售渠道的开发及维护工作等。

（12）在销售过程中遇到问题要及时上报，积极为俱乐部经营管理工作提出合理化建议。

（13）协助会籍主管，积极参加对外宣传、推广销售活动。

（14）积极参加俱乐部及部门组织的各项培训。

（15）做好会籍办公室及接待室的卫生保洁工作，爱护俱乐部的各种设备。

（16）完成上级领导交办的其他工作。

四、会籍顾问每天完成的工作

(1)今天你是否进行了有效预约客户?

①及时、有效、准确地梳理潜在客户资源,有效分解可行性的专业话术处理。

②通过现代信息交流(如微信、QQ或电话等)安排预约参观或器材试练,并完成当日预订预约数量。

(2)今天你是否履行了会籍销售标准作业程序(SOP)?

①独立完成销售SOP。

②及时有效地把客户转介给你的主管、经理或私人教练。

③正确引导客户办理入会手续,正确完成会籍申请表、前台转介流程等。

(3)今天你是否获取了潜在客户名单?

①派发或邮寄健身俱乐部促销宣传资料,任何时候都在预约客户和推销健身产品。

②及时确保潜在客户的资料收集数量与质量。

③积极参加发展潜在会员的促销活动。

(4)今天你是否了解并掌握了自己会员的健身活动情况?

①及时有效地指导和帮助首次来健身的会员,对他们进行健身区域、功能区域、服务区域的路径引导、区域使用和功能介绍。

②帮助会员开始健身活动,经常关注会员的健身活动情况,跟进记录在会员服务日志中。

(5)今天你是否帮助会员解决问题和反馈建议?

①及时有效地与会员沟通、解决和反馈会员建议、意见、投诉或突发事件等。

②密切关注有问题类会员的日常健身活动以及他们的感受,进行有效的客情关系建立。

③不得虚假宣传和过度承诺,在销售过程中因虚假和过度承诺引发的后期会员意见和投诉,自己应该承担相应责任。

(6)今天你是否了解和知道你的会员的会籍使用情况?

①及时有效地跟进会员的会籍消耗,热情、主动地帮助和指导会员,进行会籍卡务服务。

②保持经常与会员沟通,为会员提供及时有效的通知提醒服务、生日/节日祝福、健康鸡汤等。

③引导和帮助会员进行续会办理。

(7)今天你是否记录了全天的工作内容?

①保管指定和相应的销售工作记录。

②提交指定和相应的销售工作报告。

③积极参加销售工作会议,保管或提交会议记录。

(8)今天你是否在工作中提升了自己?

①积极主动参加销售培训课程学习、会议,保管和提交学习记录。

②定期进行销售服务基本功自练和演示。

(9)今天你是否为你的薪水增加了分量？为你的薪水做了多少贡献？

尽全力完成自我销售业绩目标；持续准确地为创造业绩排期。

(10)今天你是否将健康时尚生活方式传递给了你身边的人？

有责任和义务地宣传、倡导、引领身边的人养成健康的生活方式。

五、个人任务的由来

在健身俱乐部里，主管和经理要布置会籍任务，也要让会籍顾问弄明白每日完成工作量如何而来。业绩分配不能凭空来做，而是要根据以下制作的黄金公式来制定每日工作量，会籍顾问才能领取任务，最后才能高效完成任务。那么，我们如何划分如何制定呢？我们通过以下一个黄金公式计算出每日会籍顾问需要完成的工作量。

以下黄金公式是通过健身俱乐部各项销售工作的平均数值及任务要求来推算会籍人员的日均工作量，是一种制定量化标准的手段。

黄金公式的五大参数如图 4-2 所示。

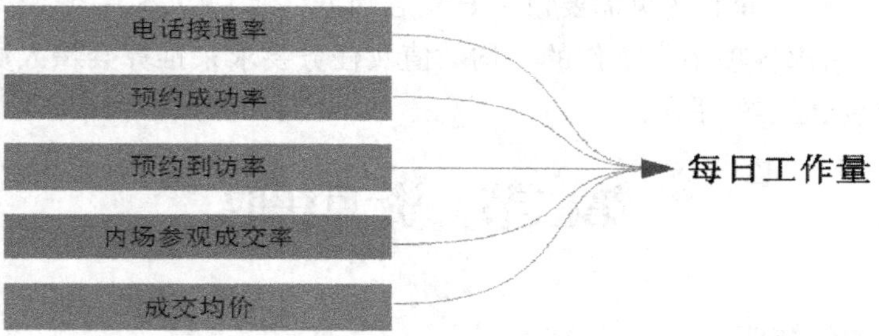

图 4-2　黄金公式的五大参数

黄金公式的展开和利用分别如图 4-3、图 4-4 所示。

资源数量—拨打电话数量—接通电话数量—确定预约数量—本日预约应到数量—实际到访数量

电话接通率 %　　预约成功率 %　　预约到访率 %

实际预约到访 + Walk IN + DI = 总内场接待参观数量　　签单数量

内场参观成功率 %

图 4-3　黄金公式的展开

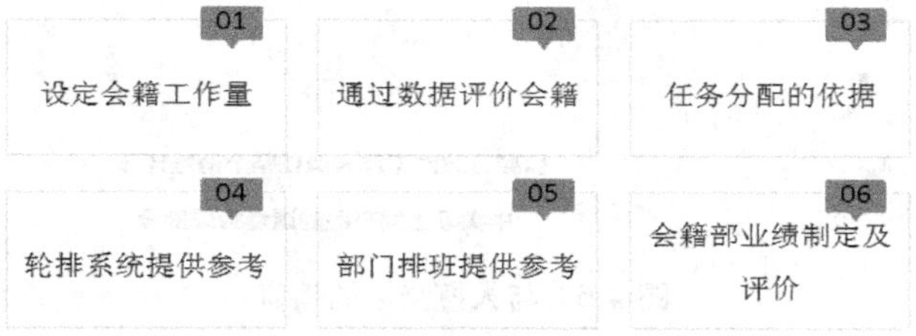

图 4-4　黄金公式的利用

那么,根据黄金公式如何确定个人任务?(默认状态下为部门任务 / 人数)

任务的分解:按时间分解得出每周及每日任务;按平均消费额分解得出每月 / 每日发展新会员数。

进行每日工作安排:

(1)计算每日需要发展的会员人数,即

每日需要发展的会员人数 = 个人业绩指标 ÷ 平均消费金额 ÷ 30 天

(2)计算每日需要来自约见和走入的业绩,即

需要由走入产生的新会员数 = 每日新会员总数 × 30%

需要由约见产生的新会员数 = 每日新会员总数 × 70%

(3)计算每日需要走入和实赴约见会员数,即

日走入需量 = 需要由走入产生的新会员数 ÷ 走入成交率

日实付约见需量 = 需要由约见产生的新会员数 ÷ 约见成交率

(4)计算每日约见需要量,即

每日约见需要量 = 日实赴约见 ÷ 约见实付率

通过健身俱乐部各项销售工作的平均数值及任务要求来推算会籍人员的日均工作量,形成一种制定量化标准的手段。

第二节 资源获取

一、资源获取的技巧

(一)会籍营销流程

会籍顾问工作流程:资源获取→准备阶段→电话预约→场内接待参观→完美的会籍服务→持续跟进服务。

会籍销售都是与人打交道,从开始到结束都是为了客户的健康着想。作为会籍顾问,首要任务是资源获取,如图 4-5 所示。

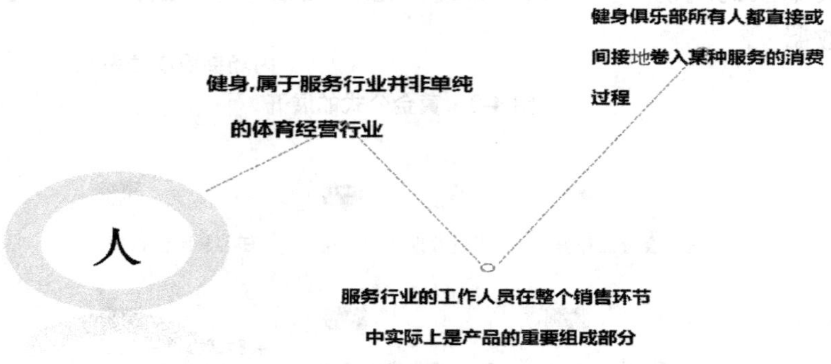

图 4-5 与人打交道的销售

实际会籍营销主要的流程如图 4-6 所示。

图 4-6　会籍营销流程

(二)资源收集话术

(1)直接要电话(如果您对健身和我们的团购活动感兴趣,可以留个联系方式,以便我通知您,到时给您最大的优惠和专业的服务)。

(2)间接要电话(我留个电话给您,您到时联系我,我来接待您,给您最大的优惠和专业的服务,您电话多少我打给您)。

(3)微信关注(如果您对健身和活动感兴趣可以关注一下我们,了解更多健身和活动信息)。

如何进入聊天话题见表 4-1。

表 4-1　如何进入聊天话题

话题方向	举 例
仪表、着装	"这件衣服很漂亮、时尚,您是在哪里买的?"也可以从服装的款式和颜色及购买地方入手
乡土、老家	"听您口音是重庆人吧!我也是……"
气候、季节	"这个雨下得有点久了",或者"最近有点热,要坚持锻炼……"
子女、工作	"姐姐看起来很年轻,孩子都读书了"或者从教育入手,"能把工作和家庭照顾好很辛苦"
饮食、习惯	"最近那个网红店又出新品了,咸蛋黄冰糕很好吃"或者"我也喜欢……"
室内摆设、布置	"我觉得这里布置得很文艺,您是搞这个专业的吗?"
兴趣、爱好	"您的字、画、歌……(某一方面)很好,太厉害了。"

二、资源获取的方式

(一)人力推广

1.Out 法

Out 法也是常说的外场工作法,即外场资源获取法。

会籍顾问通过街上派单、扫楼查车、外销阵地、异业合作等外出俱乐部寻求资源。这是会籍顾问主要的业绩来源,对于健身俱乐部来说,这也是重要的经济来源。Out 法主要通过外出派单和外出填写调查表,外出扫楼派单,外出设置展架等营销点,扩大俱乐部的影响力,挖掘客户资源,增加潜在客户。

(1)派单发放要点。在 DM 的派单或者填写调查表过程中,会籍顾问要充满激情与活力,展示个人的魅力和精神面貌,用积极的态度感染顾客,在顾客面前展示自己良好的职业道德和职业素养。用良好的服务赢得顾客的认可，也许顾客拒绝你提供的服务，但不会拒绝一位真诚、执着的朋友。

会籍顾问在外场发单时，常常会遇到困难，如遭遇别人的冷漠对待，或者是鄙夷的眼神，所以，会籍顾问应该具备强大的内心，保持积极、乐观，不在意别人的眼光，因为每一次拒绝都是下一次成功的开始。不应该表现出失落、低迷的情绪，更不应该把失落、低迷的情绪带入接下来的发单工作。应以平和的心态对待，无论别人是什么样的态度，都不把这些负面影响带给自己。我们必须明白让顾客锻炼身体，拥有健康的身体才是为顾客带去人生最重要的财富。会籍顾问首先要自己转变观念，不是去乞求顾客，而是与顾客真诚地进行交流，让他们意识到锻炼对身体的好处。会籍顾问推荐的健身产品，更多是帮助他们改变意识和态度，让他们了解健身产品，以及健康的身体对于家庭的意义。

DM 派送是必不可少且最简单的外场工作，成效不一定很大，但可以有效宣传健身俱乐部，使健身俱乐部的品牌更加深入人心，从另一个方面很好地吸引顾客前来了解健身俱乐部。

DM 的派送有两种情况：一种是移动性的工作，会籍顾问以健身俱乐部为圆心，步行大约 1 km 为重点工作区域。在健身俱乐部的门口附近最好。因为在派单过程中，会籍顾问方便将有意向的顾客直接带到健身俱乐部参观。另一种是固定性的派送，由会籍部经理或主管规定一个特定地区为派送点，会籍顾问在指定的地点派送 DM。

DM 的派单可以结合填写调查表进行。通过填写，可以从中了解大部分顾客对健身和对选择健身俱乐部存在的各种心态，可以借此分析和判断，得出目前市场需要怎样价位和设施的健身俱乐部。更重要的是可以获取大量的顾客资料，为会籍顾问以后的再跟踪、再联系提供资源，从而开发出新的会员，提高访客数量。

（2）发放 DM 的注意事项。在发放 DM 时，首先要做到以下几点才能更好有效地发放 DM：

①发 DM 之前要找到 DM 上的关键词。

②发 DM 时一定要跟上客户 8~10 步。

③发 DM 时一定要给客户做简单介绍。

④最好把自己的地址和优惠告诉客户。

⑤讲话一定要客气，即使别人不需要也要客气。

⑥穿着端正，整体干净，耳听八方，察言观色，找准消费群体，面带微笑 。

⑦绝对不要报价格。

⑧找到自己的沟通风格。

⑨状态很重要，不要卖关子。

⑩找到自己的竞争对手，时刻激励自己。

⑪工作时 100% 地投入，休息时 100% 地放松。

2. 会员介绍法

（1）熟人介绍法：通过健身俱乐部良好的口碑、优质的服务、持续的跟进、部门的指标等以及会员的口口相传，建立影响力，结合健身教练的健身专业技术和对会员优质、热情的接待及完美的服务质量，会员不仅会在自己的朋友圈和社交网上发其健身的效果和经历，间接宣传健身俱乐部，也会主动将亲戚或朋友的联系方式给会籍顾问，或者带他们到健身俱乐部来参观、体验，这种会员的转介绍成功率非常高，也是健身俱乐部重要会员的来源途径。

（2）自媒体介绍法：通过微博、微信、QQ、闲鱼、抖音等现代信息交流软件获取资源的一种方法。随着现代信息软件日新月异的变化，现代多媒体和自媒体软件的层出不穷，健身行业也要与时俱进，即通过一些新媒体不断推出自己所在健身俱乐部的信息，不断更新近期的新活动，增加健身俱乐部的影响力，也可以发一些与健身有关的知识以及健身俱乐部教练相关的资讯。

（二）市场推广

直接到店访问、打电话咨询、线下广告、网络推广、电视推广、比赛媒体报道、培训媒体报道、公益活动媒体报道等一系列市场推广活动，是针对整体健身俱乐部推广的一些模式。线下广告、网络推广、电视推广、比赛媒体报道、培训媒体报道、公益活动媒体报道基本是由市场总监、运营总监或健身俱乐部主管、经理整体策划的；直接到店访问和打电话咨询主要由会籍顾问完成。

（三）公司置换

公司置换用健身卡和一些美食行业、美容行业、休闲娱乐行业、汽车销售行业、其他大型企业搞的一些资源互换、资源利用、资源共享、互惠互利活动，主要的活动方式是让一些和健身群体消费差不多的行业在到健身俱乐部搞活动或帮他们发放一些宣传资料免费卡的同时获得在其馆里摆放一些展架，放一些健身俱乐部宣传资料，或赠送周卡、月卡等，让在其他行业消费的人群获得健身俱乐部的一些信息，前来参观体验，进一步获取升级为较长时间的卡。

（四）资源获取的主要方式

资源获取的主要方式见表 4-2、图 4-7。

表 4-2　资源获取的主要方式

名称	说明
DM	场外派单
AS	预约到访
WI	Walk In，陌生顾客自然到访
TI	Telephone In，电话咨询
DI	Drive In，带访、拉访会员
TO	Telephone Out，高层介入合作帮忙完成任务
BR	Buddy referral，会员转介绍
POS	会籍成单后直接转教练

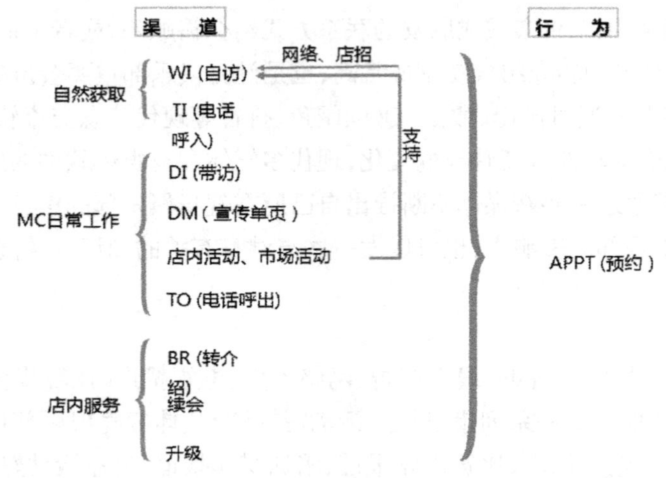

图 4-7 资源获取的主要方式

第三节 电话邀约

一、如何进行电话邀约

(一)电话邀约的应对措施学习

健身俱乐部的会籍销售有别于其他很多项目的销售,因为健身俱乐部的销售必须结合参观健身俱乐部、了解和感受健身俱乐部、体验健身俱乐部的服务、感受器械及一些课程项目,最后才会做出购买决定,即产生消费行为。一般通过打电话邀请,通过一些社交软件,如QQ、微信、短信等现代交流软件进行邀约,直接邀请入店参观体验。

打电话邀约可分为两种模式:一种是邀约电话,即打电话给潜在客户,宣传健身俱乐部或者邀约潜在客户来店咨询和体验;另一种是被咨询电话,即潜在客户主动打入电话咨询健身俱乐部的相关事宜。

打电话时需要采取的应对措施有自我介绍、电话目的、时间确定、拒绝回应,以此内容进行应对措施学习,如图 4-8 所示。

在打电话邀约时,需要准备足够的邀约理由,能够很好地吸引顾客,主要以操课的特色,最近活动的力度大小,私教的特色活动,以及私教的效果显著等一些市场推广项目,吸引顾客到店参观;或者换位思考,当自己想去健身俱乐部时,最想了解什么呢?这也是顾客最想知道的地方(见图 4-9)。

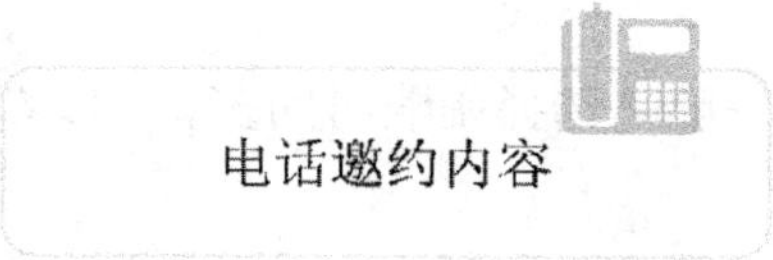

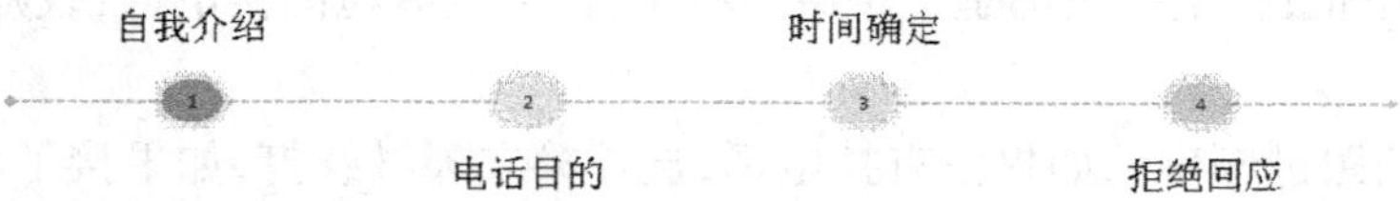

图 4-8　打电话流程

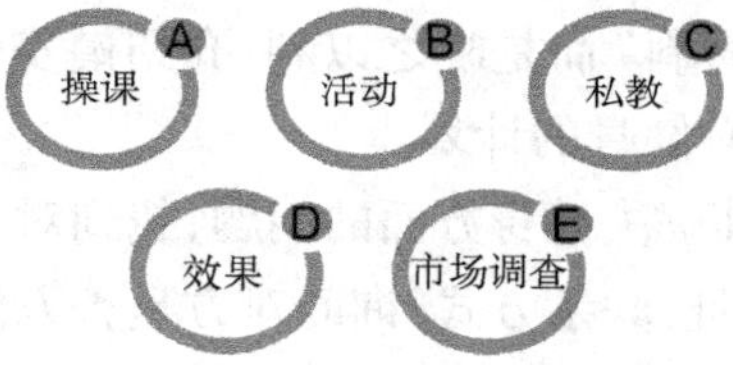

图 4-9　邀约理由

（二）电话邀约的注意事项

不同职业的邀约电话时间见表 4-3。

表 4-3　不同职业的邀约电话时间

职业	说明
人民教师	最好是放学的时候，或周末上午 10 点后
会计师	最忙是月初和月底，不宜打电话
股票行业	最忙是开市的时间，不宜打电话
精英白领	最好是 8 点前或下班后
行政人员	上午 10 点半到下午 3 点之间不宜打电话
销售人员	最闲的日子是热天、雨天或者上午 9 点前下午 4 点后
银行工作人员	上午 10 点前下午 4 点后
国家公务员	最适合的时间是上班时间，但不要在午饭前后和下班前打电话
医生	最忙是上午，最好下班后打电话
家庭主妇	最好是上午 10 点至 11 点之间打电话
学生	在放学后或周末打电话

邀约应遵守以下规则：

（1）邀约的顺序选择。一般是选择闲暇时间多，需求又高，经济状况又好的客户先打，并且做好记录。

（2）拨打电话的时间。一般情况下最好是在一天的上午 9~10 点，下午 2~4 点打电话，周一不打电话，因为周末过后，一般的单位都会安排本周事宜。有的职业有特殊性，例如，会计月初和月末很忙；医生一般都是下班后才有空，白天没有时间接电话；教师最好是在放学后打电话等。

（3）恰当的跟进频率。如果没有接电话，选择第二天继续打，如果接了电话，第一次拒绝，选择一个星期和一个月后继续跟进，一般情况下被拒绝 3 次以上才放弃跟进。

（4）确定到访日期后，一定要进一步跟会员确定到访的准确时间。

（三）电话邀约的步骤

（1）有计划和策略地做好准备工作，准备好纸笔，记录每一个接电话的情况，有效进行二次跟进，也是为了避免重复拨打。

（2）问候对方和自我介绍，以及自己打电话的目的。询问对方接电话是否方便。

（3）不要仅仅“寄去一些资料”而是晓之以利，介绍健身俱乐部的特点和健身俱乐部最近的活动，询问对方最近是否有健身的计划。

（4）推荐健身项目，帮助其解决健身方面的问题，找到对方在健身方面感兴趣的地方。

（5）介绍健身俱乐部的地址、联系方式，询问对方是否方便前来参观、体验。

（6）让客户知道你有真正有价值的东西要与其共享，否则你是不会给他打电话的。

（7）用“（您）现在的感受，（其他客户）过去的感受，（其他客户的）发现”这一套来回应对方的回绝。

（8）以约会收尾，再次邀请顾客来店参观或体验，确认对方来店时间，并为其安排接待。

在打电话的过程中，为了保证到店率，一般从以下几个方面来说服顾客：

（1）承诺一致：在接触顾客过程中，俱乐部上下一致，口径一致，不能轻易承诺，一旦承诺了，就要按照执行。尤其是答应会员赠送礼品或者该有的折扣，一定要做到；也不能为了成单，帮教练轻易承诺锻炼效果之类，因为每个人的情况不一样。

（2）互惠同情：在咨询过程中，要让顾客明白，所有的折扣都是为顾客让利，站在顾客的角度分析问题，这样也为自己带来利润。

（3）营造氛围：尤其是活动的时候，一定要烘托出打折快要结束的气氛，让顾客有紧张感，对于非会员，要烘托出顾客已经是会员，体验锻炼的感觉，感觉自己都已经健身成功的美妙时刻。

（4）持续跟进：无论是电话预约还是现场拉访顾客，被拒绝了不要灰心，要不断跟进，直到被拒绝 3 次以上才可放弃。

保证到店率的说服方法如图 4-10 所示。

二、电话应答内容

如何做咨询电话的应答呢？要明白咨询应答的目的是什么，让客户在电话里拥有完美的咨询体验并形成下次约见。

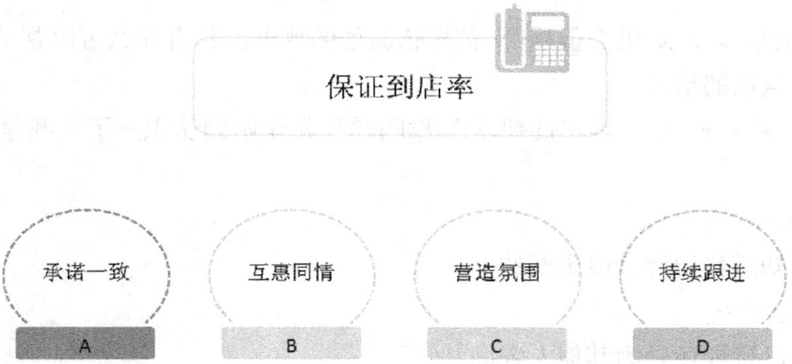

图 4-10　保证到店率

在电话咨询应答中应注意：让声音保持温和，但坚定有力，带有微笑的感觉，让人愿意聆听自己的声音。沟通中语言的注意事项见表 4-4。

表 4-4　沟通中语言的注意事项

相关因素	注意方式
语音	标准普通话，音量适中，吐字清晰，避免误解或者引起不必要的重复，声音听起来最好是真诚、热情并且充满自信与活力
语调	采用低音调更为可取，因为它听起来更加悦耳。音调变化力求使声音略带感情色彩（如温和、热情等），并且在每句话将要结束时稍微抬高音调
语速	用正常的语速与顾客对话，尽量与顾客的语速一致。如果说得过快，顾客可能听不完整你说了些什么，如果说得太慢，顾客可能会没有耐心
语句的选择	在电话中与顾客进行交流和面对面的服务一样重要，最好和顾客说一样的话，普通话或方言体现服务的细节

在交流过程中需要准确了解信息来源，例如，先介绍自己的健身俱乐部，再了解对方姓名，大致什么时间打电话或约见方便；在打电话的过程中需要掌握主动权并控制谈话内容。不具体介绍价格又不可让人感觉有意躲闪，如果确实有顾客在电话里一直问价格，可以转移话题，比如我们店最近在搞活动，力度非常大，请问您什么时候方便可以来参观一下，最后决定；也可以说我们的卡种类比较多，要依据您具体来的次数比较办理什么样的卡更适合您等。总之，转移注意力和他关心的问题都是很巧妙地把价格这个因素暂时避免。因为当一个人并不了解产品的价值时你给他报价再低，他也不会买，但如果了解价值后再谈论价格，一般人都能接受。就像我们常用的很多智能手机或一些奢侈品，有很多人一个月的工资根本买不到那个产品，但是为什么有很多人愿意存上几个月钱去买呢？因为他觉得值得，既然

价值值得，价格高，他们也是能接受的。在接打电话过程中，对于那些无法控制的电话咨询，可以请主管或经理帮忙应答。在电话挂断后，有必要书面记录（前台登记 / 分类目录），防止同一个电话很多人打，更方便下次电话跟踪或者登记好下次邀约时间，准备迎接。

三、咨询电话应答模板

您好，这里是 ××× 健身俱乐部，首先感谢您的致电。我有什么可以帮助到您？

客户说出自己的请求。

您是想要 ×××（重复客户的要求），没问题！先让咱们认识一下。我是 ×××，请问怎么称呼您？

客户回答：……。

您是怎么知道我们健身俱乐部的？

客户回答：……。

您是为自己咨询还是为其他人咨询？

客户回答：……。

请问您想来健身的目的是什么呢？

客户回答：……。

（如果对方抢先问价格）此时一定不能正面回答，切忌在电话里报价格，可以间接回答，然后转移话题→我们有很多种会员卡类别和健身计划，根据您的具体需要来选择，或者到店了解一下再确定哪种卡比较适合您，请问您想来健身的目的是什么呢？

客户回答：……。

那我就简单介绍一下我们的俱乐部（简要介绍项目及设施）：……听起来您对俱乐部的哪些内容比较感兴趣呢？

客户回答：……。

根据您刚才提到的健身目的，我们这里的几种器械和课程，比如……对帮助您达到您的健身目的特别有帮助，不如我们约个时间，您来俱乐部参观，届时我约好我们的教练，针对您的身体情况给您一些具体的运动的建议，我也可以为您做更详细的介绍，您看好吗？

客户回答：……。

那您今明两天哪天有空？

客户回答：……。

哪个时间对您比较方便，上午、中午还是晚上？

客户回答：……。

让我看一下课程表（教练的排班表），× 点钟有一节 ×× 课（我们的资深教练 ××× 在岗），您在这个时间过来好吗？

客户回答：……。

好的，那我帮您做一下预约登记。麻烦您给我一下您的全名：×××，您的联系电话……，会有别人与您同来吗？

客户回答:……。

一共几位呢?

客户回答:……。

好的,我为您重复一下您的预约,您的全名是 ×××,您的电话是……,预约时间为……,接待人是我,我的名字是 ×××,您来的时候告诉前台您的名字请他们叫我就可以了。您知道我们俱乐部的具体位置吗?

客户回答:……。

如果您临时有事需要调整预约时间,麻烦您给我打个电话好吗?

感谢您致电 ××× 健身俱乐部,再见!

第四节　参观导览

一、参观导览的注意事项

(一)对于初次拜访的顾客注意事项

(1)对所有顾客一视同仁,职业无贵贱,健身无区别,每个人都有追求健康身体的权利。

(2)化解争论。即使对方现在对产品或服务没有需求,也要尽可能多地收集信息为对方服务好。

(3)全面了解公司的书面材料,基本能对答如流。

(4)保持自我,有自己的特点和风格。

(5)能付出早出晚归的努力,业绩不会差。

(6)进行有特点的自我介绍,并且让对方介绍一下自己。

(7)如果是团队来访,需要进行自上而下的销售。

(8)不要凭一个公司的门面下结论。

(9)收集到足够的信息之后,试着专门约个时间,单独交谈。

(10)尊重他人,让别人觉得自己很重要。

(二)非会员来访者接待的主要原则

(1)严格遵守接待流程。

(2)把所有的非会员来访当成走入来接待。

(3)自始至终保持灿烂的微笑。

(4)找到客人的真正需求,为产品找到对应价值。

(5)亲切地把控谈话进程。

(6)具有目的性但不要溢于言表。

(7)不在客户面前扮演胜利者。

(8)让客户拥有完美的购买体验。

（三）来宾登记前台注意事项

来宾登记前台要完成以下环节，可以由前台代替会籍顾问完成：

（1）接过来宾登记，如果手上有宣传单，先看单子上留下的会籍顾问联系方式是谁通知接待。

（2）如果是自访顾客按照以下方式进行。

①问候客人，与客人握手进行自我介绍。

②迅速看表中内容，询问对方怎么称呼，用姓氏称呼客人。

③了解客人是否为第一次来访。

④邀请客人进入，行进中了解客人知晓我们的途径。

⑤验证来宾身份，所有前来咨询会籍的来宾必须进行身份验证，这是不可随意更改的。

⑥询问顾客是自己咨询还是帮朋友咨询。

⑦确定来宾的个人需要，例如，减肥、增肌、塑形或者是对身体某一部位不满意等。

⑧在询问时，最好是巧妙询问，不可问得太直接，主要是为了克服来宾参观后的拒绝借口。

⑨找到实现销售的决定性关键，在参观时有侧重点。

⑩为顾客量身打造适合的引导参观。

二、会籍顾问场内接待流程

会籍顾问场内接待流程：来宾登记的前台环节→来宾登记问答→全面准备阶段→完美的自我介绍→准确揣摩顾客心理→有选择地进行参观导览→价格介绍、第一次报价→巧妙地处理担忧→成交或商谈→再次报价（完美成交）→填写入会合约。

会籍顾问做接待前必须了解健身俱乐部的产品，一般情况下将产品分为核心产品、附加产品、形式产品等。然而，会员在健身俱乐部的最终感受（来自服务）和效果（来自专业）在很大程度上影响着他们的训练热情和频率，最终影响其是否会介绍朋友来一起锻炼，是否会续卡，是否会主动为健身俱乐部推广，即核心产品直接关系着健身俱乐部的总业绩和持续发展；附加产品是无形的、能帮助会员在购买（核心产品）和使用时获得更多的便捷性、舒适性和满足感；形式产品是核心产品的外在形态或表现形式，如会籍年限、计次卡、计时卡、通店、单店、全能、单项（见图 4-11）。

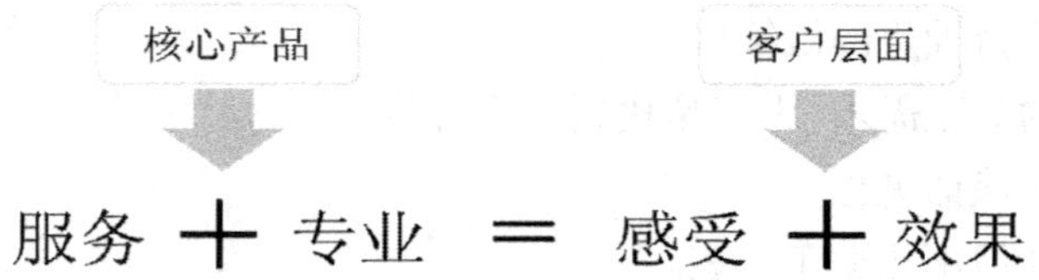

图 4-11 核心产品的绝对公式

（一）全面的准备阶段

为了让顾客体验到会籍顾问良好的服务，要做好全面的准备工作。要从以下两个方面

来准备:

(1)思想准备。作为一个优秀的会籍顾问,要自信,有良好的精神面貌,敢于挑战的精神,不怕拒绝。给自己打气:今天的顾客谈单,一定能达到自己的理想目标。如果失败了,也是下一次成功的开始,要不断总结并吸取教训,每一次都全力以赴。

(2)行动准备。主要是个人仪表,要干净、简洁,穿统一的会籍服装,准备健身俱乐部资料、课程表及简介、报价单、板夹、入会申请表、笔、A4 白纸及协议书等资料。

(二)完美的自我介绍

主动、热情、真诚地和顾客打招呼,在 6 m 左右的距离注视来访顾客,给顾客投以关切的目光,在尊重对方的同时拉近彼此之间的距离,2 m 左右伸出手,主动、稍微有力地和对方握手,增加彼此之间的亲切感,营造亲和力。自我介绍时要声音真诚、温和,具有亲切感和活力感,不卑不亢但口齿清晰,既让对方有亲切感,又能让对方在很短的时间内记住你。给顾客留下良好的第一印象,除美好、干净的外表外就是温文尔雅的言谈举止。如果自己名字很不好记,公司里重复的姓氏又很多,为了让顾客记住你,可以给自己取一个既符合自己特征,又让人短时间内能记住的名字。

(三)准确揣摩顾客心理

通过前台登记接触,了解一些基础信息,大致了解顾客是否有健身的经历和对团操、私教、瑜伽、普拉提是否感兴趣等,大致明白顾客来意和健身的目的:减肥、增肌、塑形、对身体某一部分不满意,或身体有什么不适等,主要是一些关于“三高”的亚健康症状,通过询问大致了解,揣摩出顾客的实际需求,以在后面参观导览的过程中有侧重点。

(四)进行有侧重点的参观导览

前台来宾登记完,会籍顾问根据顾客需求和回答的一些问题,有侧重点地带顾客导览参观。引导参观注意事项:参观过程中必须将来宾登记表附在专用硬夹上随身携带,并对相关信息进行记录,引入客户多种感官体会俱乐部,结合其健身目的适时向其介绍俱乐部的其他会员或教练,尽可能营造客户已经成为会员的感觉。在参观过程中,亲切地和顾客交流,主要是通过问询方式,结合基础信息和健身经历、健身目标等进一步明确顾客的真实目的。根据男、女会员,或要求不同的会员,有侧重点地带其参观。例如,对于年轻女性可以带其参观操房,尤其是那种教练上课会员多、效果好的团操课,也可以让顾客亲自体验;对于男顾客一般可以侧重介绍器械区,可以让顾客体验一到两个器械或介绍动感单车还有游泳池等区域,这个也需要在导览参观的过程中不断问询,才能找到顾客感兴趣的健身区域。销售导览的目的是将会籍成功销售给潜在顾客。

(五)导览参观要求

(1)展示产品。

(2)不能在参观过程中与顾客谈论价格。

(3)在带客参观的过程中,不能接打电话,或离开顾客去做其他事情。

(4)会籍顾问在带客参观过程中,对顾客有耐心、有礼貌。

(5)对其他员工的帮助态度友善,积极配合,促使顾客买卡。

（6）用专业知识、语言结合销售活动、个人魅力，不断地给对方灌输健身的益处，能帮助顾客尽量达到要求的效果，强调产品的价值，勾起顾客健身的欲望。

（7）展示俱乐部的价值，强调在健身俱乐部健身的利益及好处。

（8）事先减少异议与抗拒。

（9）必须得到经理的批准，才能向顾客承诺低于俱乐部销售的价格和相应的赠品。

（10）在进行销售工作时，应按照健身俱乐部要求的流程进行手续的办理（特殊情况除外）。销售卡后，应将俱乐部要求会员签字认可的表格、档案、运动指南等一一办理。

（11）当出现顾客当天没有购卡的情况时，应热情地送会员出俱乐部门口，禁止对顾客表现出抱怨、不满的态度。

在实际参观过程中要有侧重点，但是也有一定的技巧，首先是参观线路，根据健身俱乐部的规定带顾客基本参观每一个区域，从私教训练区、瑜伽房、有氧操房、综合球类训练区、动感单车室、无氧区、男更衣室、女更衣室、休闲养生馆、VIP棋牌室、体测室，最后至预售厅洽谈。

（六）参观模板

您好！××先生或女士。欢迎光临×××健身俱乐部，我叫×××，下面由我带您参观本健身俱乐部。

我们家一共由×××区域组成，我们先到休息区，您在锻炼当中如果感觉累了，可以到这个区域来休息或看一会电视、报纸、时尚杂志等。在夏天这是个避暑的好地方，在冬天这是个休闲的好地方，气氛是非常好的。

（1）休息区备有运动饮料和运动装备，需要买什么东西都可以到那里咨询购买。

（2）提起顾客的购买欲望问题。

①您来我们健身俱乐部锻炼，一星期能来几次呀？

②您以前在其他健身俱乐部锻炼过吗？

③您的健身目标是什么？想达到什么样的效果呢？

（3）到有氧训练区介绍器械：讲解在这些跑步机上跑步、登山机、椭圆机等与在其他俱乐部器械上的区别是什么，自己健身俱乐部的优势是什么，以及该类器械的具体作用。有氧区的作用，提高心肺功能，增强身体的柔韧度，降低训练中的肌肉拉伤，主要是用来减少脂肪。

（4）这个是我们的VIP私教训练区，给您制订训练计划，一对一服务，在特定的时间内达到您预期的效果。

（5）瑜伽房的介绍：我们这边瑜伽房的灯光和面积，您可以感受一下，在这样的环境下锻炼，设施和教练的专业度都是非常好的；在柔和的灯光和舒缓的音乐中，在教练专业的指导下，您会释放掉所有的压力和烦恼，达到缓解工作压力，促进新陈代谢、血液循环，减脂瘦身，养颜排毒，永葆青春的效果。

（6）有氧操房的介绍：最好是在有操课的时候带去参观，尤其是教练和会员都有热情的课，可以带会员去参观甚至体验；如果没有课就不需要带顾客进入操房，可以向顾客解释

“只有穿运动鞋才可以入内”等，主要向顾客介绍每星期的课程，应强调顾客在进入俱乐部后应进行多项练习，以便选择最适合自己的课程。针对顾客比较感兴趣的课程，予以较为详细的介绍。

注意事项：不应强调某种课程的好处，而应告知会员可以通过自己的试练，选择目前自己较为喜欢的课程，在没有课程的时候可以多进行器械锻炼，因为器械训练和有氧课程结合更有利于达到健身效果，尤其是针对减肥的顾客效果更为明显。

（7）综合球类馆主要介绍球的种类和器械结合健身效果更好。您以后成为我们的会员，在锻炼中，偶尔打打球，能提高身体的协调性。全面进行锻炼，效果非常好。

（8）动感单车的介绍：将客人带到动感单车室。动感单车是欧美非常流行的无氧课程，在减脂、减轻工作压力、调节心肺功能等方面具有非常显著的效果。这项课程非常刺激，在课程进行中，您将感觉到骑单车也可以成为一种享受。应介绍此课程对减肥效果特别明显。

（9）介绍男更衣室、女更衣室注意事项：在顾客没有主动提出的情况下，一般最好不要将顾客带到洗浴区，而且更衣室里面湿度比较大，进出都要换鞋，不方便。也防止有会员在里面清洗，引起其他会员的反感，也可能引起顾客更多不满意的地方。当顾客提出时，可以简单地讲解、带过，转移其注意力。可以介绍健身俱乐部提供了 × 个流动更衣柜，有多少吹风机和一些淋浴用品等，会员在锻炼时可以使用。

（10）给客人介绍无氧训练区时，详细介绍适合其练习的训练器械，以及男性、女性分别比较适合的器械，发现客人的需求时进行详细讲解。根据顾客当时的情况邀请顾客试练两种以上器械。无氧的作用是塑形、增肌，增加肌肉耐力，对身体任何部位都有保护作用，增强人体的免疫力，提高睡眠质量，促进血液循环等。在介绍健身俱乐部有氧区和无氧区时，可以谈谈它们的好处，通过健身专业知识结合体适能的知识和一些器材，潜移默化地解决一些小的疑虑（例如，有没有教练指导？女性会不会练得自己全身是肌肉？）

（11）体测室：询问问题，采取的方式是封闭式问题，目的是抛砖引玉。步骤如下：

会籍顾问：您以前做过体测吗？

客人：做过（没有）。

会籍顾问：我们是一家专业健身俱乐部。体测由专业的私人教练给您一对一服务，通过价值 ×× 万元一套的先进仪器对您整个身体进行评估，例如，肺活量、脂肪含量、肌肉含量、矿物质含量、蛋白质含量、平衡性、柔韧度、体质分析等，然后私人教练会针对您个人的身体情况，给您提一些在训练中的建议和注意事项。

对于体能评估的介绍：将顾客带到教练部办公室，介绍人体成分分析仪，告知顾客体能评估和健身计划的重要性。应强调每一位教练都是非常优秀的，不同点在于每个人都有自己的训练方式和性格，在此可同顾客拉近关系：“我一定帮您找一位非常适合您的教练。”

（1）填表格。注意事项：不要打扰顾客填表，适当地引导客户怎么填写表格。

（2）引领顾客到前台付款。

（3）强调顾客一定要记住自己。为转介绍做好准备。

（4）送顾客到门口。强调第一次给顾客留下深刻的印象。

（5）打回访电话询问锻炼情况，适当给一些问候和运动小常识（从书本上获得），为转介绍做好准备。

（七）第一次报价

带顾客参观完健身俱乐部，回到体测区等体测完成后，教练会再次把会员带到预售厅进行洽谈。

注意事项：对健身俱乐部进行参观后，引导客人到洽谈区，了解顾客对俱乐部参观后的感受，进行会籍卡种的推荐。要在谈论价格前，将支撑你价格的基础介绍清楚。

1. 价格演示的流程

预期成交处理→演示手册介绍→价格分析。

2. 价格演示的原则

（1）使用价格演示手册。

（2）亲和力一定要强。

（3）永远极力推荐最顶级的会籍种类。

（4）与客户采取非对抗的角度。

（5）在被拒绝 3 次以后才可以将推荐目标下调。

（6）让利（降价）之前多次多角度地强调价值。

（7）让利必须在得到客户承诺的前提下做出。

3. 价格演示的技巧

在看完标准价格之后转为手写演示，这样有利于会籍顾问给顾客推荐自己的目标卡种类。就像我们在买衣服时，试过很多件衣服后，这时候是否还记得最前面那几件衣服的样式，以及穿的效果呢？当然是记不住了，或印象很模糊，同样，在展示价格过程中也是一样的，当你展示了很多价格之后，顾客也很矛盾，自己还是不知道怎么选择，也不知道哪种卡更适合自己。所以，在价格演示过程中，看完标准价格后，转为手写演示，只选择两个你认为最适合顾客，也贴近会籍顾问自己心理预期的卡类，换成手写，用顾客的实际情况来推荐一年卡或多年卡等，站在顾问的角度帮助他分析。在这个过程中，始终以二选一的原则贯穿始终。因为出现两种卡以上种类或两种以上的价格，顾客又不知道如何选择，要重新分析，所以最好的方式就是二选一。

不要让你的介绍单上同时出现两种以上的价格，永远在两个方案中找到与顾客预期接近的方案。

4. 避免紧紧围绕价格纠缠的方式

为了避免顾客纠结价格，我们首先强调价值，向顾客进行价格“相对性”的教育，紧密连接需求与价值，如钻戒与婚纱照。即使条件不好，也会在结婚时买钻戒、拍婚纱照，他们认为值得，这才是价值所在。那么，顾客因为瘦下去了，容貌好看了，身材好了，形象好了，有更多的面试机会，获得更多的升职机会，还在乎健身这点钱吗？健身少了“三高”，少了亚健康症状，生活质量更高等，用这样的天平公式来对比，让顾客认可健身的价值。

5. 价格的分析

运用化整为零的分析方法，即把一年卡的价钱分摊到每一个月甚至分摊到每一天，这样即使是 3 600 元的年卡到每一天才大约 10 元钱，何况大部分健身俱乐部的年卡都低于这个价格，现在的生活水平，10 元钱能做什么呢？分析客户的日常其他消费并进行对比。在一般的城市，10 元钱对于男性来说买一包烟都很难，对于女性来说 10 元钱就够吃个小吃而已。可以把男性在外面吃顿饭的钱和打牌输赢的钱以及一瓶好酒的钱来比较；对于女性而言，只相当于一套化妆品的钱、几件衣服的钱，但用在健身上可以享受一年的服务。

（八）处理担忧

1. 常见拒绝的应对方式

在引导参观之前预先处理拒绝，用顾客自己的话去说服他们才会有效。

对一切借口的应对都要经历的思维过程：判断拒绝要素类别→判断是否经过预先处理→找到可用于排除拒绝的顾客语言→怎样柔和切入。一般的担忧有以下几种。

（1）我要回去和家人商量一下。

（2）我想再到其他俱乐部看一下。

（3）我怕买了又不能坚持。

（4）你们这里的地点对于我来讲太不方便。

（5）我太忙，没时间。

（6）我再考虑一下（这不该成为拒绝借口）。

（7）我觉得价格太贵了。

（8）我还有朋友要来，回头我们一起来。

（9）我是给别人问的，不是我要来。

（10）谢谢你的介绍，我办卡时会来找你；我现在急着走，回头我来找你。

2. 真正的拒绝要素

（1）问问家人的意见。

（2）再看看其他俱乐部。

（3）买了又不用。

（4）不够方便。

（5）没有时间。

3. 处理方式

在价格演示的过程中，顾客为了不马上购买，常会使用一些借口来拒绝我们。引导参观的主要任务之一就是在演示价格之前，提前消除一会儿可能出现的拒绝借口。记住，来宾登记中右下角那些问题的设计就是为了帮助你避免有可能会遇到的困难。可以就来宾登记中的问题进行提问，确认得到完美的答复。

（1）是谁想来健身？是您吗？

①这个问题的设计是为了防止来宾假借“和家人商量商量”的借口而不在当时做出加入俱乐部的决定。

② 如果客人回答“是”,你需要马上接着问:“也就是说,是您来决定是否加入我们的俱乐部,是吗?”如果他回答“是”,那你已经战胜了“问问家人的意见”这个拒绝因素。

③如果他回答“不是”,那你必须在这时展开有关谁来做决定的谈话,直到战胜这个拒绝因素为止。“那么您需要回去和您的先生/太太商量一下,是吗?”“您的先生/太太知道您今天来吗?”等顾客回答。“那他/她支持或希望您拥有更好的身材吗?”等顾客回答。“您主要想和他/她商量的是花费的问题吗?”如果他回答“是。”会籍顾问回答:“是的,我完全理解。你们大概也是和大多数家庭一样,在一定额度之内的花费可能不用商量,稍大的开销就要一起来决定了,是吧?”“您是怎样支配自己的日常开销的?我来谈谈我的。”在日常开支中“您可以毫不费力地花费 ××× 元,是吗?”“我明白。像买衣服,一周出去吃一两次饭应该不用和家人商量吧?”“您刚才跟我提到您的家人支持您所做出的想拥有更好身材的决定,是吧?而实际上您可以提前预支多少钱或每月花费多少钱而不会受到家人的埋怨呢?”

④如果你成功运用了“家人模式”并且得到顾客关于花费多少钱可以不用家人同意的答复,那么你已经基本克服了家人拒绝的借口。

(2)您计划一周来健身几次?

①这个问题的设计是为了防止来宾假借“买了又不用”和“没有时间”的借口,而不在当时做出加入俱乐部的决定。

②你必须让顾客承认自己已经确定了健身的时间安排。当客人回答此问题后,你需要马上接着问:“您会在一天的哪个时段来健身?”明确得到回答后,“您的健身计划是否符合日常时间安排?”如果他回答“是”,那你已经战胜了“买了又不用”和“没有时间”这两个拒绝因素。

③如果顾客不能答复自己计划一周来锻炼几次或是表示这种健身计划并不符合日常时间安排,那你就要帮助顾客从他的日常时间表中安排出锻炼的时间。“咱们聊聊您现在的日常安排,看来您没有时间保证可以按时来这里锻炼,也不想获得运动效果。”“不知您目前的工作安排是什么状况?”“不知您现在的家庭负担如何?

④这时,健身顾问会为顾客制定适合于运动计划的日常时间安排。如果顾客表示可以做到,那你已经克服了“买了又不用”和“没有时间”的拒绝借口。

(3)除价格外,还有其他因素阻止您加入我们吗?

①这个问题的设计是为了防止来宾假借“再看看其他俱乐部”的借口而不在当时做出加入俱乐部的决定。在引导参观的尾声问这个问题:“那么您对刚才参观过的设施和环境都还满意吗?”“看来除价格外,没有其他因素阻止您今天就加入我们俱乐部,是吧?”如果他回答“没有”,那你已经战胜了“再看其他俱乐部”这个拒绝因素。

②如果顾客告诉你还要到其他俱乐部看看,那你必须尽快战胜这个拒绝因素。“好的,我来问您个问题——如果我给您一张这里的免费会员卡,那您觉得这里是不是可以帮助您满足健身目标需要并令您愉悦呢?”“那么看来您对其他方面都很满意,只是想再看看其他会籍的价格,对吗?”“好的,咱们谈谈会籍价格吧。”如果顾客承认这里可以提供满足他的健

身目标的设施、环境和服务，那你就已经克服了“再看看其他俱乐部”的拒绝借口。如果顾客表示这里不能满足他的需要，你就要对那些不能满足顾客所需的方面展开讨论，让顾客相信没有那些方面，我们同样可以帮助他达到自己的健身目标。价格是唯一的真实拒绝借口！如果你已经战胜了所有其他拒绝借口，那剩下的就只有价格了。

（九）邀请高层介入

首先你要想清楚谁可以帮助你来推介，你准备求助谁来帮助你。推介不等于找经理来降价，推介也不是生硬地把经理（教练）推到顾客面前。推介时不能交给经理（教练）一张空白的来宾登记表。

如何设置推介？设置推介一般发生在客户再三拒绝的情况下，处理技巧如下：

（1）对客户的拒绝表示极大理解。

（2）诚恳地表示希望帮助顾客得到实惠。

（3）（如果只剩价格问题）取得客户承诺。

（4）略加思索，假装思考。

（5）向客户表明你的办法，并适当暗示客户如何与你配合。

案例分析：你的顾客再三拒绝你，给你不同的借口，你无法判断什么是真正的原因，你可以说：“××先生/女士，我非常理解您很难一下子做出决定，毕竟这不是一个很小的数字。当然，我很希望您能成为我们的会员，同时又得到最大的优惠，不管您今天是否加入，我都希望您今天能有所收获，这样吧，我请我们的一位资深教练给您介绍一些简单的健身方法，至少您在家里可以自己开始做一些运动了，您稍等一下……”（销售经理可以和教练共同进入）。

注：你也可以使用简便的方法：“请您稍等，我帮您拿一些资料带走。”其后经理可以自然地携资料进入（见图 4-12）。

（十）再次报价（完美成交）

当经理（或者教练）已经过来帮助你推介了，这时应站在顾客的角度思考问题，“刚才经理给您减少的价格，我们一般都没有做过，既然价格确定了，你选择的卡是×××，钱您是刷卡还是现金，或者支付宝、微信支付？”

（十一）填写入会合约

入会合约填写的注意事项如下：

（1）入会合约是具有法律效力的文件（另对照合约实物）。

（2）入会合约需以楷书填写。

（3）内容必须填写完整（空项需注明原因）。

（4）不得涂改（或在涂改处附上双方签字）。

（5）合约各联内容必须完全相同。

（6）必须有双方签名和日期。

（7）必须有明确的启动时间（可以根据客人情况或要求预定启动时间）。

（8）“会员类型”是指团体卡或个人卡。

(9)“健身计划”对应标注,“其他”则注明具体计划(如季卡需在“其他”栏中打勾并注明“季卡”, 30次卡需在“其他”栏中打勾并注明“次卡30次”)。

会籍销售流程

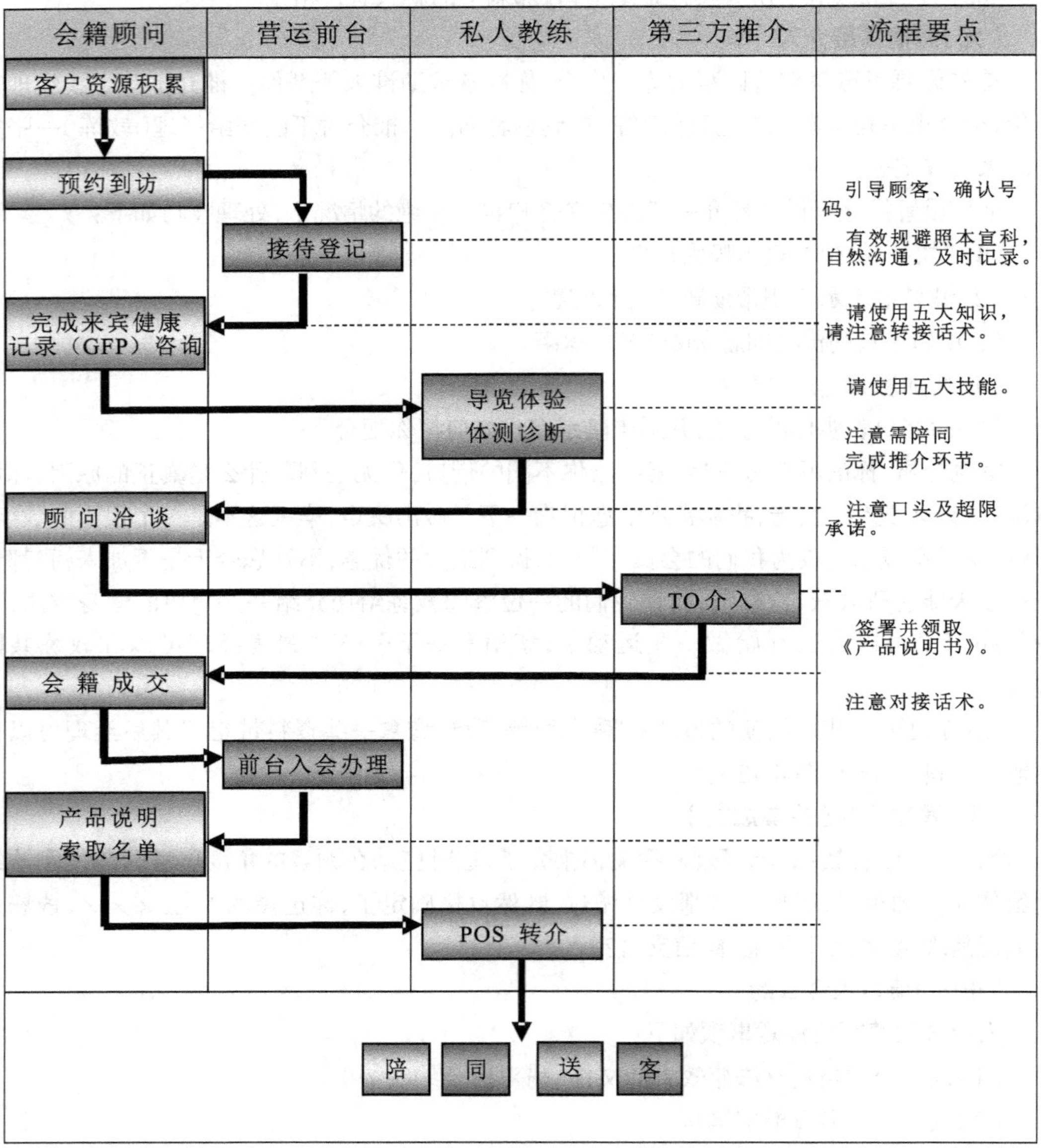

图 4-12 会籍销售流程

(10)付款栏中的“应付总额”为成交价格,“总训练费”为续卡价格,其差额视为“入会费”写入“入会费”一栏,并相应解释,“预交总额”为分期付款所设,目前暂不提供此项服务时,该栏目以斜杠画掉,“实付总额”中填写当日实际付款金额(与收款单对应)。

(11)“付款方式”按实情填写,如付款多于一种方式,要对应注明每种方式的金额。注意:如以健身代金券、内部支票等付款,需在此栏中体现(先写明方式,再注明金额)。

（12）“功能”中对应标注，如出售单店使用卡须在“其他”栏中注明“单店使用”字样。

（13）“俱乐部地点”中要注明俱乐部全称。

合约填写完毕之后提醒会员阅读会员须知：

（1）会籍顾问其他用表，一般后面是入会合约 。

（2）到前台进行领卡登记。

（3）向会员赠送欢迎光盘并说明光盘使用方法。

（4）为会员建立 VIP 客户邀请档案。

（5）送走顾客后填写相关登记表格。

第五节　售后服务

（1）有效地指导和帮助首次使用会籍的会员进行健身区域、功能区域、服务区域的路径引导、区域使用和功能介绍。

（2）帮助会员开始健身活动，经常关注会员健身活动情况，跟进记录在会员服务日志中。

（3）及时有效地沟通、解决和反馈会员建议、意见、投诉或突发事件等。

（4）关注有问题类会员的日常健身活动感受，进行有效的客情关系建立。

（5）及时有效地跟进会员的会籍消耗，主动热情地为会员指导和帮助，进行会籍卡务服务。

（6）与会员保持沟通，为会员提供及时有效的通知提醒服务、生日 / 节日祝福、健康鸡汤等。

（7）尽量宣传、倡导、引领身边的人创造 Wellness 生活方式。

（8）引导和帮助会员进行续会办理。

第六节　基于现有客户的拓展

一、成功的经验分享

（1）坚持拓展客户。

（2）不断提高拓展客户的质量。

（3）建立良好的关系。

（4）要理解拒绝总是和市场的扩大相伴而来。

（5）从失败中学习，吸取教训，不能在同一个问题上失败两次。

（6）百分之百地了解产品和顾客，极度相信你的产品。

（7）要组织好一个该给谁打电话的清单。

（8）当断则断。

（9）将私人联系分出优先顺序。

(10)时刻惦记着你的客户。

(11)及时与客户沟通。

(12)完成客户满意度调查。

(13)树立一个问题解决者的好名声。

(14)了解客户的业务,想办法帮助他们增加业务。

(15)客户从他们喜欢、信任、尊敬的人那里买东西。

二、让客户回头的五个技巧

(1)保持积极的态度,激发自己的热情。

(2)用私人交往和意外的服务使自己与众不同。

(3)了解客户的业务。

(4)优先进行随访和调查反馈。

(5)让客户有理由和动力把你推荐给其他人。

第七节 常见销售技巧

约翰·郝墨·米勒说:"你生活得怎么样更多地取决于你对生活的态度,而不是生活所带给你的;更多地取决于你怎样看待你所遇到的事而不是事情本身。"而一个人要在会籍销售中成功,需要具备以下因素:没有一夜成功的神话,任何时候都要百分之百地投入,要意识到成功的人并不是幸运,在头脑中形成对挫折的承受力。真正的完美销售就是满足客户的需求,倾听客户的需求,观察客户的反应 ,找到真正的实际需求。一般情况下,客户的三个需求即实际需求、情感需求、潜在需求。

销售的六步如下:

第一步,接触客户:

(1)得体的形象和良好的沟通力。

(2)守时、守信的良好个人道德品质。

(3)专业的知识储备,包括专业的产品知识储备和销售知识储备。

第二步,需求分析:

(1)判断的信息依据来自提问和聆听。

(2)学会使用开放性问题和封闭性问题。不仅仅要听他说什么,更要听他没说什么。

第三步,销售展示:

(1)有技巧地展示产品。

(2)不要随心所欲,想到哪儿说哪儿。

第四步,异议处理:

(1)过程没有对错,所有一切都是接纳。

(2)一切都是肯定,没有否定,找到他提出问题的依据是什么。

（3）学会以问代答。

第五步，促成交易：

（1）能够敏锐地捕捉促成交易的最佳时机。

（2）当客户举止发生变化时，当客户提出问题时，及时应对。

第六步，售后服务：

目的是帮助客户找到好的感受，让客户对产品产生信赖感，或让客户产生使用产品的习惯。

一、一流会籍顾问的成功因素

（1）热情、努力。

（2）态度端正。

（3）随时提供服务。

（4）从小事做起（要超出顾客的期望）。

（5）职业技能（职业自豪感）和销售技巧。

（6）了解顾客的业务和能力。

（7）倾听，倾听，还是倾听。

（8）有幽默感。

（9）树立目标。

（10）售后随访。

（11）不断地拓展业务。

（12）不断地学习。

（13）向一流的会籍顾问学习。

（14）建立长期的客户关系。

（15）不要咄咄逼人。

（16）以更好的服务战胜竞争对手。

（17）以积极的态度善始善终。

（18）获得信息的能力。

二、顾客分类，为销售打开第一步

根据顾客不同年龄和不同职业特征，以及性格特征分析顾客的特点和真正需求。找到顾客的实际需求，才能有效地沟通，获得他们的信赖，达到完美的销售。在销售产品时，先让顾客接受你，才能接受你的产品；销售要靠问，你问得越多，顾客讲得越多，你掌握顾客的情况就越多（见表 4-5）。

表 4-5 顾客分类

	年轻女性：她们追求时尚，想被关注，比较容易偷懒，喜欢采用吃减肥药和节食的方法来控制体重。愿意为美丽花钱，消费不够理智，比较容易被说服。要让她们感觉运动非但不累，而且开心。健身瘦下来是对未来很好的投资。无论是未来找到更好的工作，还是找到更好的伴侣，苗条有气质的身材都会有先天优势。人与人的接触，先从外表开始，之后有机会接触到内在魅力。一般和她们聊时尚、流行的东西
	年轻男性：追求时尚，想被关注，愿意为完美的体型花钱。要让他们知道锻炼后如何可以获得别人的关注。很多年轻男性是比较关注自己的身材的
	中年女性：身材开始发福，每天奔波在家庭和工作中，体力下降，感觉到身体与年轻时候的区别，开始关注自己的身心健康，但更喜欢买保健品；将希望寄托在穿塑身衣，买高档而且版型好的衣服，穿上自己看起来更瘦一点；她们不仅排斥大运动量，而且消费较理智。她们将是很大的消费群体，要让她们知道锻炼才是健康的减肥方式，运动可以更好地提高生活品质。开始话题：聊聊自己的家庭、保健
	中年男性：身材开始发福，每天奔波在工作和应酬中，处于上有老、下有小的年龄阶段，身体开始力不从心了，身体素质下降。比较固执，难于说服，即使锻炼也对环境有较高要求，要让他们清楚运动是生活中不可缺少的一部分。开始话题：聊聊孩子、保健
	学生：消费能力弱但消费不理智，只要在消费能力范围，很容易通过时尚来打动他们消费

续表

	企业中高层管理者：有一定的社会地位，有虚荣心，需要优质人脉，他们最需要的是尊重和体面。喜欢环境好的锻炼地点，新的、时髦的健身方式很吸引他们
	公司白领：工作压力大，认同新事物，消费理智，他们最需要的是拥有良好的身体素质来面对生活
	家庭妇女：生活枯燥，需要同样的群体，消费理智，她们最需要的是全新的生活方式和更多的朋友。开始话题：聊聊家庭、事业、孩子、美容
	犹豫不决的客户：拿不定主意时，需要和别人商量，需要别人帮他下决心，成交与否就在一瞬间
	自大的顾客：极为敏感，主观，表现得比较专业（可能并不专业），需要被肯定、顺从、赞同
	粗暴客户：易怒，非常武断。面对他们切勿辩论，要注重礼仪，尽量认同他们

三、学会提问，是销售的关键所在

顾客想买的东西，会籍顾问想卖的东西必须达到一个平衡点，销售才能产生。

提问技巧可以分为掌握好沟通前奏、学会反问顾客、关键时刻懂得沉默、同一时间只提一个问题四个方面。

通过提问了解顾客对健身的了解程度，顾客的健身目的、动机、真正的需求，以及顾客对于来健身的真正担忧。一般情况下，提问可以以开放式问题、封闭式问题、选择式问题 、跟进式问题方式来进行。

1. 开放式问题

销售的过程，其实就是对顾客的了解过程，对顾客越熟悉，销售越容易成交。会籍顾问向顾客提问的过程就是会籍顾问了解有价值信息的重要过程。会籍顾问应该尽量提出一些顾客需要较多语言才能解释的问题。 我们将这种问题叫作“开放式问题”，如“您平时喜欢什么样的运动?”“是您还是您的家人来锻炼，他们支持您锻炼吗?”“您的健身目的是什么?”等，这样顾客就能说出更多的想法，使会籍顾问了解顾客的真实目的，获得更多有价值的信息。开放式的提问方式，会籍顾问可能和顾客谈得很投机，但没有获得有价值的信息，做一些无用功。在提出开放式问题时，会籍顾问一定要预想顾客的回答，设计出使顾客不需要太多思考就能回答的问题。因此，在交流的时候要预先想好问什么问题，顾客会怎么样回答，会籍顾问怎么接下一个问题。

2. 封闭式问题

通常这类问题需要顾客做出选择性回答，如“是”或“不是”，“需要”还是“不需要”；“您是第一次来我们俱乐部吗?”“您最近长胖了吗?”这类回答很简单。但是设计的问题不能太多，如果太多就像审问顾客似的。

3. 选择式问题

在提问的时候，能够让顾客很好地做出选择性回答的问题。或者由会籍顾问给出几个选择项供顾客选择。这种提问方式最大的好处在于能够确认顾客对某一事件的明确态度，从而帮助会籍顾问真正了解顾客的真实想法。 封闭式问题通常是为了尽快得到所需要的信息并控制与顾客的谈话进程。

例如，“您喜欢瑜伽、普拉提，还是健美操?”“您是早上还是晚上过来锻炼?”，会籍顾问在提问的时候要有耐心等待顾客回答之后，再问下一个问题。当顾客做出选择性回答时，顾客往往会对成为健身俱乐部会员感兴趣。那些不做出回答或者试图逃避问题的顾客很可能还没有决定立刻成为健身俱乐部的会员，这些顾客可能仍然有许多顾虑，他们还不太清楚成为健身俱乐部会员对他们将意味着什么。

4. 跟进式问题

通过以上几种提问方式后，仍未得到满意的答案时，通常会提出进一步的问题，获得顾客对“最终成交”有利的答案或进一步信息，这类问题通常称为“跟进式问题”。

“良言一句三冬暖，恶语伤人六月寒”。再硬、再冰冷的椅子，只要有了柔软的垫子，就可以坐得舒服——在销售中多考虑顾客的感受,多站在顾客的角度去思考问题,分析问题,解决问题,“请字不离口,谢字随身走”,我们的每一天都要在爽朗的寒暄中开始新的销售。

思考题:

1. 什么是会籍顾问?
2. 会籍顾问岗位标准是什么?
3. 资源获取的方式有哪些?
4. 简述导览参观流程。
5. 会籍销售过程中一般顾客担忧的是什么?如何消除其顾虑?

第五章　健身教练

第一节　健身教练概述

在健身俱乐部中，私人教练是健身教练的主要组成部分。下面主要介绍私人教练。

一、私人教练的定义和作用

（一）私人教练的定义

健身运动对健康的重要作用已广为人知，但对于准备或已经在进行运动锻炼的人们而言，如何进行有助于健康的运动锻炼还缺乏有效、科学的指导。人们的体适能和健康状况不一样，不同的人如何根据自身情况确定合理的运动形式、运动强度、运动时间等问题，锻炼者往往并不清楚，这需要专业人员的指导。指导人们通过科学运动锻炼达到健身目标的专业人员称为健身教练。当健身教练以有偿的、一对一的方式对客户进行专业化健身指导服务时，称为私人健身教练（中国），即私人教练。

美国劳动部对私人教练的定义是："为一个客户或一小群人服务，教练工作在健身房或者客户的家里进行，私人健身教练测评客户的体适能水平，帮助他们设定并达成健身目标，教练需要示范不同的动作并帮助客户提升他们的运动技能，需要记录下客户每次的运动情况并监督客户体能的进步，还需要给出客户建议在健身房以外如何调整生活方式来提升健康体适能（美国）。"

私人教练（Personal Trainer）简称私教（PT），能够为会员个人提供量身定制的健身计划，同时，根据会员个体情况和健身目的为其做出适合的饮食、作息等方面的建议，并负责监督、帮助其有效地实施这一系列计划。由于私人教练提供的是一对一的服务，所以能够为会员传授各种健身常识，监控、指导会员处理训练中的各种细节，帮助会员完成健身目标。

（二）私人教练的作用

作为健身俱乐部中最重要的角色之一，私人教练在整个健身俱乐部运营中起着非常重要的作用。一方面，私人教练的"私教服务"为健身俱乐部提供了更多的服务项目，增加了利润来源，而会员训练效果明显、满意度增加，能提高会员的续会率，并为健身俱乐部建立起专业化的形象；另一方面，私人教练可以更好地为会员提供更安全、有效、个性、快速的健身指导，为会员提供专业化及个性化的训练方案，解答会员有关健身及健康的疑问，提供健身、健康、营养等方面的建议及策略，提供支持、鼓励及激励，使会员保持对健身目标的专注，并以教练的榜样力量成为会员追求健康生活方式的楷模。

国内私人教练的服务发展较国外晚。大致在 2001 年，"上海金吉姆"率先以健身俱乐部形式推出私教服务。在"中体倍力"和"青鸟健身"健身俱乐部的大力宣传和推广下，私教被社会广泛认同,创造了较好的社会效益和经济效益。

为了让会员更好地了解私人教练服务,健身俱乐部经常会列举出拥有私人教练的各项好处,以下举例以供参考:

(1)健身效果更好。私人教练可以对您进行一对一、手把手的健身辅导,使健身效果更好。

(2)拥有私人教练使您有更富足的学习时间。私人教练讲解更详细、动作质量更高,使您的学习时间更富足。

(3)私人教练对您进行个性化指导。私人教练可以根据您自身的体能和健身目标,设计出最适合您的课程,并且为您建立个人训练档案,使训练更系统、更科学。

(4)拥有私人教练可以使您更有安全保障。在锻炼时,私人教练会专注您的运动过程,而且会紧密观察,协助并纠正错误动作,能够防止意外发生,确保您的安全。

(5)拥有私人教练可以给您健身的动力。私人教练不仅担当着教练的角色,更可以引导您树立正确的健身观念,给您健身的动力,并适时鼓励,助您培养信心,成为您的示范榜样。

(6)拥有私人教练可以让您的健身过程保持连续性。私人教练为您安排定期的训练时间表,督促您按时锻炼,可以有效减少因懒惰而不去运动的现象。

(7)私人教练可以为您的特别需求做专业指导。私人教练都具备针对个别身体不适者设计健身课程的经验,可以使您每时每刻都享受健身的乐趣。

(8)私人教练可以为您制订营养饮食计划。私人教练可以根据您的自身特点,为您制订最佳的营养饮食方案,使您的运动与饮食相结合,达到最佳的健身效果。

(9)私人教练可以为您提供运动后的伸展和放松。私人教练可以在您运动后对您进行伸展练习,使您的身体得到更好地放松、更快地恢复。

(10)拥有私人教练可以让您增强自信。周全的训练计划,可以使您以最快、最安全和最享受的过程达到您的健身目标,使您神采飞扬、充满自信。

二、私人教练的必备素质

素质既指人的先天生理、心理禀赋,又指后天习得文化内化而成的素养。用教育学的观点来表述,是指人的先天禀赋,经过环境和教育的影响,逐渐形成和发展起来的文化心理结构及其质量水平素质层面(或方面)。素质到底包括哪些要素,学术界至今提法不一。素质大体由身体素质、心理素质、思想道德素质、科学知识素质、审美素质、劳动素质及交往素质等众多要素组成。私人教练的必备素质是做好健身教练职业工作的基础和条件。缺少这些素质,就不可能成为合格、称职的健身教练。根据健身教练职业的工作特点和工作职责,私人教练必须具备职业道德素质、科学文化素质、工作能力素质、身心素质及仪表。

(一)职业道德素质

职业道德是私人教练在工作中应遵循的道德规范和行为准则。了解私人教练职业道德的基本原则和规范、加强自身的职业道德修养、自觉实践职业道德规范,是成为合格私人教练的重要条件和要求。私人教练职业道德原则是对私人教练工作提出的基本道德要求，是衡量私人教练工作行为和品质的基本准则。“为增强客户身心健康服务”是私人教练的职业道德原则。私人教练在从业过程中必须遵循和坚持这一基本原则。任何不利于甚至有损于客户身心健康的行为，都是违背私人教练职业道德原则的。私人教练职业道德素质是对私人教练所从事的工作提出的具体道德要求，是私人教练职业道德原则的具体展开。私人教练必须具备的职业道德素质有以下六个方面。

1. 热爱健身，乐于奉献

这一方面是私人教练做好本职工作和履行其他道德义务的前提，也是引导私人教练热爱本职工作、建立职业情感的基础。私人教练只有充分认识健身的作用，才能培养热爱健身事业的情感，才能形成敬业意识，热爱并做好本职工作，同时，对做好本职工作产生光荣、幸福等心理感受。通过努力工作、积极奉献，达到内心的满足，形成以从事私人教练工作为乐、为荣的乐业精神。

2. 热忱服务，尽职尽责

这一方面与私人教练的工作态度和工作质量有直接关系。热忱服务，主要是指对客户应持主动、热情、耐心的态度，应以自己的专业素养为客户提供满意的服务；尽职尽责，是指私人教练应认真履行自己的职责，为客户尽到自己的责任和义务。

3. 坚持科学，讲究文明

这一方面是关系到健身运动的性质和方向的道德规范。私人教练在工作中，应尊重体育科学，遵循客观规律，大力宣传和运用体育科学，掌握科学指导方法与技能。同时，私人教练还应注重自身思想品德和文明情操的修养。

4. 钻研业务，勤于进取

这一方面体现了私人教练的职业操守和上进精神。它与私人教练业务水平的高低、工作能力的强弱和服务质量的优劣有直接关系。私人教练应不断提高科学文化素养和专业理论水平，注重理论联系实际、理论指导实践，在工作中锻炼、提高专业技术能力，善于思考、总结和积累，努力创新，培养敬业意识，勤勤恳恳做好本职工作。

5. 互相尊重，团结协作

这一方面是协调私人教练与客户之间、私人教练与私人教练之间，以及私人教练与其他专业人员之间关系的道德规范。私人教练应尊重客户。私人教练在工作中会接触到客户的隐私，如客户的联系方式、身体状况、家庭状况等。出于对客户的尊重，私人教练应对客户所有的资料严格保密。私人教练还应尊重同行及其他专业人员，培养协作意识。

6. 遵纪守法，诚实公平

这一方面是指私人教练在工作中必须遵守工作纪律和法律法规。私人教练应养成遵纪守法的行为习惯，自觉履行应承担的责任和应尽的义务，不以投机取巧或欺诈的手段赚取钱财，而是通过自己的诚实劳动，公平、合理、合法地获得报酬。

（二）科学文化素质

科学文化素质是私人教练的基础素质。私人教练工作是一项专业性和技术性较强的工作，只有具备一定的科学文化素质，才能真正地胜任这一工作。在具有一定的科学文化知识的基础上，私人教练还应掌握专业理论知识，包括基础理论知识和技能实践知识。

1. 基础理论知识

私人教练应不断学习的基础理论知识涉及运动解剖学、运动生理学、运动生物力学、营养学、运动医学、保健学、美学等。

2. 技能实践知识

私人教练应不断学习并全面掌握安全、有效的健身运动技术，包括抗阻训练技术、伸展练习技术、有氧运动技术。能够根据客户具体情况制订个性化的提高肌肉力量和耐力的抗阻训练计划，改善柔韧性的伸展练习计划，提高心肺耐力的有氧运动计划，了解和掌握特殊人群的健身运动方法及体重控制方法。

私人教练还要有一定的人文素养和科学素养，具备一定的人体艺术鉴赏力等。只有具备一定的文化、哲学和艺术修养，掌握相关的经营管理知识、体育法规知识等，才能适应客户和市场的需要。

（三）工作能力素质

工作能力素质是私人教练在实际工作中表现出来的工作本领，是工作态度、理论知识向实践转化的关键环节。私人教练的工作能力素质主要包括专业能力、沟通能力、表达能力、培训能力，还包括私人教练自身的思考能力、创新能力、观察判断能力及决策能力等。其中，下面四点能力是必须具备的。

1. 专业能力

专业能力是指私人教练应用专业知识帮助客户以最安全的方式进行运动锻炼，并达到客户健身目标的能力。这是私人教练最基本的工作能力。

2. 沟通能力

沟通能力是指私人教练通过与客户进行交流，获得客户的信任并建立良好客户关系的能力。沟通能力对于私人教练来说是非常重要的，它对私人健身教练课程销售的成功和客户维持具有重要的作用。

3. 表达能力

表达能力是指私人教练进行简明扼要的讲解、直观生动的教学和形象正确的动作技术示范的能力。

4. 培训能力

培训能力是指高级、指导师级私人教练应具备培训低等级私人教练的能力。

（四）身心素质及仪表

身心素质与文化素质一样，在人的综合素质中居于基础地位，其内涵包括健全的体魄和健康的心理素质。私人教练必须具备良好的身心素质及仪表，这是私人教练高品位、高水准、高素质的体现。

仪表是衡量私人教练是否合格的重要条件。私人教练要在外观上具有健康阳光的形象，这是获得客户信赖的基础。看起来不太健康、不经常运动的人是难以取得客户信赖的，这就像一位脱发患者不愿向一位秃顶的医生问诊一样。因此,私人教练应经常锻炼,保持具有说服力的良好形体,保持良好的生活习惯和生活方式,以维持良好的职业形象。另外,私人教练还应掌握一些接待礼仪、服务礼仪和洽谈礼仪等。

三、私人教练的执业范围

健身专家们多年来知道:身体就是用来运动的,而运动又可以提高身体健康状况。美国专业运动医学行业协会(ACSM)、美国心脏协会(AHA)、美国农业部(USDA)(2010)、肥胖研究国际协会(2003)、医宁研究所(2002)、美国公共健康服务部(1996)都发布了类似的指南和建议。美国公共健康服务部2008年发布的指南,是美国政府第一次有充分研究数据来表明所有美国人都应该进行有规律的运动来提升整体健康水平、降低患上健康问题的风险。

即使有很好的运动指南,大部分医疗保健的从业人员在设计和带领运动方案方面缺乏教育和实践经验。医生经常建议患者运动,通常不会提供明确的运动指示或告知如何运动。私人教练正是在医疗保健的从业人员中担任了这样的角色:帮助客户参与有效的运动提高健康和综合体适能。

过去,私人教练在传统健身房只针对健身爱好者。这个角色正在发生变化,越来越多的成年人和儿童超重或肥胖,产生健康问题。私人教练必须准备好为各类客户服务,从年轻者到年老者,从健康人群到各类体适能状态人群(从久坐不动到运动员)。私人教练的需求日益增长,职业前景看好。

执业范围是指在某领域提供服务的合法范畴,从业人员在此范畴内可提供服务,遵守相关方针和要求。执业范围是由多种因素决定的,其中包括教育、培训、专业领域工作所需的资格认证或执照。法律和组织管理特定的行业,以及同一领域内的互补性行业。确定和调整一个行业的法律大多是由国家监管机构制定的,如颁发许可证。很多行业都设有主管部门作为业内管理机构。这些主管部门对开设培训课、参加资格认证考试都有法定要求,并制定行为准则和惩戒程序,依法惩处违规的从业人员。一个行业的法律、规则和管理制度的建立是为了保护公众的利益。

私人教练认证机构会对合格与认证要求做出规定要求。这些机构还设立道德行为准则希望人们遵守。私人教练要时刻牢记其执业范围,确保自身行为不超越执业范围,并充分展示自己在该行业具备的能力。

四、私人教练的职业发展

在欧美发达国家,私人教练早在20世纪70年代末、80年代初便已出现,并逐渐受到人们的关注,到了80年代中期,这一行业的发展骤然升温。美国健身产品评审委员会曾根据每年对15 000户家庭的调查,归纳出20世纪90年代的八大健身潮流,其中一项就是私人教练越来越多,并为大众所接受。据国际健康及运动俱乐部协会(International Health, Racquet and Sports Club Association, IHRSA)统计,2005年美国的私人教练已经增至几十万人。

美国《时代周刊》曾将私人教练列为未来全世界最流行的20种职业之一。而在我国,私人教练职业还是一个新兴的职业。

对于私人教练来讲,全面了解自身职业发展道路是至关重要的。通常,私人教练的职业发展的方式有:大型健康健身机构的管理者,开设健身会所,在家中提供私人教练服务,从事兼职服务。所有的职业目标都是以个人兴趣和意愿为基础的,还要与个人不同方面的追求形成平衡。

职业发展路径是为实现职业目标服务的,职业发展路线应当针对不同的市场客户需求,私人教练个人生活选择,行业发展,以及其他重要事件不断进行调整。职业发展计划的制订能帮助私人教练决定是否把握某个新的职业机会,或新的继续教育课程,从而服务于他的职业目标。职业发展计划的跨度可以为一年、三年、五年或更长时间,一旦完成了该计划,私人教练就可以通过其发现和选择适当的继续教育来达成职业发展目标。

五、继续教育

鼓励私人教练按照自身感兴趣的领域和客户需求去追求职业发展方向,并选择继续教育。当私人教练完成多个不同领域的继续教育后,可以决定是否成为某个领域的专家,例如体重管理、青少年运动、体适能或中老年运动领域。这种职业发展方式可以帮助私人教练成为某个领域的专家,从而获得更多客户和更宽广的职业发展。在知识进阶的选择上,私人教练应该选择使自身专业技能和知识得到进阶的继续教育,同时,要谨慎选择,避免所学内容超出自身的理解能力。一个刚开始从事私人教练工作的年轻教练,与一个已经有10年工作经验的资深教练,选择的继续教育项目应该是不同的。如果两人共同参加一个行业会议,建议各自选择适合自己的部分进行学习,避免让年轻教练无法消化理解过于深奥的内容,也避免资深教练因为所学内容过于浅显而没有受益。继续教育应该帮助教练朝着一到两个职业目标前进。对于偏向于管理方向发展的私人教练,应该选择商业管理方面的课程,对于偏向于服务中老年客户的私人教练,应该选择相应的培训课程,两者有很大的不同。私人教练应该不断地学习新知识,健康健身领域总会不断出现新的科学研究成果,新的行业标准与指导方法也会相继出现。私人教练不仅可以通过继续教育的方式进行知识更新学习,也可以通过自学的方式对最新资讯进行探索。

专项化是私人教练获得成为某类客户、群体或训练方式“专家”称号的最佳途径。通过掌握专项化训练的职业技能,私人教练可以为更多有特殊需求的人群提供服务,这也使得私人教练获得了更多的客户来源。例如,一个对竞技体育方向感兴趣的私人教练,可以选择相关的运动体适能来扩展业务。这样就可以发展更多的专业运动员客户,同时,在提供服务的过程中学习、实践新的知识。对于专项化学习内容的选择,应该基于私人教练自身的兴趣,职业发展道路和市场、客户需求。专项化学习的内容应该在私人教练的执业范围内,或该内容可以在私人教练的职业范围内为其专业水平提供补充。例如,肩部按摩治疗的课程能为私人教练提供一定的技术储备,但是私人教练不能在工作中使用该技术,因为这种行为超出了私人教练的执业范围。

无论是否得到私人教练专业执照,获得运动科学相关专业的本科学历都是很有帮助的,尤其从职业发展的角度来看,可以得到更多管理专项方面的职业机会;在医疗运动方向可以胜任一些高级别的专项工作;教学培训服务也是可以选择的职业发展方向。因此,部分私人教练会在自己的职业发展道路上规划出几年时间,来获得一个本科教育学历,可以是运动科学、营养学、商学等专业领域。在获得本科教育学历后,私人教练可以进一步推进自己的职业道路,实现个人目标,扩展更多在健康健身领域的发展机会。

私人教练还有一个方式学习更多的专业知识,扩展职业发展道路,即获得额外的专业执照认证。例如,当私人教练希望提升自己的领导力,激励他人的能力,或者只是想增加一些团课工作作为业务之外的收入补充,可以学习团课;为了满足更多追求健康生活,控制体重的客户需求,可以学习健康指导师的相关知识。对于更加资深的健身专业人员,希望可以服务于有心血管疾病,呼吸系统疾病,代谢综合征,骨骼、肌肉损伤的客户做康复训练,美国运动委员会(ACE)提供高级健康健身训练专家专业执照认证。当私人教练希望在健康健身领域寻找新的职业方向时,第一个需要完成的准备工作就是获得相应的职业资格,才可以合法地向客户提供服务。可能的方式包括成为注册按摩治疗师、成为注册营养师、获得物理治疗师资质、进入医学院成为一个注册医师。所有这些认证,都可以帮助私人教练扩展职业发展路线,为客户提供更加高端的服务。

第二节　力量训练概述

锻炼肌肉及提高心肺功能水平是私人教练制订并实施合理、有效的训练计划的关键。

一、力量训练的定义

力量训练又称抗阻力训练,是指身体克服阻力以达到强健肌肉、增强肌力目的的训练。在日常生活中很多活动都可以看作抗阻力训练,如从凳子上站起来、弯腰提起公文包等,这些动作都为身体肌肉增加了一些阻力或负担,如果肌肉力量不足,就会应付不来,容易令肌肉受伤。很多人认为力量训练是运动员才需要的,而且担心力量训练会使四肢显得太粗壮,这些都是非常普遍的误解。

二、力量训练的作用

(一)延缓衰老

研究资料表明,成年人随着年龄的增加,肌力和肌肉含量也逐渐下降,不经常参加体育锻炼的人在20~25岁达到肌肉力量最大值,以后每10年损失10%左右的肌肉质量和肌肉力量。到了60岁以后,肌肉力量的损失会更加迅速。随着年龄的增长,不仅运动能力大幅度下降,就连应付日常生活都会困难重重,如搬行李等。肌肉力量下降的另一个重要表现是行动变得迟缓,步行速度降低,步距越来越小。力量训练可以减缓这种肌肉“萎缩”的速度。老年人往往因为肌肉力量的退化而失去基本的身体活动能力,甚至走动时也容易失去平衡而摔倒,造成骨折。因此,老年人也应该做些轻负荷的力量训练。保持肌肉质量和肌肉力量的唯一办法就是力量训练，常参加力量训练的人可以将最佳状态保持到 60 岁以上。

（二）预防肥胖

抗阻力训练在增加肌肉的同时，也为身体消耗更多能量。当肌肉量增加时，基础代谢率也会增加。研究指出，身体如果增加 3 磅（约 1.36 kg）的肌肉，个人的代谢率会提高 7%（1 kg 肌肉每天需 320 kJ 能量维持其在静态时的基本生理需要），一天的能量消耗也多了 15%。这也解释了为什么一位肌肉健硕的人，每天所需的能量比一般人要高。换言之，因要储存多余能量而变得肥胖的机会也会降低。

（三）减少损伤的概率

现代人的生活越来越趋向坐式生活方式，工作和学习都需要颈部和腰部肌肉的长时间工作。如果没有进行颈部、背部的肌肉训练，肌肉力量的不足和退化，会造成肌肉劳损和身体形态改变。越来越多的人正在受颈椎疾病和腰椎疾病的困扰。

（四）改善身体姿态

当你照镜子时，如果你站直一些，肩膀往外展，腹部往后收，姿态就会更好。都市人运动量较少，文职人士更需要长时间坐着处理文件或操作计算机，这种工作姿势容易引发腰背、肩颈等肌肉紧张和疼痛。如果长时间没有矫正，容易导致含胸驼背。抗阻力训练可以帮助加强背部肌肉的力量，伸展胸部和肩部，加强腹肌，使人在任何时候都易于保持良好的状态，显得更加健康、自信。同时，抗阻力训练可以帮助身体达到左右平衡。许多人身体左边的力量小于右边，肢体也是左边比右边细小，这样的不平衡，不仅不美观，还会给脊柱造成压力。

（五）预防疾病

越来越多的人受到"都市病"的困扰，多做力量训练可以有效预防"都市病"，包括糖尿病、胆固醇过高、骨质疏松症等。锻炼肌肉，除使肌肉强壮外，也促进了新陈代谢和生理机能的运作，有助于获得健康的身体。

（六）改善体形，增强自信心

锻炼肌肉，可使人获得结实而优美的体形。除获得别人羡慕的眼光外，更能增强自信。

三、力量训练的原则

在进行力量训练前，需要注意些什么，才可以让训练既安全又有效呢？这是作为私人教练需要掌握的重要技能之一。

（一）呼吸

有人在力量训练中闭气，脸会变红，眼睛也像要从眼眶中跳出来。其实，在训练时切忌屏住呼吸，因为这样会引起努责现象，引起胸内压的瞬间增高，有损心脏。在用力阶段，应匀速呼气，在放松阶段要匀速吸气。呼吸要尽量保持一定的节奏。

（二）全幅度的动作

很多人担心肌肉发达后会变得僵硬，失去柔软性，而不敢参加力量训练。在锻炼时，如果能够遵照"全幅度"原则，肌肉就不会因为发达后而变得僵硬或不柔软。所谓"全幅度"原则，是指每次都要完成完整的动作。如果每次动作都没有做到全幅度的伸展和收缩，久而久之，一方面，关节活动范围的肌肉柔软性会减退；另一方面，在做力量训练的同时，也需要配合伸展运动。力量训练前的伸展运动可增加肌肉的柔软度和弹性，使肌肉更易发挥其能力，减少损伤机会。

（三）超负荷

要增加肌肉力量或肌肉体积，肌肉需要承受比平日习惯负荷更大的质量，才会有所进步。超负荷原则要不断实行，才可得到持续的进步。换而言之，起初的质量对于某个动作来说已是足够的负荷，到了 1 个月后，由于肌肉力量进步了，这个质量的刺激在原先的肌肉锻炼上就不够了，所以要增加训练质量，肌肉力量才会继续改进，否则便只停留在某个程度上而已。如果做一个练习很轻松，说明它对身体已经没有多大刺激作用，这时候可以加大运动强度，主要的方法有增加质量或阻力、增加次数、加组数或减慢速度。

（四）适应能力

刚刚开始进行规律的力量训练时，要从较轻松的练习开始。这样身体可以慢慢适应新的刺激和负荷，也可以让关节和韧带以及以前缺乏锻炼的一些小肌肉强壮起来。

当适应了初期的运动负荷后，同样的练习会越来越轻松，这时候就需要加一点质量或阻力进一步刺激身体。人体的适应能力是很强的，总是重复同样的质量或阻力就达不到最好的效果。

人的衰老过程在不断进行，肌肉不断地减少，运动耐久能力也不断地降低，脂肪不断地增加，要想不断减少脂肪、增加肌肉，就要增加运动的负荷。要均衡发展身体每一部分，如手脚及躯干皆要均衡发展，不可太偏重于某一些肌肉的锻炼，要平均地锻炼全身的肌肉，更要留意手脚及躯干前后的肌肉。

（五）动作速度

进行力量训练时留意动作速度，可以使训练的效果更好。对于一般健身人士来说，锻炼肌肉的动作速度不需要太快，以可以受到控制的中等速度为佳。

肌肉收缩对抗阻力或质量时，应维持 1~2 s；肌肉慢慢放松时，应维持 2~4 s。时刻都要把阻力或质量控制住，不可突然地放松正在运动的肌肉。

（六）动作次序

大肌肉块可以先锻炼，因为它们力量较大，即使是在以后协助小肌肉的练习时，也可以胜任。如果先锻炼小肌肉，很容易疲劳，可能影响到以后大肌肉的锻炼。

这里所说的大肌肉块一般是指胸部、背部、臀部和大腿等部位的肌肉。

（七）频率

肌肉经过训练后，需要有 48 h 的休息，所以须隔日进行力量训练。每周 2~4 次，每次 20~45 min 是合理的安排。当然，在做之前最好有 5~10 min 的热身，训练当中及训练之后，都应该做一些伸展运动。

很多女士怕通过力量训练练成一身肌肉会不柔美。其实作为教练，应该正确引导会员，告诉她们这是不用担心的，人体 40% 左右都是肌肉，女士也不例外。而且，如果能适当控制练习时的运动强度，根本就不必担心肌肉变大。它只会使肌肉更紧致、极富线条美。比如腹肌，在没练之前可能觉得腹部松弛，锻炼一段时间后，会觉得腹部更结实、更有线条美。结实的腹肌、匀称的腿部是每个人都想得到的，要得到这种效果，力量训练是必不可少的。保持力量训练对身体非常有好处，尤其是想减肥的人，因为力量训练会消耗更多的脂肪。

四、力量训练计划的制订

如何制订力量训练计划呢？下面将会详细地介绍制订力量训练计划需要注意的地方。

（一）运动目标

力量训练与肌力及肌耐力有关，可以让参与者保持肌肉的活力和健美的身材，并增强肌肉的力量。

（二）动作速度

除专门为提高爆发力的训练外，其余力量训练的速度都要缓慢，做每个动作时，可以在心中慢慢默念“1，2，3，4”，用3~5 s重复一次动作，再慢慢重复下一次动作，这样可以减少甚至避免对韧带、肌腱和关节造成损伤，让肌肉在整个过程中处于紧张用力状态，训练效果更好。

（三）重复次数

力量训练的基本训练单位是“重复次数”。完成一次就是指肌肉从完全伸展到彻底收缩，再还原到伸展。以哑铃弯举为例，由双手握哑铃及两臂自然伸直开始，到屈曲两臂，将哑铃举起至胸前，再放下哑铃至开始位置为止，就是一次。

重复的次数与质量有关，一般来说，使用者所选的质量只可让其重复该动作10次，而再无余力多做一次。不同的训练目的会配合不同的训练次数，具体如下：

（1）低次数（1~4次）：主要是运动员的绝对力量训练，一般人并不适合。

（2）中次数（8~12次）：主要是以增长肌肉的体积、围度为主。

（3）高次数（15~20次）：主要是发展肌肉的耐力、增进线条美和肌肉的弹性，令肌肉更紧致。

（四）训练组数

在一个动作中，使肌肉来回地收缩和伸展，达到规定的重复次数，称为完成一组。实践证明，为了使各部位肌肉群达到最佳的训练效果，每个动作需要练3~4组。每块肌肉群采用1~2个不同的训练动作，每块肌肉群训练的总组数是3~8组。

力量训练主要采用“递增训练”原则，每个动作第一组开始前，先用较小的质量做1~2组的热身活动组（不计算在正常的训练组内），使肌肉逐渐适应并过渡到较大的训练，也可以防止受伤。

训练组数的多少还要取决于不同的体质、体力和训练水平，必须根据实际情况，不能无限制地增加组数，否则会引起训练过度。

（五）组间休息

每个动作的前一组和后一组之间，要有一段合适的休息时间，使局部肌肉消除疲劳。从生理学角度看，每组之间的休息时间太少，肌肉未能消除疲劳；休息时间过长，就会影响训练情绪，使心率变慢、肌肉变凉，训练的紧张程度会随之下降，也容易引起伤害事故。因此，组与组之间的间歇一般以 1 min 为标准，这段休息时间可恢复肌肉疲劳的 70%~75%。

如果运动目标是增加肌肉围度，组与组之间的休息应该是 1 min 左右；如果只想保持肌肉的活力、体态美及增加肌肉的耐力，组与组之间的休息可以为 30~60 s，根据个人的能力去调节。

（六）训练频率

每周训练多少次是根据训练者不同的训练水平、训练目的和恢复能力等来决定的。对身体的某一块肌肉或某个部位来说，重复训练的间隔时间至少 48 h。如果训练强度大，则需要休息 72~100 h。训练后必须有良好的休息与营养，才能保证获得最佳的训练效果。

对初级训练水平的人来说，每周锻炼 3 次，练 1 天休息 1 天（周一、周三、周五或周二、周四、周六）即可，不要多练也不可少练。如果感到某些部位肌肉还有酸痛或不适，就多休息一天。

如果重点是为了减肥或塑身，在开始的 2~3 周内保持每周 3 次力量训练。到第 4 周后，就可以在不做力量训练的日子里增加有氧训练；直至有一定的经验后，可在做完力量训练后一并进行有氧训练。开始时，需根据自我感觉逐渐增加运动量，但每周要有 2~3 天的完全休息。

（七）训练强度

每组的动作都要用正确的方法完成，如果无法完成规定次数或组数，即采用的质量或阻力太大，要减一点。如果超过规定的次数或组数，即采用的质量或阻力太小，就要增一点。

（八）训练类型

力量训练的类型也就是训练方法。根据会员的不同训练程度和身体状况，私人教练应选择适合不同会员的训练方法，以达到针对性指导的目的，这需要了解力量训练器械的使用方法。

五、力量训练器械的使用

力量训练常用的器械可分为自由质量器械和等质量器械两种。自由质量器械以哑铃和杠铃为主，主要益处是可以最大幅度地对目标肌肉进行力量训练，并且训练负荷较大，适合有一定训练基础的人士。但在目前的多数健身俱乐部中，等质量器械以其简单易操作，可以同时训练多块肌肉群，以及更加安全的优势占据了力量器械区的大部分场地。

器械使用演示如下：

1. 坐姿划船训练器

训练动作：坐姿划船。

目标肌肉：背阔肌、肱二头肌、斜方肌。

坐姿划船训练器如图 5-1 所示。首先调节座椅的高度，调至在手握住把手时大小臂呈 90°、小臂平行于地面，调整胸前挡板的距离至手握住把手以后配重片悬空即可。对握、闭握，握住训练把手，坐于训练座椅上，双脚开立与肩同宽，脚尖朝前，膝盖指向脚尖的方向、臀部紧贴训练凳,骨盆保持在中立位,收腹、挺胸、下颚微收,从侧面看躯干保持一条直线。开始做动作,肩伸,肘屈,使手臂沿着身体侧面向正后方移动,直到肘关节从侧面看微超过身体侧面即可,感受到目标肌肉背阔肌充分收缩,然后慢慢地向前还原到手臂自然伸直,配重片不发生碰撞。用力向后时呼气,向前还原时吸气,保持匀速,用力 2~4 s,还原 2~4 s。

2. 夹胸训练器

训练动作:坐姿夹胸。

目标肌肉:胸大肌。

夹胸训练器如图 5-2 所示。首先调节训练座椅的高度到双手握住训练把手时肘关节微低于肩关节,同时手腕微低于肘关节。对握、闭握,握住训练把手,坐于训练座椅上,双脚开立与肩同宽,脚尖朝前,膝盖指向脚尖的方向,臀部紧贴训练凳,骨盆保持在中立位,收腹、挺胸、下颚微收,从侧面看躯干保持一条直线,手臂微屈,用力时双手向前靠拢,做一个类似拥抱的动作,注意大小臂的夹角不变,使胸大肌充分收缩,还原时双手向外打开,配重片不发生碰撞。用力向前时呼气,向后还原时吸气,保持匀速,用力 2~4 s,还原 2~4 s。

图 5-1　坐姿划船训练器

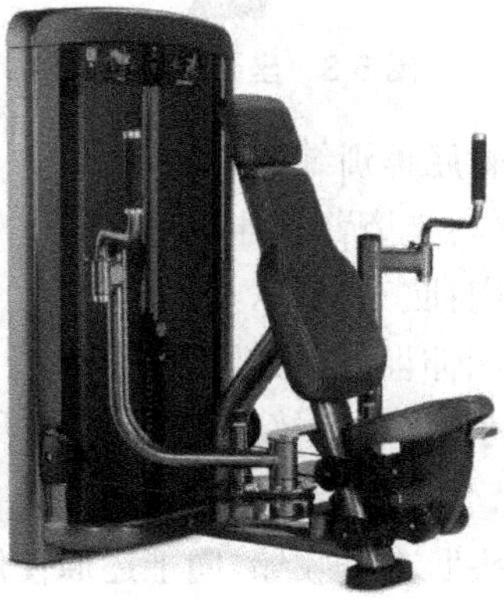

图 5-2　夹胸训练器

3. 坐姿推肩训练器

训练动作:坐姿宽距推肩。

目标肌肉:三角肌中束。

坐姿推肩训练器如图 5-3 所示。首先调节座椅的高度至肩和训练把手有一拳头的距离,宽握、正握、闭握,握住训练把手,坐于训练座椅上,双脚开立与肩同宽,脚尖朝前,膝盖指向脚尖的方向,臀部紧贴训练凳,骨盆保持在中立位,收腹、挺胸、下颚微收,从侧面看躯干保持一条直线。向上用力,使手臂自然伸直,同时感觉三角肌中束充分收缩。向下放至于肘关节微低于肩关节,配重片不发生碰撞。向上用力时呼气,向下还原时吸气,向上 2~4 s,还原 2~4 s。

4. 坐姿臂弯举训练器

训练动作:坐姿臂弯举。

目标肌肉:肱二头肌。

坐姿臂弯举训练器如图 5-4 所示。首先调节训练座椅到合适的高度,中握、反握、闭握,握住训练把手，坐于训练座椅上，双脚开立与肩同宽，脚尖朝前，膝盖指向脚尖的方向，臀部紧贴训练凳，骨盆保持在中立位，收腹、挺胸、下颚微收，从侧面看躯干保持一条直线。向上用力使肱二头肌充分收缩，向下还原至肘关节自然伸直但肌张力不消失，配重片不发生接触。向上用力时呼气，向下还原时吸气，向上 2~4 s，还原 2~4 s。

图 5-3 坐姿推肩训练器

图 5-4 坐姿臂弯举训练器

5. 坐姿臂屈伸训练器

训练动作：坐姿臂屈伸。

目标肌肉：肱三头肌。

坐姿臂屈伸训练器如图 5-5 所示。首先调节训练座椅到合适的高度，中握、正握、闭握，握住训练把手，坐于训练座椅上，双脚开立与肩同宽，脚尖朝前，膝盖指向脚尖的方向，臀部紧贴训练凳，骨盆保持在中立位，收腹、挺胸、下颚微收，从侧面看躯干保持一条直线。向下用力使肱三头肌充分收缩，向上还原使肱三头肌肌张力不消失，配重片不发生接触。向下用力时呼气，向上还原时吸气，向下 2~4 s，还原 2~4 s。

6. 坐姿腿屈伸训练器

训练动作：坐姿腿屈伸。

目标肌肉：股四头肌。

坐姿腿屈伸训练器如图 5-6 所示。首先调节训练座椅到合适的高度，小腿勾住训练挡板，膝关节对准侧面转轴，坐于训练座椅上，双脚打开与髋同宽，勾起脚尖，膝盖指向脚尖的方向，臀部紧贴训练凳，骨盆保持在中立位，收腹、挺胸、下颚微收，从侧面看躯干保持一条直线。向上用力使股四头肌充分收缩，向下还原使股四头肌肌张力不消失，配重片不发生接触。向上用力时呼气，向下还原时吸气，向上 2~4 s，还原 2~4 s。

图 5-5　坐姿臂屈伸训练器

图 5-6　坐姿腿屈伸训练器

7. 坐姿腿弯举训练器

训练动作：坐姿腿弯举。

目标肌肉：股二头肌。

坐姿腿弯举训练器如图 5-7 所示。首先调节训练座椅到合适的高度，双手握紧训练把手，小腿后侧勾住下面的训练挡板，膝关节对准侧面转轴，大腿前侧抵住上面的训练挡板，坐于训练座椅上，双脚打开与髋同宽，膝盖指向脚尖的方向，臀部紧贴训练凳，骨盆保持在中立位，收腹、挺胸、下颚微收，从侧面看躯干保持一条直线。向下用力使股二头肌充分收缩，向上还原使股二头肌肌张力不消失，配重片不发生接触。向下用力时呼气，向上还原时吸气，向下 2~4 s，还原 2~4 s。

8. 坐姿蹬腿训练器

训练动作：坐姿蹬腿。

目标肌肉：股四头肌。

坐姿蹬腿训练器如图 5-8 所示。首先调节训练座椅到合适的位置，双手握紧训练把手，双脚打开与肩同宽，脚尖朝前踩实训练挡板，膝盖指向脚尖的方向，臀部紧贴训练凳，收腹、挺胸、下颚微收，从侧面看躯干保持一条直线。运动轨迹由下往上，向上用力使膝关节自然伸直，向下时配重片不发生碰撞，向上用力时呼气，向下还原时吸气，向上 2~4 s，还原 2~4 s。

图 5-7　坐姿腿弯举训练器

图 5-8　坐姿蹬腿训练器

第三节　心肺功能训练概述

心肺功能训练是目前健身俱乐部中最主要的健身项目之一，其方式比较多样化。心肺功能训练区的所有器械、健美操厅开展的大多数团体操课程、动感单车等都属于心肺功能训练的范畴。本节将介绍私人教练该如何为会员制订心肺功能训练计划及相关设备的使用方法。

一、心肺功能训练的定义

心肺功能训练俗称有氧运动。有一定强度的有氧运动，才能锻炼心肺循环功能，提高人的体力、耐力和新陈代谢。剧烈的运动（如 100 m 短跑等）不是有氧运动，剧烈运动由于速度过快和爆发力过猛，容易导致肌肉疲劳令运动不能持久，不能达到长时间持续提高心率的效果。心肺功能训练包括步行、慢跑、踏单车、游泳和团体操课程等。这些运动都属于大肌肉群的运动，个人可以根据自己的体能选择适当的运动强度，可以在安全而又不太剧烈的情况下持续运动 20~40 min。进行心肺训练时，必须检查自我感觉，如在训练后 5~10 min 出现胸痛、头重、头晕、大量出虚汗等不正常现象，就必须立刻停止运动并就医诊治。

二、心肺功能训练的作用

心肺功能训练的主要目的是保持心率在较高水平，让心脏得到锻炼。另外，心肺功能训练也是消耗能量和体内多余脂肪的重要手段之一。

（一）增强心肺耐力

人体在连续不断地运动时，需要更多的氧气。肺部吸入更多的氧气，再由血管输送到身体的各个部分，特别是正在运动的肌肉中。经常进行有氧运动有利于使身体利用氧气的能力增强。身体健康状况越好，有氧运动的能力也就越好，也就可以做更长时间、更大强度的运动。换而言之，常进行有氧运动的人更健康，身体素质也更好。

（二）有效的减脂

心肺功能训练对减肥的效果也较一般的球类运动明显。有氧运动可以刺激脂肪的代谢、减少脂肪的积聚量。如运动 1 h，快走消耗 800 J，打羽毛球消耗 950 J，跳剧烈的团体操消耗 1 500 J，缓慢地游泳消耗 1 200 J，跑步消耗 2 100 J。由此可见，有氧运动能消耗较多的能量，如果能配合均衡饮食，既可减肥，也可强身健体。

三、心肺功能训练强度的指标

热量消耗是由运动强度及运动时间来决定的，消耗同等热量可用高强度、短时间或低强度、长时间的方式来完成。因此，私人教练要先考虑会员运动目标及开始运动计划时的体能水平，再决定应做低强度、中强度还是高强度的运动。对初学者来说，应由低强度运动开始。

（一）最大安全心率

计算最大安全心率最简单的方法是用 220 减去年龄。举例来说，一位 42 岁人士的最大安全心率就是 220-42=178（次 /min）。如果其做完运动后，心跳达到 178 次 /min，即表示运动过于剧烈，可能对心脏造成很大的负荷。然而，过低的心率又表示运动量不够，需要加强运动。

（二）最高心率储备公式

最高心率储备 = 最大安全心率 - 静态心率 =（220- 年龄）- 静态心率

例如，一位 40 岁男士，他的静态心率是 60 次 /min，他的最高心率储备就是 220-40-60=120（次 /min）。

运动强度可根据训练者不同的训练目的决定。

目标心率 = 最高心率储备 × 运动强度 + 静态心率

再以上述例子计算目标心率区（假定运动强度为最高心率储备的 50%~70%）：

最高心率储备 =120 次 /min

目标心率区下限 =120×50%+60=60+60=120（次 /min）

目标心率区上限 =120×70%+60=84+60=144（次 /min）

在以上例子中，该名 40 岁男士进行有氧运动时的目标心率，应该保持在每分钟 120~144 次。

四、心肺功能训练计划的制定（FITT 原则）

制定了目标以后，就需要列出运动计划的其他细节，包括运动频率、运动强度、运动时间、运动类型（FITT）。

（一）运动频率

如果一星期只进行一次有氧运动锻炼，不足以获得良好训练效果。对一般人，一周最少运动 2 次，或以隔日的形式进行。如果目标是要保持健康，运动量不高，每周 5~6 次也可以。运动过密不一定好，会因不能完全消除身体疲倦而变成长期性疲劳，这样不但无助于体能的进步，还会损害身体健康。所以，适量是最重要的。

（二）运动强度

运动的目标可以是保持健康、减肥或增强心肺功能，究竟怎样的运动强度才能达到上述目标？可利用上文中的最大安全心率或最高心率储备公式做出度量。最大安全心率比较容易计算，而最高心率储备公式比较准确。一般来说，如果进行有氧运动的目标是保持健康，那么运动时的心率最好保持在最高心率储备的 50%~60%；如果目标是减肥，运动时的心率最好保持最高心率储备的 65%~75%；如果目标是增强心肺功能，运动时的心率最好保持为最高心率储备的 70%~80%。当然，要留意自己的体能状况：体能较差的人若要增强心肺功能，达到最高心率储备的 70% 已很足够；对于经常运动的人或运动员，即使达到 80%~90% 也能应付自如。

（三）运动时间

运动时间的长短取决于运动类型及运动强度。运动时间越长，消耗脂肪越多。以 30 min 和 45 min 的快走为例，其运动强度都可以减肥，但以 45 min 的减肥效果较佳。一般来说，有氧运动需要的时间较长，例如通过有氧运动来锻炼心肺功能或减脂，运动时间最少持续 20 min，中间没有休息。主要运动前后还需要 5~10 min 的热身运动和放松运动。因此，一个完整的有氧运动需 30~50 min。运动强度越高，运动时间也越短，因为身体在高强度运动下难以维持较长的时间。初学者，心肺功能不太好，可分几个阶段来进行，每个阶段之间配合一些休息时间，可以通过增加运动时间来增加运动量。

虽然很难准确地计算出要消耗身体多少能量才能达到减肥效果，但专家建议每次运动最好能够消耗 1 200~2 100 J，这大约相当于利用中等强度进行慢跑、游泳或骑自行车 30 min，或快走 1 h。

（四）运动类型

选择什么样的运动方式进行心肺功能训练，主要取决于运动强度和训练者的自身情况。一般而言，在健身俱乐部中，强度较大的集体课程有动感单车、搏击操、杠铃操等。对于有氧训练器械，跑步机是最广泛应用的锻炼方法。如果是一位体重较大，或下肢关节有损伤的训练者，考虑到以上几种运动方式属于高冲击、大强度的训练，会对下肢关节造成较大影响，不推荐该训练者使用。

心肺功能训练计划的执行应以循序渐进为原则。如以慢跑减脂，在起初阶段宜从快走开始，慢慢再加入短距离的慢跑，有足够的体能后，加长慢跑的距离。其他有氧运动也是一样，以轻量开始，切勿急进，以免伤及身体和破坏运动计划。

平日少做运动的人在开始参加运动时，无论身体和心理方面都需要一个适应期。这个适应期为 6~8 周。在这个阶段，训练者必须坚持原则，下定决心，按部就班，培养对有氧运动的兴趣。当效果出现时，便能享受其中的喜悦。私人教练在其中应起到至关重要的监督和鼓励作用。

五、心肺功能训练器械

下面将对健身俱乐部常见的心肺功能训练器械进行介绍，帮助私人教练更好地指导会员进行心肺功能训练。

（一）功率自行车

功率自行车是健身俱乐部里最安全的心肺功能器械，如图 5-9 所示。其一般可分为两种，一种是竖直型的，骑这种车时腿在下面，身体稍前倾；另一种是半躺型的，骑时双腿在身体前面一点，身体稍后仰，后面有靠背支持。这两种都有很多人喜欢，适用于不同人群。如果想利用自行车进行中高强度心肺功能训练的健身者，建议使用竖直型自行车。如果是腰部有损伤的会员，半躺型自行车可以更好地支持身体核心部位。

使用功率自行车的注意事项如下：

（1）调整座位高度。站在车旁边，车座高度和健身者髋关节同高。在健身者踏着脚踏到最远时，膝关节不要完全伸直，要保持一定的弯曲；屈膝的时候，角度不应过小。

（2）控制面板上会显示训练的速度、坡度、时间等数值。高级的室内健身单车备有心率计，健身者只要用手握住两个金属手把，健身者的心率就会在显示屏上显示出来，尽量多使用这个工具，帮助健身者更好地控制运动的强度。

图 5-9　功率自行车

（3）不同阻力可以帮助会员达到不同训练效果。如果会员想减脂，阻力通常可以调整到 9~12。

（二）跑步机

跑步机是俱乐部中使用率最高的心肺功能器械，如图 5-10 所示。健身者可以用跑步机来做步行或跑步等健身活动，大部分跑步机在设计中考虑了步行和跑步对人体关节的冲击，所以，传送带部分会有减振装置，能起到保护膝关节的作用，比在室外的水泥地面上步行或跑步安全得多。几乎所有的跑步机都可以向上倾斜，模仿上山坡时的运动，有些甚至可以向下倾斜，模仿下斜坡的运动，增加了训练的乐趣和难度。

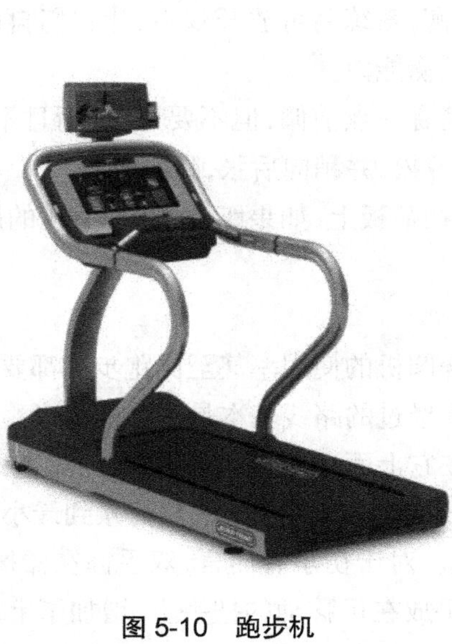

图 5-10　跑步机

科学设定了运动强度的跑步机能够纠正室外跑步者运动随意的问题，通过保持一定的运动节奏和强度，帮助健身者在最短时间内获得最大有氧训练的效果，明显提高心肺功能。跑步机都是参考人体生理结构设计的，健身者还能通过使用机器纠正以前错误的跑步姿势。

使用跑步机的注意事项如下：

（1）不要使劲抓住把杆，它们是帮助身体保持平衡，不是为了省力的。除刚开始和结束时外，在跑台上跑步或步行时最好不要用力抓握把杆。如果只有握紧把杆才跟得上跑台的速度，说明速度太快了。握把杆太紧往往会造成弓背、沉肩等不良姿势。

（2）开始时速度要慢，逐渐提高速度，以免从跑步机后面飞出去。停下来的时候也要注意应先将速度慢慢降低，然后完全停下来。

（3）眼睛要往前看。眼睛和头部是步行时方向的指导，脚的方向会随头的方向改变而改变，所以不要往斜前方看，更不要回头。

（4）上跑步机时，应先把紧急制动装置夹在衣服上，以免在注意力不够集中时由于远离跑步机而出现危险。

（三）台阶器

台阶器也称为“登山器”，这种器械不仅可以帮助健身者减去更多的脂肪，对心肺功能和腿部的塑形也会有好的作用。台阶器的设计原理是根据人们日常生活中爬楼梯和爬山的动作设计出来的。人们在做爬楼梯动作时，大腿前侧的股四头肌，大腿后侧肌群和臀大肌都会参与运动，但是，在台阶器上做大腿上下踩踏动作时，健身者的膝关节要比真正的爬楼带给膝盖的压力减少很多，这很好地缓解了其他运动中对膝关节带来的压力。

台阶器对很多初学者来说是不易掌握的，因为踏板会不断地下降，要支持健身者的身体质量，健身者需要不断地向上攀升。如果健身者的腿部受过伤或力量不足，最好先在其他健身器材上适应一段时间再用台阶器。

使用台阶器的注意事项如下：

（1）利用把杆来保持平衡，熟练后可放开双手，让它们自由下垂在身体两旁，这样不仅能加强心肺功能，也挑战了平衡能力。

（2）身体直立，可以稍稍有一点前倾，但不要弓背，而且不要让身体左右倾斜。左右倾斜很可能是步幅太大。肩要放松，并稍向后张，腹肌收紧。

（3）尽量把全脚掌都放在踏板上，如果踮着脚尖，小腿的肌肉会很快疲劳，缩短健身时间，达不到预期的效果。

（四）椭圆机

在很多健体俱乐部里，椭圆机的使用率甚至比跑步机都要高。顾名思义，椭圆机就是健身者在走路或跑步时，每一步经过的路线基本是一个椭圆形。椭圆机有两个踏板，它们的动作轨迹也是椭圆的，健身者在它上面运动时，感觉是在走或跑，但脚掌不离开踏板，这样使健身者既享受了步行或跑步的乐趣，又将对关节的负荷减到最小，如图 5-11 所示。

椭圆机有两种使用方法。对于初学者而言，双手握在器械中间的把手上会加强自身的稳定性，更容易掌握。而双手放在可移动的把手上，增加了上肢肌群的参与，能够消耗更多的热量，同时可以锻炼自己的协调性和平衡能力。

图 5-11　椭圆机

使用椭圆机的注意事项如下：

（1）走上椭圆机时，要从脚踏最低的一侧上去，以免发生危险；下的时候也一样。

（2）不要向后运动。有很多人认为，在椭圆机上向后运动时，可以更多地利用臀部。其实不然，两种方向都是针对大腿部分的，而且向后运动时，对膝关节的压力会增大，长此以往会对膝关节的韧带和肌腱有不良影响。

（3）尽量不要让脚掌离开踏板。椭圆机上的运动部件很多，如果脚离开踏板，可能会造成不必要的损伤，也不利于保持平衡。

第四节　客户服务

一、客户服务的概念

所谓服务，就是满足客户的需要，供方和客户之间接触的活动及供方内部活动所产生的结果。服务与硬件、软件、流程性材料一样，都是活动或过程的结果，所以，服务是一种产品。服务有使用价值、交换价值和价值，是一种商品。将服务置于市场中，以营利为目的，获得报酬，则具有交换价值。与其他通用产品不同的是，服务的特点是活动过程的结果与客户的消费同步，或者说服务在成为产品的同时就成为商品。价值是包含在商品中的人类的一般劳动。任何服务都凝聚了服务者的劳动，有的甚至是十分高级的劳动，如科技研究、管理顾问、人才培训等，服务同样是创造价值的劳动。

在这个充满竞争的经济社会，客户服务越来越重要，每个行业都有自己对客户服务工作不同的诠释和要求。健身教练的客户服务就是健身教练为了满足客户需求而所能做的一切工作。实际上，客户远不只是一个消费者，客户需要的不仅仅是获得帮助，还希望以他需要的方式来对待他，希望他的身份地位得到尊重，希望能够理解他，能让他产生一种获得服务的满足感。因此，优质的客户服务不只是要帮助客户做什么，还要根据客户本人的喜好使他获得满足，最终使客户感觉到他受到重视，并把这种好感铭刻在他的心里，成为忠实的客户。客户服务还需要有针对性地量身定制，根据客户的个性需求来定制。因为每个客户的个性需求都不一样，因此，真正的客户服务还要依据客户不同的个性特点提供令其满意的服务。

二、客户服务的特点

（1）私人教练的客户服务是由人来提供和完成的服务，接受服务的也是人。所以，私人教练的客户服务也是一种人际关系。

（2）私人教练的客户服务从硬件的健身器械设施到软件的健身课程等，都是产品的层面，客户购买的不再只是"某种商品"，还包括"满意"。健身锻炼场地和器械的配置、私人教练的专业技术水平乃至私人教练得体的服饰、健美的体形、亲切的微笑等，这些方面的服务品质都是让客户满意、吸引客户的因素。

（3）由于每位客户的健康状况、体适能水平、体型、健身目的和健身目标均不一样，所以对不同的客户采取的健身方式、方法和计划也是不一样的。

（4）私人教练的客户服务追求的是私人教练与客户双方的共同满足，并通过各种途径及方式获得双赢。

三、客户服务质量的概念

客户服务是向客户出售的特殊商品，既然是商品，就会同其他产品一样具有检验其品质优劣的标准，这个标准就称为服务质量。确切地说，客户服务质量，是指健身教练为客户提供的服务是否适合、满足客户的需要，以及是否能够满足客户需求特殊性的总和。客户服务是为客户提供的一切服务，能否适合和满足客户的共性需求和个性需求，能否受到客户的认可和赞誉，是衡量客户服务质量的好与差、优与劣的依据。客户服务质量的好与差，来自两方面的因素：一方面是物的因素，即"硬件"，包括设备设施；另一方面是人的因素，即"软件"，包括健身教练的职业道德、工作态度、专业服务技能、文化修养等，这也是提高客户服务质量的关键因素。客户服务质量的真正内涵，是客户需求满足的综合反映，是私人教练客户服务的"软件"和"硬件"完美结合的具体体现。

四、客户服务质量的特性

客户服务质量是一种客观存在的事物，与世界上其他事物一样，具有自己的特性。服务质量的特性主要表现在以下几方面。

（一）安全性

安全是人们的基本需要。健身教练在为客户服务的过程中，必须充分保证客户身体和精神不受到伤害，无安全即无质量。因此，安全性是客户服务质量的重要方面。

（二）功能性

各种不同类型的服务都有各自特定的基本功能。健身教练的客户服务功能，就是帮助客户实现健身目标。没有功能就谈不上服务，没有服务更谈不上服务质量。由此可见，功能性是健身教练客户服务质量最起码、最基本的特性。

（三）经济性

经济性是指人们支付了一定费用，要求获得相应数量和质量的服务，体现商品等价交换原则。客户购买私人教练课程之后，就会开始衡量费用开支与得到的服务是否相等，质价是否相符。

（四）时间性

时间性对于客户服务工作至关重要。当今社会，时间就是金钱，私人教练的客户服务能否在时间上满足会员的要求，是客户服务质量优劣的表现。时间性强调为客户服务要做到及时、准时、省时。

（五）舒适性

客户都希望在清洁高雅、温度适当、美观有序、器械设施齐全有效的环境中锻炼，同时，器械设施还要适应客户的锻炼兴趣、要求和习惯。当客户产生愉悦、舒适之感后，就会认为服务质量好。

（六）文明性

文明性就是要求健身教练具有整洁端庄的仪表、落落大方的言行举止、热情友善的态度。客户都希望能在自由、亲切、友好和尊重，能被理解的气氛中锻炼，享受精神文明的温馨。文明性是客户服务质量特性中极为重要的方面，它充分体现了健身教练工作的特色。

五、客户服务质量的重要性

（一）客户服务质量决定私人教练的信誉

对于私人教练来说，信誉源于高质量的客户服务。满足客户需求的程度越高，社会信誉就越好。客户服务质量的高低，客户服务工作的好坏，不仅关系到客源和经济效益，而且直接影响行业的声誉。必须高度重视客户服务质量，以优质服务赢得信誉，保证客源，这是最根本的行业之道。

（二）客户服务质量决定私人教练的生存和发展

私人教练为了在市场竞争中生存，途径固然很多，但关键还在于能否为客户提供最佳的客户服务质量。客户服务质量的高低与竞争能力的大小成正比，客户服务质量越好，吸引力就越大，就越容易在竞争中取胜。私人教练只有不断完善、充实客户服务，才能在激烈的市场竞争中立于不败之地，求得生存和发展。

（三）客户服务质量决定私人教练的工作效益

私人教练工作的效益包括社会效益和经济效益两个方面。社会效益是私人教练的社会影响力和知名度，是私人教练无形的宝贵财富；经济效益就是私人教练的工资收入。社会效益和经济效益是一个问题的两方面，它们之间相互联系、相互依存。良好的经济效益无不来自其较高的社会影响力和知名度,而较高的社会影响力和知名度必定会带来较好的经济效益。社会效益是基础,经济效益是结果。决定这两个效益的主要因素是客户服务质量。客户服务质量高,两个效益必定好;客户服务质量低,两个效益必定差。

综上所述,私人教练职业工作的关键是客户服务质量,客户服务质量的优劣直接关系到私人教练的声誉及私人教练工作的社会效益和经济效益,是私人教练职业的生命线。

六、客户服务的原则

(一)客户是我们的上帝

客户是有感情、有需求、有他们本身喜好、憎恶、嗜好和偏见的实实在在的人。为客户服务时,千万不要认为所做的一切是施恩于客户,应当认为客户能够接受我们的服务是施恩于我们,是对我们的信任。如果我们的工作受到客户的指责或投诉,说明客户对我们还有信心,希望我们的工作能够做得更好。只要我们虚心接受并改正,客户关系就还可以保持。客户的投诉实际上是给我们提供了改进工作的机会,如果客户对我们的服务不满意,却不投诉、不指责,其实是对我们失去了信心,以后一定不会续课了。应该牢记,在任何时候都不应和客户争辩。如果你与客户争辩,即使是你赢了,实际上你也是输了,因为你输掉了客户,输掉了一份收入。即使客户真的在某方面做得欠妥当,我们也应该尽量为客户保留面子,采用服务的技巧去提示客户,让客户自己纠正自己。客户有自己的健身目标,我们满足了客户的需求不仅有利于客户,也有利于我们自己。

良好周到的服务会赢得客户对私人教练的尊敬、钦佩与赞美,会使客户再续课。只有这样,私人教练才会有好的社会形象,才会有自豪感,才会有好的收入,才会有满足感、成就感和自我价值感。

(二)客户永远是对的

私人教练必须树立客户服务的意识,最根本的一条就是客户至上,即"客户永远是对的"。它既包含了服务意识,又包含了客户意识。在现实生活中,客户也不永远是对的,只是我们在服务过程中假定客户总是对的。即使客户在某些方面是错的,也应礼让客户。客户来锻炼不仅仅是为了实现健身目标,很多时候是为了在人际交往中感到亲切,显得高贵。这种高贵靠什么来实现呢?就靠我们真诚的服务。在服务工作中,只要客户感到自己已经受到尊重,其余的不足之处都能够得到他们的谅解。相反,尽管私人教练兢兢业业地工作,但是只要有一件小事伤害了客户的自尊心,之前所有的努力都有可能会付诸东流。当然,"客户永远是对的"是有条件的,那就是在不违反国家法律、法规原则下的"礼让"。如果客户有违反国家法律的行为,则应交由执法部门处理。

私人教练的目标就是向客户提供最佳的服务,客户是利润和经济收入的来源,奉行"客户永远是对的"的信条,是私人教练生存与发展的重要基石。

七、客户服务的方法

(一)了解并满足客户需求

每个客户都希望自己是被欢迎的、被重视的和受到尊重的,这就是客户的情感需求,即客户心理上的满足感。另外,客户总是带着一些很具体、很实际的问题来,例如,身体肥胖的想要减肥;身体过瘦的想增加体重和增肌;体适能水平下降了想要恢复和提高等,这是客户的实际需求。实际需求是客户在短期或一定期限内需要得到解决的问题。每个客户都有两种需求,即情感需求和实际需求,我们应将为客户服务的重点放在满足每位客户不同情况的两种需求上。

为了满足客户的情感需求,私人教练的客户服务应具有更多的人情味。作为私人教练,时刻能以尊重的态度去和客户打交道,能让客户在与你的交往中感到舒服、开心,在客户恼怒或不开心时让他们感觉好一些。这就是我们对客户服务最基本的要求。这时,即使其他的事情都还没有做,你也已经为客户提供了一种服务,这是一种心理层面的服务。这需要私人教练具有良好的个人修养、气质、性格和心理素质,是私人教练职业道德、文化素质及敬业精神的高度体现。满足客户情感需求的服务必须在轻松的氛围中进行。因此,作为私人教练,首先要学会如何营造舒服的服务环境和气氛。善解人意的倾听、恰如其分的赞美都是非常有效的方法。同时,私人教练较强的专业能力及敬业精神也会让客户感受到尊重与关心,使客户从心理上感受到自尊与满足。

满足客户的实际需求就是要帮助客户解决他们自己难以解决的实际问题,也就是客户在其相应的消费水平中应该得到的由健身教练必须提供的服务。作为私人教练,必须为客户提供有效的服务,必须尽心尽力地去帮助客户,解决他们各种各样的实际问题。要通过服务使客户得到具体的、有形的收获。满足客户的实际需求是私人教练客户服务的必要因素。

如果我们没有达到客户的实际需求,那么客户最终会离开;如果我们没有满足客户的情感需求,他会离开得更快。如果你是那种做事快、效率高的人,你可能需要特别注意的是,要在满足客户的情感需求方面下一些功夫,目的是让你的客户真正接受你的服务,令客户满意。

(二)建立和谐、稳定的客户关系

(1)尊重和重视客户:尊重和重视客户是私人教练建立和谐、稳定客户关系的基础条件。拥有忠实的客户群,是一个私人教练成功的必要因素。私人教练需要重视任何一位客户,让客户感受到满意的服务。这样,不但可以留住原有的客户,也可以发展潜在的客户。当出现客户投诉时,我们先要认真地聆听客户反映的情况,安抚客户的情绪。如不能马上解决的问题,必须仔细记录,跟进解决。必须重视客户反映的任何问题,并及时地为客户解决,这样才能避免在激烈的市场竞争中流失客户。

(2)保持良好的沟通:保持良好的沟通可以帮助私人教练与客户建立互相信任的关系,这也是建立和谐、稳定客户关系的重要手段。在与客户的沟通中,对客户保持热情和友好的态度是非常重要的。客户是希望得到重视、得到帮助的,我们要设身处地为客户着想,体会客户的感受，重要的是在沟通当中要始终保持冷静和热情友好的服务态度。如果在几次沟通中，私人教练给客户的印象是不好的，那么这个负面的印象就会影响客户对私人教练的看法及信心。当客户态度不好时，我们也要保持冷静、耐心和热情的服务态度，务求令客户感到满意。客户往往对于健身知识不很了解，期望值过高，主观上认为参加健身锻炼就应当达到某种神奇的效果，一旦实际的健身效果与期望值相差甚远，就会不满。因此，私人教练要经常与客户沟通，讲解健身知识，使客户理解科学健身的道理。另外，私人教练在介绍健身课程时，也要实事求是，不可夸大锻炼效果，避免客户产生很高的期望值，一旦达不到效果，就会感到受了欺骗。因此，在介绍健身课程时，要将过程以及可能出现的问题、训练方法和计划尽量解释清楚，以防客户误解。私人教练应随时与客户保持联系，及时发现、消除易使客户关系发生问题的隐患。

（3）端正服务态度，以服务为目的：端正服务态度，以服务为目的也是建立和谐、稳定的客户关系必须做到的。作为私人教练，我们工作的本质就是为客户服务。如果我们将客户服务工作看作一件麻烦的事情，那么我们对待客户的态度肯定是不友善的，也就不可能给客户提供优质的服务。我们必须为客户解决问题，而不是敷衍客户、应付这份工作，在每次私人教练课程之前，私人教练都要认真地准备训练计划，询问、观察客户的身体状况和反应，发现问题及时向客户解释原因，并做出必要的调整和处理。在私人教练课程中，更要始终保持对客户的关注。实际上，这一点就是要求私人教练在客户服务过程中严格遵守私人教练的职业规范。

思考题：

1. 什么是私人教练？简单描述私人教练的执业范围。
2. 力量训练和心肺训练的好处分别有哪些？

第六章　游泳馆运营管理

第一节　游泳馆概述

游泳馆是主要进行游泳、跳水、水球等水上运动的体育建筑。在古代，室内游泳运动常同沐浴、游乐活动结合在一起，豪华的古罗马浴场起着游泳馆的作用。在现代，世界各国都建有游泳馆，著名的有日本东京代代木国立综合体育馆中的游泳馆、德国慕尼黑奥林匹克中心的游泳馆。

一、游泳馆的分类

游泳馆（池）按功能可分为比赛馆、训练馆、室内公共游泳池和家庭游泳池四种。比赛馆供游泳、水球、跳水等项目竞赛和表演用，设有看台，平时供训练用；训练馆专供运动员训练用，有游泳和跳水设备，只设少量观摩席，不设看台；室内公共游泳池（见图 6-1）供公众锻炼、游乐、休息、医疗用，布置比较灵活；家庭游泳池面积不应小于 25 m^2。

游泳馆可单独建造，也可与其他体育设施共同组成综合体育中心，或附建于学校、旅馆、公园、健身房等处。

图 6-1　室内公共游泳池

（1）建筑布局要考虑运动员、观众和管理三部分功能分区，人流路线应互不干扰。

（2）比赛馆的看台一般布置在比赛池和跳水池的一侧或两侧，注意防止水面产生眩光。

（3）游泳池有比赛池、练习池、跳水池、水球池、综合池、儿童池、海浪池等，还有跳水、比赛、水球合用的池。比赛池的国际标准尺寸为长 50 m，宽不小于 21 m，水深 1.8 m 以上，池内设 8 条泳道，并装设出发台、自动计时器、浮标、道绳和观察窗等。跳水池的尺寸取决于跳台类型。跳台高有 3 m、5 m 和 10 m 三种。水深取决于跳台、跳板的高度。游泳池池身结构应坚固耐久，不渗漏，尺寸须符合标准，各种设备和建筑处理须确保游泳者的安全。池身一般用钢筋混凝土结构，简易池也可用砖石结构，有些小型池还可用铝合金结构或在混凝土、钢、木制池壁内侧铺装塑料里衬。游泳馆室内空气湿热（池水温度为 24 ℃~29 ℃，室内温度 25 ℃~34 ℃），且含有大量氯化物，比赛厅还要同时满足观众和运动员的不同需要，因此，对空调要求较高。在寒冷地区要考虑防止围护结构表面结露和各种构件材料的腐蚀。

（4）降低室内噪声，做好音响处理，缩短混响时间，改善音质，创造良好的声学环境。

（5）使用符合卫生标准的池水。水处理可用循环过滤供水系统，将已污染的池水持续抽出，经净化、消毒、加温后再排回池中；小型池也可采用对人无害的药物灭菌和沉淀吸污的方法。

国家游泳中心又称“水立方”（Water Cube），位于北京奥林匹克公园内，是北京为 2008 年夏季奥运会修建的主游泳馆，也是 2008 年北京奥运会标志性建筑物之一。它的设计方案，是经全球设计竞赛产生的“水的立方”（$[H_2O]^3$）方案。其与国家体育场（俗称鸟巢）分列于北京城市中轴线北端的两侧，共同形成相对完整的北京历史文化名城形象。国家游泳中心规划建设用地为 62 950 m^2，总建筑面积为 65 000~80 000 m^2，其中地下部分的建筑面积不少于 15 000 m^2，长、宽、高分别为 177 m × 177 m × 30 m。2008 年奥运会期间，国家游泳中心承担游泳、跳水、花样游泳、水球等比赛，可容纳观众座席 17 000 个，其中永久观众座席为 6 000 个，奥运会期间增设临时性座位 11 000 个（赛后拆除）。赛后成为具有国际先进水平的、集游泳、运动、健身、休闲于一体的中心。

二、健身房游泳馆的优势

目前市场上常见的游泳馆是经营性游泳池，是城市里为市民提供游泳、健身、娱乐的营利性场所，包括体育馆的游泳池、健身房的游泳池、温泉度假村及水上乐园等。随着经营性的游泳馆数量成倍增长，游泳馆的设施特殊性及游泳运动本身的安全问题，影响着游泳馆的日常营业，需要我们在游泳馆的服务与管理方面进行加强。人们的物质生活水平在提高，对于舒适的要求也越来越高，大多人希望能够在夏季享受舒适游泳，也希望在寒冷的冬季享受温度舒适的游泳环境，因此，很多人都选择健身房游泳馆。

（1）不受紫外线的灼伤。炎热的夏季，紫外线的伤害更加猛烈，皮肤被严重晒伤，长时间不能恢复。健身会所的恒温游泳池，可以做到完全避免紫外线伤害，不用再担心炎炎夏日。

（2）泳池水恒温为 26 ℃~28 ℃。普通游泳池采用的都是冷水，由于水温低（冬天水温为 0 ℃~10 ℃，夏天为 10 ℃~20 ℃），能在冷水中游泳的人不多，特别是儿童，患上感冒的可能性非常大。恒温游泳池，通过加热设备加温，常年保持 26 ℃~28 ℃，适合人体的温度，使游泳感冒的风险降低。

（3）不受天气影响。阴天下雨和寒冬季节，露天泳池歇业，游泳者也不愿去游泳，但健身房恒温游泳池，可以避开露天游泳池带来的诸多问题。

（4）游泳池水净化消毒。水中细菌种类非常多，经常引发大量疾病（包括皮肤病、结膜炎、中耳炎、鼻窦炎、尿道炎、腹泻等）。健身房恒温游泳池，配备专业的水处理设备，包括水质监测设备、净化消毒设备等，可以随时随地监测水质，自动化处理。经过净化消毒后的水质，能达到国家卫生许可标准。

第二节　游泳池安全管理

游泳馆是健身娱乐的重要公共场所。为了更充分、安全地使用游泳池，正常、顺利地开展健身运动，满足广大顾客健身的需求，应遵守开放活动时间的秩序，防止人员事故的发生，保障游泳爱好者的人身安全。经营性游泳馆的安全管理关系着游泳馆自身的发展，以及游泳运动的普及。进行安全宣传，聘任专业的救生员，维护游泳池卫生，是规避安全风险的主要途径。因此，每个游泳馆要明确安全管理的重要性，并制定一系列关于安全、卫生、水质、设施器材、救生员、溺水事件应急、游泳开放以及场所流程等管理制度。这些制度的有效实施，才能保证游泳馆的顺利经营和开放。

一、安全管理制度

（1）游泳池开放时间由专人管理，非开放时间禁止进入游泳池。要明确救生主管是游泳馆安全第一责任人。

（2）新入职的员工应当在入职之日起 7 日内，由游泳馆救生主管负责实物操作培训，在新员工转正记录表内进行实操内容的培训记录和员工表现等内容的填写，并存档备查。

（3）游泳馆内的标识标牌应当齐全上墙，并完好无损。如有损坏，依照市场部物料上报制度及时上报制作。《高危险性体育项目经营许可证》（见图 6-2）应悬挂在醒目位置。

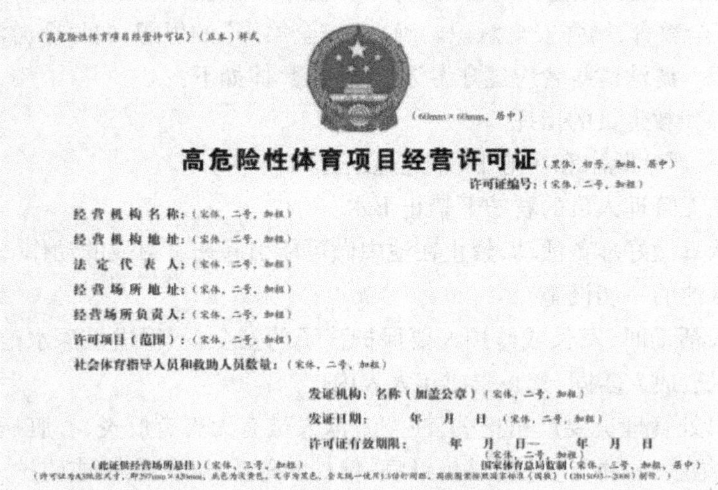

《高危险性体育项目经营许可证》（正本）样式

（60mm×60mm，居中）

高危险性体育项目经营许可证（黑体，初号，加粗，居中）

许可证编号：（宋体，二号，加粗）

经营机构名称：（宋体，二号，加粗）

经营机构地址：（宋体，二号，加粗）

法定代表人：（宋体，二号，加粗）

经营场所地址：（宋体，二号，加粗）

经营场所负责人：（宋体，二号，加粗）

许可项目（范围）：（宋体，二号，加粗）

社会体育指导人员和救助人员数量：（宋体，二号，加粗）

发证机构：名称（加盖公章）（宋体，二号，加粗）

发证日期：　　年　月　日（宋体，二号，加粗）

许可证有效期限：　　年　月　日—　　年　月　日（宋体，二号，加粗）

（此证供经营场所悬挂）（宋体，三号，加粗）　　国家体育总局监制（宋体，三号，加粗，居中）

（许可证为A3纸张尺寸，即297mm×420mm；底色为浅黄色，文字为黑色，全文统一使用1.5倍行间距，国徽图案按照国家标准《国徽》（GB15093—2008）制作。）

图 6-2　高危险性体育项目经营许可证

（4）配有可正常使用的消防器材和应急灯，经常检查电器设施，确保电器设施的安全正常和有效使用。对于消防器材和应急灯等游泳馆的日常设备维护，应当进行每周例行检查，并附表记录备查。

（5）由本场所负责人、救生主管、场务组长组成安全管理小组，负责贯彻有关公共场所安全管理的法规，承担游泳场所的日常安全管理，维护游泳场所的日常秩序。

（6）深水区、浅水区有明显的标志，游泳池周边设有宣传牌、警告牌和管理工作的告示牌（如救助人员衣着标识统一、水深水浅、更衣室、救助区、儿童池、紧急电话、安全宣传标语、禁止标识等，见图 6-3），并设有广播设施及救护观察台，救护器材齐备，并有效使用。

图 6-3　公共游泳池警告牌

（7）严禁携带枪支、弹药、易燃易爆等危险物品和管制刀具进入游泳。

（8）禁止向游泳人员出售含酒精的饮料，禁止醉酒者进入游泳场所。

（9）加强安全教育，增强安全意识。确立“安全第一”的思想，向每个游泳健身者宣传游泳安全卫生常识。游泳健身者应遵守游泳馆规定，具体如下：

①听从教练和救生员的指挥。

②安全第一，严禁跳水和在池中、岸边追逐打闹。

③初学者在无管理人员的看护下禁止下水。

④游泳前认真做好准备活动，禁止在池中做可能引起伤害事故的动作。

⑤爱护游泳池的一切设施。

⑥未成年人活动时，家长或监护人要保护孩子的安全，不得进入深水池，不得在池边追逐、打闹。无家长、成人陪同，禁止未成年人入内。

⑦场所入口处管理员要严格把关，注意游泳人员有无患有肝炎、心脏病、皮肤病、性病、严重沙眼、急性结膜炎、中耳炎、肠道传染病、精神病等疾病；无家长或监护人陪同的未成年人，坚决阻止，禁止入内。

⑧严格控制场内人流量，绝不能超出核定人数，防止事故发生。

⑨场所出现人员溺水、严重打闹等事件，要及时保护、控制现场，抢救人员，疏散人群，拨打“120”急救电话。

二、游泳池卫生管理制度

（一）卫生管理制度

（1）公共场所卫生许可证（见图6-4）悬挂在明显位置。工作人员每年须进行体检，持健康合格证（见图6-5）才能上岗工作，健康合格证办理由公司统一负责。每周应当有一次固定班前会接受卫生知识培训，并将培训过程进行记录。

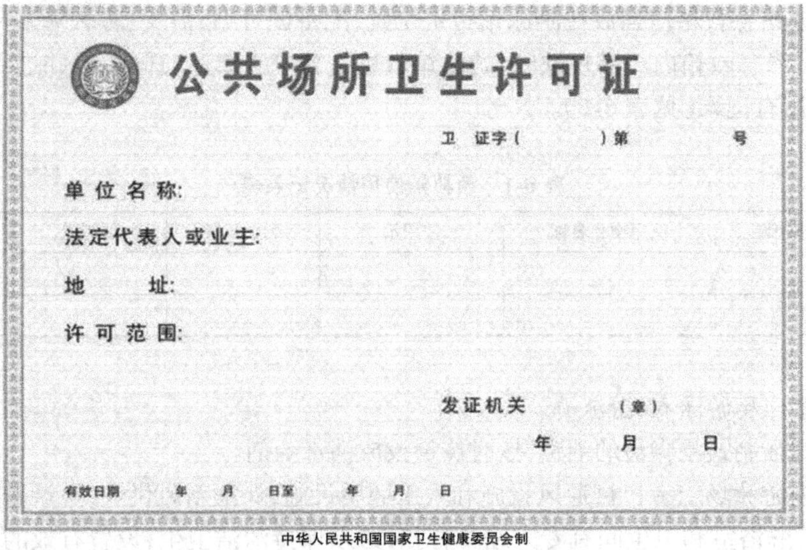

公共场所卫生许可证

卫　证字（　　）第　　号

单位名称：

法定代表人或业主：

地　　址：

许可范围：

发证机关　　（章）

年　月　日

有效日期　年　月　日至　年　月　日

中华人民共和国国家卫生健康委员会制

图6-4　公共场所卫生许可证

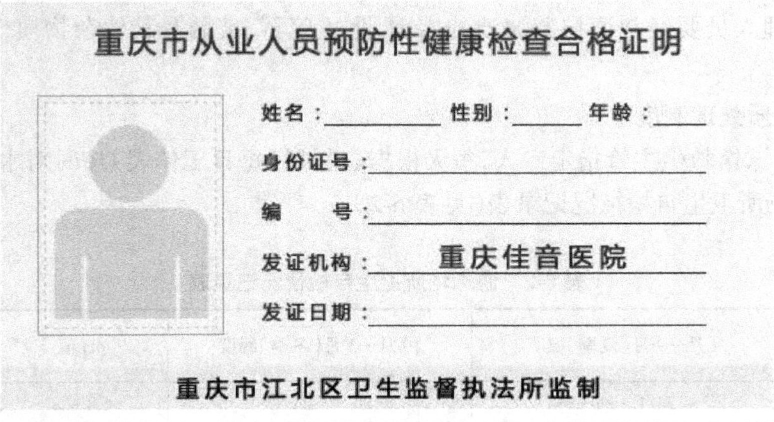

重庆市从业人员预防性健康检查合格证明

姓名：　性别：　年龄：

身份证号：

编　　号：

发证机构：重庆佳音医院

发证日期：

重庆市江北区卫生监督执法所监制

图6-5　健康合格证

（2）严禁患有肝炎、心脏病、高血压、皮肤癣疹（包括脚癣）、重症沙眼、急性结膜炎、中耳炎、肠道传染病、性病、精神病者及酗酒者入场游泳；该项制度，游泳馆全部工作人员都有义务履行。

（3）游泳者更衣后须经保持余氯 0.6 mg/L 的水池浸脚、消毒池洗脚，淋身后才可光脚上池面，不得穿任何鞋上池面，以免污染池水。

（4）救生人员和保洁人员每天将游泳馆内打扫一遍，并全面巡回保洁；随时消除水中污物，每天停场后彻底清扫池边走道、出发台、厕所、淋浴室和更衣室。保持室内外环境整洁卫生，室内无积尘，地面无痰迹和垃圾。加强自然通风，机械通风设施保持正常使用，空调器（系统）定期清洗消毒。要有防蝇、蚊、蟑螂、鼠害的设施，张贴禁烟标识，经常检查设施使用情况。

（5）游泳馆急救箱应当放在游泳馆指定位置，配备创可贴、消炎、防暑降温药物，为游泳者提供服务；当急救箱内药品短缺时，游泳馆救生主管应当第一时间上报并进行购买填补。要做到有使用有记录（见表 6-1）。

表 6-1　急救箱使用情况记录表

日期	原因	使用物品名称	使用量	剩余数量	使用人	备注

（6）严禁出租游泳衣、游泳裤。

（7）做好强制式浸脚池的消毒，按时按量投放消毒药剂。

（8）室内游泳场应有机械通风设施和人工照明设施，保证新风供应，空调器定期清洗消毒。更衣室、淋浴室和卫生间有专人经常打扫，必须保持清洁卫生，设置有效的独立的排气装置。

（9）定期进行全面彻底的清洁与经常进行的药物处理相结合，保障游泳场所的清洁卫生。相关管理人员要经常清扫游泳池的周围，防止碎石、玻璃及其他杂物损伤人体或影响水质。

（二）水质处理制度

（1）由游泳馆救生主管指定专人，每天根据《游泳馆每日工作表》按时对水质进行检查，并填写游泳场所卫生自检情况记录表（见表 6-2）。

表 6-2　游泳场所卫生自检情况记录表

设施名称	4 月—9 月（夏季）温度	10 月—3 月（冬季）温度	pH 值	氧化还源电位（ORP）
游泳池	24 ℃ ~26 ℃	26 ℃ ~28 ℃	6.8~7.8	650~800

（2）每天在开馆或者闭馆后对水质进行处理，确保细菌数、透明度和余氯含量符合国家卫生要求（见表 6-3）。

表 6-3　游泳池水质国家卫生标准

pH 值	浑浊度	耗氧量	尿素	余氯	化合性余氯	细菌总数	总大肠杆菌	有毒物	水温 /℃
6.8~7.8	小于等于 5	不超过 60 mg/L	小于等于 3.5 mg/L	游离余氯不超过 0.3~0.5 mg/L	不超过 0.1 mg/L	小于等于 1 000 个	小于等于 18 mg/L	参照《工业企业设计卫生标准》	室内训练地 25/27

（3）当班救生员在每天开馆前负责游泳池的水质监测，营业期间保证每 2 h 监测一次，余氯控制为 0.3~0.5 mg/L；统一采用专业余氯 pH 值监测仪测试，pH 值必须保持在 6.8~7.8。

（4）浸脚消毒池池水于每日 10 点、14 点、18 点进行更换，余氯含量应保持为 5~10 mg/L，并填写更换记录备查（旺季增加次数）。

（5）每日 14 点、18 点由轮岗救生员使用镜面测量法测量水下能见度，要求不低于 10 m。

（6）每日检查一次砂缸压力表并记录，10 kPa 左右为正常（过高原因：一是循环泵功率太高，过滤速度太快，效果不好；二是砂缸里脏了，需要反冲洗。过低原因：检查砂子量是否不足）。

（7）当班救生员负责游泳馆池水清洁和消毒，水池水通过过滤循环，把杂物过滤到砂缸随水管排放，砂缸需要每周进行清洗确保正常的循环过滤，在旺季或者人流量过大等特殊情况下，应当每三天对砂缸进行清洗（反冲洗，一周一次）。

（8）在循环水消毒器中及时加消毒药，在水循环的同时把水中细菌杀死，起到消毒作用。投加量 = 游泳池容积 × 所需升高值 ÷ 所投加药品氯的含量（单位为 g）。

（9）定期进行换水，在换水的同时用消毒水将池底及四周彻底刷洗，保证绝对干净，无杂物及沉淀物之后，方可进行换水。旺季：每天更换池水的 10%，吸尘至少一个月 4 次；淡季：每天更换 5%，吸尘至少 1 个月 2 次。小池半年换一次（6 月中旬或月底、春节放假），大池全年换一次（春节）。

（10）每天清洗两次循环泵过滤网，保证水循环过滤正常。

（11）池面日常维护：每天在开放前应吸尘及清理池面杂物。

（12）每天用消毒水浸泡过的抹布统一擦拭一遍水池边，保证卫生标准。

（13）日常水质卫生工作流程（早上测水质、水温，补水，加药、加温）：

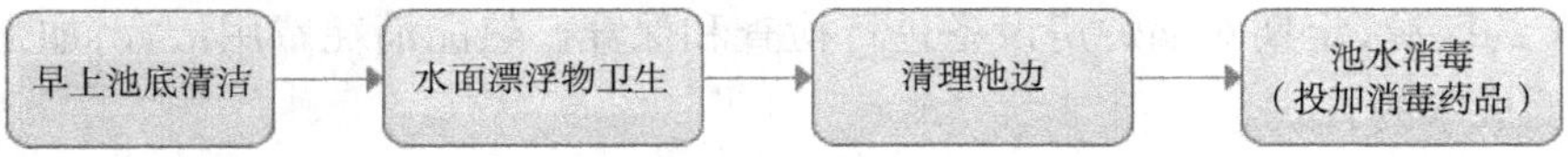

（14）吸尘处理流程：

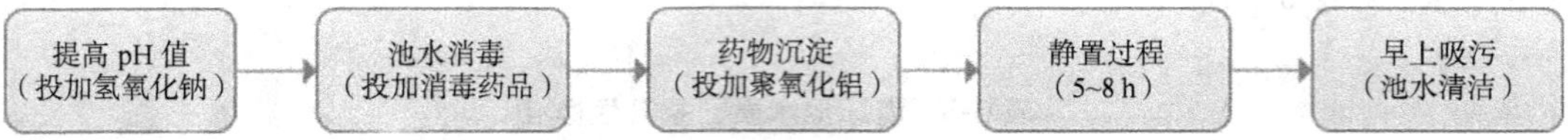

（15）以上全部工作流程应当有书面记录备查（见表 6-4）。

表 6-4 游泳池水质监测处理记录表

日期	水质处理时间（吸尘）	反冲洗时间	消毒药投放量	硫酸铜投放量	片碱投放量	检测人	循环时间	备注
游泳池负责人或运营负责人签字： 时间：								

（三）设施器材管理制度

（1）定期检查游泳池各护栏及拉杆有无松动，若有，应当立即通知相关部门，相关部门接到保修应及时给出处理意见并修复完毕。

（2）专用器材（救生员救生杆、救生圈、急救箱、救生椅等）做到专人专用（见图 6-6），并由使用者维护保养。新风、排风、空调、灯光的开启由专人负责。管理人员随时对器材保养情况进行检查。

图 6-6 专用器材

（3）未经允许，器材不得出借，各自做好保管工作。

（4）节约能源，定期对锅炉房设备进行检查和保养。热能消耗费用最大，加强日常管理是唯一降低成本的方式。

（5）水处理设备是游泳馆最重要的设备，维护管理要求较高。水质处理员对药剂申购、领用、使用等工作都要做好详细的记录。要通过使用，不断提高使用率。水处理设备保养要求极高，要定期保养砂滤缸、感应器、表具、阀门等，保证工作正常。

（6）常见故障处理如下：

①吸不上水：检查吸水管是否漏气；检查滤净器是否有杂物堵塞，安装位置是否准确；锁紧滤净器上盖；锁紧所有吸水管的连接件；更换泵的密封垫圈；打开滤净器，灌水；打开所有的阀门，清洗滤净器，拆开水泵，清除堵塞物。

②电动机不转：检查电源开关；检查保险丝和断路器；检查控制箱电动机线路；泵卡住时，应关掉电源，用手转动泵的联轴器，若转动不自如，需检修泵。

③流量降低：检查过滤器是否堵塞，若过滤器压力表压力很高，比正常运行压力高 7 kPa 左右，需进行反洗；检查滤净器滤网是否堵塞，清洗滤网；检查吸水管是否漏气；检查阀门开关、管路是否堵塞；检查泵叶是否反转，若是，应调换三相动力线中的任何两根线；检查发动机是否过热；检查工作电压是否正常。

④泵流体噪声大：检查吸水管是否漏气，回水有无气泡，修理可能漏气的部位、吸水管件、滤净器等；清除堵塞物，加大吸水管；检查滤净器滤网是否干净，阀门是否都全开；拆开泵，排除泵叶轮上的外来物；适当关紧出水阀门增加出水管压力，减少出口流量。

⑤电动机过负荷装置跳闸：检查线路是否连接错误；用万用表检测电源是否缺相；电动机运行电流是否超过额定电流；热继电器的整定值是否合适；检查泵轴是否有卡住叶轮或叶轮不符合规格，若有，拆除处理。

要保护游泳场所的各种设施，延长游泳池的使用寿命，提高游泳池的使用率。

有关管理人员和救护人员必须经常检查器材的使用和损耗情况，及时向管理部门汇报以做相应处理。

做好日常记录，详细登记游泳馆日常设备巡查维护记录表（见表 6-5）。

表 6-5　游泳馆日常设备巡查维护记录表

日期	机房锅炉巡查维护	是否正常	维护人	备注
游泳池负责人或运营负责人签字：　　时间：				

（四）救护人员管理制度

（1）救护人员（救生员、急救人员）和有关工作人员按时到岗，认真履行职责。做到开放前认真检查器材设备，放置各种救生器材，熟悉水域情况。深水区和浅水区之间要设置明显的警示标志。

（2）提高责任感，防止突发事件。

（3）牢牢树立安全意识，把保障游泳者的安全放在首位。营业时间内由救生员负责游泳者的安全，严格执行游泳救生常规。

（4）救护人员需由专业人员经培训后获取职业资格证书（见图 6-7）方能上岗，规定明确的职责，并佩戴特定标志——服装、袖标和标志帽（见图 6-8）。加强救生技术的学习，定期参加专项技术训练，如抛圈、水中解脱、水中负荷拖带、人工呼吸等，不断提高救护水平，以便更好地完成救生任务。

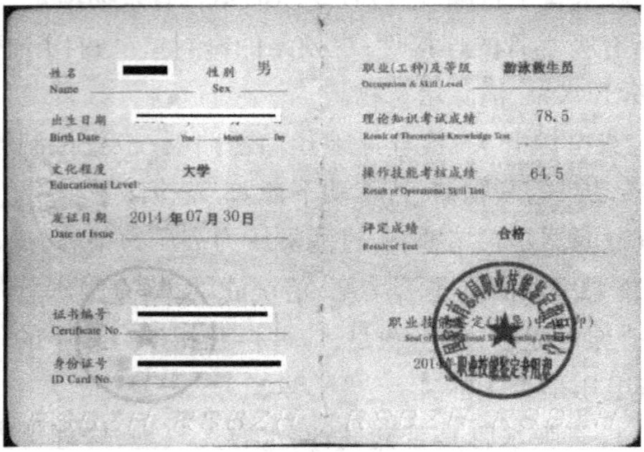

图 6-7 救生员证

图 6-8 游泳救生员及其服装

（5）救护工作应以预防为主，确立有备无患、安全第一的思想，具有高度的安全意识责任感，对游泳者的安全负责。

（6）自觉遵守各项制度，不迟到、早退。提前 5 min 到岗。工作中保持思想高度集中，全面观察，注意事故苗头，把事故消灭在萌芽状态；遇到突发事故，要行动迅速、机智果断、勇于救生，敢于负责，将减轻溺水者的痛苦看成自己应尽的职责。做好清池工作，发现问题及时上报，妥善处理。

（7）做好游泳者的安全管理，严格按儿童池、成人池、深水区、浅水区的规定进行管理，对越界和不服从劝阻的游泳者进行警告，警告无效的可清除出场。

（8）密切注意池内情况，特别是入池口，深浅分界区、成人池与儿童池交界区等；发现有求救信号、遇溺等异常情况的，应果断迅速采取有效救助措施。

（9）上岗时佩戴救护人员标志、穿好救生服、佩带好口哨、救助用工具，并提前 20 min 到岗，将池内警示牌、桌椅、太阳伞、过脚池、循环系统、地面卫生等清洁干净、打开、摆放好。

（10）应在规定的岗位责任区上岗或巡岗（见图 6-9），严格一人一岗，严禁上岗时下水游泳，不得擅自离岗、并岗、在岗上看书报、闲谈、打瞌睡、饮酒等，有事离岗要告知同池值班救生员（只限于身体不适和两便），并要在 15 min 内返回。

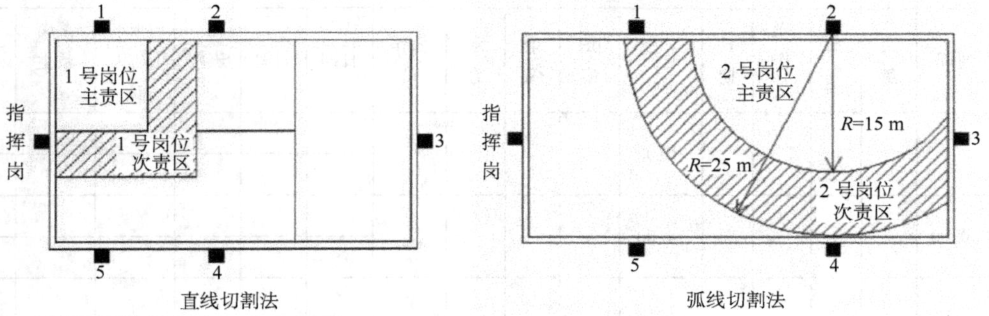

图 6-9　救生员分布图

（11）严禁穿内衣、内裤及浅色游泳衣者入池，严禁没有冲洗过的游泳者入池，严禁穿鞋到池边或在池边吸烟、吃食品。

（12）救生员下岗后，必须清查负责的水区域。巡视游泳池一周，确保安全后，方可离开池边。

（13）做好日常记录，详细登记游泳场所卫生自检记录表（见表 6-6）和救生员每日工作记录表（见表 6-7）。逐次填写游泳池的管理日志，记录使用时间、气温、水温、水质变化、游泳人数、突发事故、过滤机的运转情况及其他维护管理等情况。

表 6-6　游泳场所卫生自检情况记录表

开放情况	开放场次 / 场		气象情况	天气情况（晴、阴、雨）	
	游泳人数 / 人次			空气温度 /℃	
	救生员人数 / 个			池水温度 /℃	
	售票员签字			检测责任人签字	
水质情况	pH 值（6.8~8.5）		清洁卫生情况	游泳池清洁（随时清洁）	
	浑浊度（0~5 度）			浸脚池（每 4 h）	
	游离余氯（0.3~0.5 mg/L）			池边走道及跳板（每日一次）	
	加消毒药量 /kg			厕所（每日一次）	
	加硫酸铜量 /t			淋浴室（每日一次）	
	每日加水量 / 吨			更衣室（每日一次）	
	监督所监测情况			工作实际环境卫生（每日一次）	
	监督负责人签字			清洁负责人签字	
游泳安全情况			此三栏由游泳池负责人填写		
传染病情况					
治安情况					
备注					
游泳池负责人签字：					

表 6-7 救生员每日工作记录表

浸脚池					水质监测						救生员交接表					
日期	时间	余氯	水位	操作员	日期	时间	pH值	余氯	水温	操作员	日期	时间	班次	换岗救生员	接岗救生员	备注
						10:00										
	10:00					14:00										
	14:00					18:00										
	18:00					22:00					交接班人员填写好数据告知接班人员					
游泳池负责人或运营负责人签字：						时间：										

（14）遇上雷、雨天气或其他不利于游泳者安全的特殊情况应及时清场，将游泳场关闭（适用于室外游泳池）。

（15）对违反游泳池其他管理规定的游泳者，应予劝阻、警告，对不服从管理的可清除出场。

（16）做好水的净化处理工作，熟悉循环过滤系统的使用。

（五）溺水事件应急处理预案

1. 预案适用范围

游泳馆范围内发生的安全事故。

2. 游泳场所应急处理小组

（1）应急处理组长：健身房或游泳馆总负责人。

（2）应急处理副组长：游泳救生主管。

（3）秩序应急处理负责人：健身房或游泳馆运营经理 / 运营主管。

（4）现场应急处理救生员：2~3 人。

3. 应急处理小组的主要职责

游泳馆发生突发安全事故后，现场应急处理成员必须上报应急处理组长、正副组长及相关责任人立即到达现场进行调查处理。相关应急处理人员必须服从组长指挥和统一安排，协助突发事故的简单应急救助，保护事故现场、做出紧急避险措施、控制现场局势及保证客人安全等工作，及时向上级领导报告突发事件及现场情况。

4. 溺水、伤亡事故处理预案

（1）游泳者因溺水、外伤或突发性自然灾害引发的严重伤亡事故，除进入现场抢救人员外，其他人员必须坚守岗位。待岗休息人员，按原岗位全部上岗，做好安全撤离工作。

（2）值班领导应迅速判明事故严重程度，按以下预定方案做出正确处理，切忌因慌乱而指挥失误，以免导致更严重的后果。

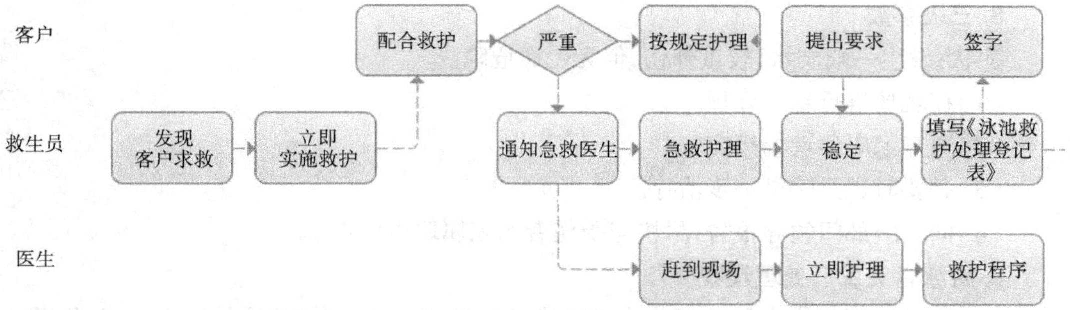

（3）发生紧急情况时各部门的分工：现场应急处理的救生员负责现场抢救；秩序应急处理负责人维护场内外的秩序，并疏散围观游泳人员；应急处理组长负责对外联系和安排工作。

5. 事故处理

游泳馆发生事故时，管理人员及员工应镇静，不慌乱，及时了解事故发生的经过，将已采取措施和发展趋势等内容做好详细记录，同时协助医疗抢救人员做好事故处理和伤员抢救工作。根据情况主要完成下列任务：

（1）暂停游泳场所发生危害健康事故的区域，控制事故现场，防止事态扩大，尽量将危害降低到最低。

（2）协助医疗卫生机构救治遭受或者可能遭受急性危害的人员。

（3）协助派出所民警对事故地点进行现场录像、照相、勘验，提取与事故有关的证据，并陈述当时现场情况，协助执法部门尽快查明事故发生的经过、原因、人员伤亡情况和程度。

（4）讨论分析事故责任，根据卫生监督机构提出的卫生监督意见书提出防范事故再次发生应采取的改进措施，对事故责任人追究责任。

（5）以书面报告形式向上级领导汇报，再由公司向各职能部门汇报该次公共场所的事故经过、原因、人员伤亡情况、内部处理情况和整改措施等。

6. 一级事故

症状：游泳受伤者出现意识丧失，瞳孔放大，呼吸、心搏消失或死亡症状。

（1）除现场技术人员外，所有人员一律坚守岗位，如情况危急，立即终止开放场所。

（2）应就地进行开放气道、人工呼吸、胸外按压等心肺复苏的现场急救。

（3）迅速拨打“120”，联系救护车转送医院抢救（转运途中应分秒必争地继续施救）。

（4）立即向上级主管部门领导书面报告，并迅速与受伤者家属取得联系。

7. 二级事故

症状：游泳受伤者出现昏迷状态，呼吸、心搏微弱，严重外伤，骨折，大出血，有生命危险。

（1）除现场急救人员外，其他人员一律坚守岗位。

（2）应立即施行心肺复苏、止血包扎、骨折固定等现场急救。

（3）迅速拨打“120”，联系救护车转送医院抢救。

（4）向上级部门领导报告，尽快与受伤者家属取得联系。

8. 三级事故

症状：发生一般溺水，较重外伤，但无生命危险。

（1）在现场进行急救处理。

（2）通知家属到现场接应。

（3）必要时送医院进一步治疗。

（4）向上级部门领导报告，尽快与受伤者的家属取得联系。

9. 游泳者突发病处理预案

（1）当游泳部工作人员发现游泳者突然发病时，应立即通知游泳救生主管，并将游泳者安置到救护场所。如有救护能力应及时实施救护。未能确定病因前，不得随意移动游泳者。

（2）游泳部救生主管第一时间赶赴现场并组织现场救护，如病情严重，拨打急救中心电话，或将病人护送至医院。向上级部门领导报告，尽快与其家属取得联系。

（3）游泳馆工作人员应在正式入职后接受常见病、突发病的紧急救护方法和注意事项的培训，并由组织每月进行考核，使员工具有护理突发病人的能力。

10. 现场急救处理步骤

由经验丰富且拖带技能成熟的救生员下水拖带，另一个救生员在池边做好辅助工作，等把溺水者拖带上岸以后，由经验丰富的救生员检查判断溺水者是否属于心肺复苏对象。

（1）不属于心肺复苏对象的事故处理。按照传统方法掐人中穴位，另一位救生员负责拨打“120”→通知上级领导→回到游泳池负责维持秩序，情况特殊可以清场→等待“120”急救人员到场。事后应准确记录事故发生的时间及原因。

（2）属于心肺复苏对象溺水事故处理。发现溺水者，应立即抢救上岸，倒水，清除口腔异物（如有假牙应摘除），舌头后坠者应拉出。将溺水者放置适当体位，检查清醒度，检查瞳孔是否放大。畅通气道，如呼吸停止，应立即施行人工呼吸。检查颈动脉，如无搏动，应立即施行胸外心脏按压。迅速拨打“120”，联系救护车转送医院抢救，转送途中应继续施行心肺复苏术（见表 6-8）。

表 6-8 不同年龄心肺复苏术实施标准

年龄	婴儿（1 岁内）	儿童（1~8 岁）	成人
按压手法	二手指	一只手掌根	双手掌根
下压深度 /cm	2	3	4~5
频率 /（次·min^{-1}）	>100	80~100	60~80
按压与呼吸比	5∶1	5∶1	单 5∶2 双 5∶2

11. 救护处理登记表

做到有救护有记录，救护后完成游泳池救护处理登记表（见表 6-9）。

表 6-9　游泳池救护处理登记表

<table>
<tr><td>顾客姓名</td><td></td><td>性别</td><td></td><td>国籍</td><td></td></tr>
<tr><td>永久通信地址
及电话号码</td><td colspan="5"></td></tr>
<tr><td>救护时间</td><td colspan="5">××××年××月××日</td></tr>
<tr><td>救护员</td><td colspan="5"></td></tr>
<tr><td colspan="6">记录内容:(写明救护顾客的全过程)

签字:×××　　××××年××月××日</td></tr>
<tr><td colspan="6">客户意见:

对救生员的救护满意□　　不满意□
签字:×××　　××××年××月××日</td></tr>
<tr><td colspan="6">值班经理或救生主管意见:

签字:×××　　××××年××月××日</td></tr>
</table>

(六)游泳池急救设备管理

(1)急救箱标准配置。每个游泳池配备 2 套。

①消毒酒精:2 瓶。

②碘伏:2 瓶。

③医用纱布:5 包。

④医用胶带:5 卷。

⑤创口贴:5 盒。

⑥云南白药(喷雾、粉状两种):各 1 盒。

⑦医用棉签:5 袋。

⑧医用棉花:5 袋。

⑨医用剪刀:1 把。

⑩藿香正气水:5 盒。

⑪ 心脏急救药品:2 瓶。

⑫氧气袋:2 个。

(2)急救药品使用规范。

①消毒酒精:

a. 作用:用于皮肤、粘膜等消毒。

b. 用法:使用时用消毒棉球蘸取适量酒精,由中心向外涂擦于需要消毒的皮肤,涂抹两次后,作用 3 min。

c. 注意事项:酒精有刺激性,避免接触眼睛,也不能用于破损皮肤及腐烂或有渗液的皮肤。应于室温下密封保存。

②碘伏：

a. 作用：用于烧伤、冻伤、刀伤、擦伤、挫伤等一般外伤消毒。

b. 用法：使用时用消毒棉球取适量碘伏，由中心向外涂擦受伤部位。

c. 注意事项：碘伏里外用药禁止口服，使用时不要碰水，应在室温下避光保存。

③医用纱布：

a. 作用：体外创口的防护。

b. 用法：先将患处局部皮肤洗净擦干，后将治疗用药涂在经消毒后的纱布上或皮肤上，经消毒后的纱布敷于创口，再用医用胶布固定即可。

c. 注意事项：使用前注意检查包装是否完好，并对外包装标志、生产日期、有效期进行确认，不能使用过期产品。应于干燥、通风、无腐蚀性气味环境中保存。

④医用胶带：

a. 作用：用于伤口敷料固定及其他医疗用品固定。

b. 用法：将胶带平放于粘贴处，使之与皮肤妥帖，后由胶带中央往两边，用手指抹压胶带。

c. 注意事项：污染或超过产品有效期时应禁止使用，应于温度为 15 ℃ ~28 ℃、湿度为 10%~70% 的环境下保存。

⑤创口贴：

a. 作用：用于创伤应急治疗，起到暂时止血、护创的作用。

b. 用法：按箭头方向剥开包装纸，撕去覆盖隔离膜，将中间吸水垫敷在创伤处，后把胶带平整粘贴于正常皮肤处。

c. 注意事项：本品为一次性使用产品，每天更换，忌用手指接触中间吸水垫，开封后立即使用。应于清洁、干燥、通风、避光处保存。

⑥医用棉签：

a. 作用：用于护理中对皮肤进行清洗消毒。

b. 用法：消毒、处理伤口、涂抹药水。

c. 注意事项：有效期为 3 年，包装破损，严禁使用。产品为一次性使用，用后销毁。应于湿度不超过 80%、无腐蚀气体侵蚀、通风良好的室内保存。

⑦医用棉花：

a. 作用：用于医用一次性使用医疗用品，外用敷料、吸附污血或蘸消毒药液。

b. 用法：先将药物倒在本产品上，将浸有药物的面对伤口进行处理。

c. 注意事项：产品为一次性使用，用后销毁。应保存于湿度不超过 80%、无腐蚀气体侵蚀、通风良好的室内。

⑧医用剪刀：

a. 作用：用于剪除腐肉、皮、膜等。

b. 注意事项：使用时刀刃的朝向不能对人。应洗净擦干，打包贴好标记，消毒以备再用。

⑨藿香正气液：

a. 作用：用于外感风寒、夏伤暑湿所致的感冒。

b. 用法：1 次 5~10 mL，1 日 2 次，用时摇匀。

c. 注意事项：高血压、心脏病、肝病、糖尿病、肾病、孕妇、年老体弱者谨慎使用。应保存于清洁、干燥、通风、避光处。

⑩心脏急救药品：

a. 作用：用于治疗气滞血瘀型冠心病、心绞痛。

b. 用法：含服，1 次 4~6 粒，1 日 3 次，急性发作时 1 次 10~15 粒。

c. 注意事项：孕妇禁用，有过敏史者慎用，伴有重度心力衰竭的心肌缺血者慎用。应密封保存至阴凉干燥处。

⑪ 氧气袋：

a. 作用：在缺氧症状使用。

b. 用法：将消毒鼻导管接上玻璃接管，使之与氧气袋皮管连接，打开螺旋夹，将鼻导管口对准面颊，如感到有气流，则表示管道通畅，然后把带有氧气经过冷开水湿润的鼻导管插入鼻孔，注意用胶布把鼻导管固定在鼻孔上，以防滑脱。

c. 注意事项：不能把两个玻璃管接错位置，否则湿化瓶中的水会因氧气通入压力升高而进入病人呼吸道，导致病人窒息。氧气袋停用时，应避光、避热，避免与尖锐的物和化学物品接触以及过分挤压，袋内应充存少量空气，以防长期存放时胶布发生粘连。

（3）急救箱使用之后做到有使用有登记（见表 6-10）。

表 6-10　急救箱使用情况记录表

日期	原因	使用物品名称	使用量	剩余数量	使用人	备注

三、游泳池开放管理制度

1. 人员配备

游泳馆应视开放和安全情况，合理配备工作人员。救生员配备必须符合《游泳池开放管理条例》的要求，淡季为了节约开支，保证布岗所需救生员；旺季使用临时救生员，以补充安全观察人数。救生主管可在救生员中产生。水处理员 1 名（或与水质监管部门签订义务协助书）监测水质，保证水质安全。医务人员配备 1 名，坚持经营时间在岗，保证开放需要。

2. 开放时间

在市场需求的情况下，根据中心具体情况、开放成本制定。淡季应以保证会员游客的锻炼需要为主，如开放早、晚场，工作人员实行两班制；旺季应保证营业额能够均衡整年收支，如延长开放时间，充分挖掘市场潜力。

3. 开放程序

（1）开放前：救生员主管向全体救生员做班前报告。当值主管检查游泳池设施、水质、救生器材；询问医疗器械备用情况；安排救生员上岗。在救生员上岗后，进行游泳池开放。

（2）开放中：在规定救生员数量前提下，救生主管按规定、按时带领救生员进行接岗、换岗工作。值班救生员认真观察，热情服务；待命救生员随时做好补岗、顶岗和急救准备，认真休息，保证上岗观察质量。在节约成本的前提下，救生员可以实行轮流休息制（最基本的方式为3∶1，即3人上岗，1人休息；休息时间为0.5 h/次）。在开放高峰中救生员应发扬奉献精神，放弃休息，参加观察。医务广播员做好医疗、宣传工作；保洁管理员保持环境卫生、整洁。

（3）开放结束：主管带领全体救生员做好清场工作。医生向主管汇报工作；保洁管理员关闭更衣室进入游泳池的门（中心可能有洗澡的客人或员工滞留在浴室），完成保洁后向主管汇报情况，主管做好当日工作总结，经主管同意，工作人员下班。主管做好开放记录，并向领导做工作汇报。

（4）开放监督：主管为开放工作第一监督人。主管应随时随地巡视游泳池。向工作人员了解开放情况，做出合理的开放工作安排；主管定期对救生员进行考核，对于不能通过考核的救生员及时向经理汇报，做好替换准备。监督全体人员的工作质量。

（5）辅助工作：开放前，为保证安全卫生，救生员负责冲刷游泳池边。定期的吸污工作由救生员配合水处理员完成。游泳池也应制订水处理周期计划和闭馆全面维护计划。

第三节　游泳池其他岗位服务与管理

一、游泳馆教练

健身房行业快速发展，人们的需求也越来越多且越来越挑剔，然而健身行业也迎来了激烈的竞争和残酷的挑战，现在健身房有没有设置游泳池，以及游泳池品质的高低已经成为消费者判定健身房档次、决定是否进行消费的重要标准。健身房游泳池不仅可以作为健身游泳来使用，也可以用来进行游泳培训，现在有的健身房运营商考虑到收益的问题，开始把健身房游泳池在规定的时间范围内用游泳培训，培训的收益远远大于健身的收益。游泳教练就是游泳池必不可少的岗位。

（一）教练主管岗位职责

（1）带领教练团队完成公司下达的业绩任务和授课任务。

（2）监督指导游泳教练制订教学计划，并按公司规定授课。

（3）协同救生主管确保在场馆内人员的生命安全。

（4）监督游泳教练按照要求提供服务，杜绝“黑私教”。

（5）定期组织、参加公司规定的培训和技能提升训练。

（6）定期主持召开部门工作例会，及时处理工作中存在的问题，并不断总结改进。

（7）负责对下属进行工作指导、监督，以及对部门员工的培养、培训、发展规划和考核评定。

（8）负责制订本部门的月度、季度、年度工作计划，进行总结，提交上级领导。

（9）带头塑造、维护企业形象，正确解读与传播公司企业文化、经营理念，以身作则带领团队遵守公司各项规章制度。

（10）完成上级领导交办的其他临时性工作任务。

（二）教练岗位职责

（1）负责制订教学计划，按规范和教学大纲进行教学。

（2）确保所有客户在游泳馆内的生命安全。

（3）参加公司规定的培训、训练及考核，并保证考核达标。

（4）保证游泳池水质达标。

（5）按公司要求提供服务。

（6）完成公司下达的销售任务和授课任务。

（7）积极参加公司组织的各项活动。

（8）完成领导交办的其他临时性工作任务。

二、游泳馆经理（主管）

游泳馆经理是掌握分析市场需求、教练团队建设、员工管理、销售任务完成等工作环节的重要人物。要具备一定的专业素养，作为游泳池管理团队中的领导者，要十分精通技术，熟悉专业知识和业务流程，才能更好地领导整个团队。要具备良好的沟通能力，可以换位思考，站在客户的角度考虑问题，能完全体会客户的需求，尽最大可能满足客户需求。要具备领导能力、分析管理能力，要做到忙而不乱，头脑清晰冷静，快速分析出事务的轻重缓急并制订解决方案。要具有领导整个团队的能力，在同事中要树立一定的威望。要具有自我反省能力，不断反省自己的工作，努力提高并改进自己的工作。

经理（主管）岗位职责如下：

（1）建立、健全游泳馆管理工作体系，全面统筹游泳馆的管理工作，严格遵守并执行各项规章制度。

（2）制定和完善游泳馆各项规章制度和工作流程，并对执行过程和结果进行严格监督。

（3）做好各部门工作安排，保证各接待环节的流畅与高质量服务标准，带领全员完成游泳馆任务目标。

（4）定期组织部门员工进行相关技能技巧的培训，提升救生员、游泳教练岗位的专业知识和专业技能。

（5）定期带领部门员工进行救生模拟演练，提升部门全员救生技巧和应急反应能力。

（6）做好游泳馆内的安全监督管理工作，严格按游泳馆的规定执行，确保馆内所有人员安全。

（7）负责游泳秩序的管理，及时纠正违规游泳现象，引导顾客文明游泳。

（8）监督管理全员做好上岗前的准备工作，保证游泳池内物品摆放整齐，救生器材齐备可用。

（9）监督管理当班期间员工的工作行为，禁止做与工作无关的任何事情。

（10）对游泳馆内的服务品质进行监督管理，确保客户满意、无投诉。

（11）熟练掌握游泳馆内各类应急预案，沉着应对各类突发事件，及时妥善处理解决客户投诉。

（12）管理游泳馆的水质、水温，确保各项指标达标。

（13）负责营业前后游泳池的清洁、设备的检查管理，并按要求严格检查交接班日志、数据记录表。

（14）定期主持召开部门工作例会，及时处理工作中存在的问题，不断总结改进。

（15）负责对下属进行工作指导、监督以及对部门员工的培养、培训、发展规划和考核评定。

（16）负责制订本部门的月度、季度、年度工作计划，并进行总结提交上级领导。

（17）带头塑造及维护企业形象，正确解读与传播企业文化、经营理念，以身作则带领团队遵守公司各项规章制度。

（18）完成上级领导交办的其他临时性工作任务。

思考题：

1. 游泳池管理中对救护人员有哪些要求？
2. 水质处理的过程中各类药品的投放量具体是多少？
3. 如何实施心肺复苏术？
4. 如何应急处理溺水事件？

第七章　健美运动竞赛规则和方法

健美运动是一项通过徒手和各种器械，运用专门的动作方式和方法进行锻炼，以发达肌肉、增长体力，改善形体和陶冶情操为目的的运动项目。其是举重运动的一个分支，也是一个独立的竞赛项目。

健美运动可以采用各种徒手练习，如各种徒手健美操、韵律操、形体操及各种自抗力动作；也可采用各式各样轻重不同的运动器械进行练习，如杠铃、哑铃、壶铃等举重器械，单杠、双杠等体操器械，以及弹簧拉力器、滑轮拉力器、橡筋带和各种特制的综合力量练习器等。

健美运动的动作方式多种多样，既有成套的徒手健美体操，也有球、棒等轻器械体操，这些主要用于女子健美训练，借以减肥和改善体型体态，提高韵律感；又有许多能发达身体各部位肌肉的举重练习动作和其他动作，这些动作主要用于男女竞技健美训练。

为了达到健美的目的，就需要有专门的训练方法。例如，采用举重等器械做各种动作时，在器械的轻重，动作的做法、次数、组数、速度等方面，都有特殊的要求和安排。

健美运动作为一个运动项目，除具有一般体育活动所共有的锻炼身体、增进健康、增强体质的作用外，还特别能发达全身各部位的肌肉，增长体力，改善体形体态，以及陶冶美好的情操。它不仅强调“健”，而且强调“美”，将体育和美育融为一体。

健美运动是举重运动的一个分支。在长期的发展过程中，广义的举重运动已经一分为三，发展成为 3 个相对独立的运动项目，即竞技举重，又称奥林匹克举重，通称举重；健美运动，又称健身运动；力量举重。其中，健美运动也是一个独立的竞赛项目，它有自己的竞赛动作、世界锦标赛和国际组织。

健美运动不仅包括以比赛为目的的竞技健美，也包括以减肥或改善体型体态为目的的群众性健美操活动。

健美竞赛规则是每位健美运动员、教练员和裁判员在健美竞赛中必须遵守的法则，也是每位观众在欣赏健美表演或竞赛时必须掌握和了解的知识。

第一节　健美竞赛规则

一、健美竞赛级别及评选项目

（一）健美竞赛组（级）别

1. 男子成年组（21 周岁以上）

（1）羽量级：体重 60 kg 以下（含 60 kg）。

（2）雏量级：体重 60.01~65 kg。

（3）轻量级：体重 65.01~70 kg。

(4)次中量级:体重 70.01~75 kg。

(5)轻中量级:体重 75.01~80 kg。

(6)中量级:体重 80.01~85 kg。

(7)轻重量级:体重 85.01~90 kg。

(8)重量级:体重 90 kg 以上。

2. 女子成年组(21 周岁以上)

(1)羽量级:体重 46 kg 以下(含 46 kg)。

(2)雏量级:体重 46.01~49 kg。

(3)轻量级:体重 49.01~52 kg。

(4)次中量级:体重 52.01~55 kg。

(5)中量级:体重 55.01~58 kg。

(6)重量级:体重 58 kg 以上。

3. 男子青年组(21 周岁以下)

(1)轻量级:体重 65 kg 以下(含 65 kg)。

(2)中量级:体重 65.01~70 kg。

(3)次中量级:体重 70.01~75 kg。

(4)重量级:体重 75 kg 以上。

4. 女子青年组(21 周岁以下)

(1)轻量级:体重 49 kg 以下(含 49 kg)。

(2)中量级:体重 49.01~52 kg。

(3)重量级:体重 52 kg 以上。

5. 男子元老组(45 周岁以上)

(1)A 组:45~50 周岁。

(2)B 组:50 周岁以上。

6. 女子元老组(35 周岁以上)

(1)A 组:35~40 周岁。

(2)B 组:40 周岁以上。

7. 年龄界定

各组别的年龄界定以出生年月日为准。

(二)健美特别奖评选项目

(1)最佳健美表演奖。

(2)最佳小腿肌奖(男)。

(3)最佳腹肌奖(女)。

(4)进步最快奖。

二、健美竞赛

（一）健美运动员称量体重与抽签

（1）运动员必须在赛前一天称量体重。

（2）运动员称量体重时必须着比赛服装，并由裁判长检查比赛服装。

（3）称量体重顺序：先男后女；先轻后重。

（4）运动员体重与原报名级别不符时，允许在 30 min 内重复称量。若在规定时间内仍未达到规定体重，则取消该级别比赛资格。若体重超过原报名级别，本人自愿，可升级比赛。

（5）运动员体重已与原报名级别相符时，不得降级或升级比赛。

（6）未能在规定时间内称量体重的运动员，不得参加比赛。

（7）参赛签号牌应在称量体重合格后，由运动员本人抽取。

（8）比赛时，签号牌应牢固地佩戴在赛裤的左上方，无签号牌者不得参加比赛。

注：签号牌直径为 10 cm，用硬质白色树脂、塑料等材料制成圆形，号码用阿拉伯黑体字书写。

（二）健美运动服饰

（1）男运动员穿单色赛裤。

（2）女运动员穿单色比基尼赛服。

（3）参加男女混合双人比赛的运动员，其赛服必须一致。

（4）禁止运动员在比基尼赛服内使用垫衬物，赛裤必须包臀。

（5）禁止运动员穿鞋、袜，贴胶布，扎绷带，佩戴装饰品，咀嚼食物等。

（6）在比赛中，检录长有权检查运动员的赛服。对赛服不符合规定的运动员，裁判长有权取消其比赛资格。

（三）健美运动员着色与擦油

（1）允许使用人工色剂，但不得有任何勾画。

（2）允许参赛运动员擦抹植物油、润肤膏，但用量必须适度。

（四）健美竞赛动作

1. 自然站立

运动员自然站立，吸腹挺胸，头部正直，两眼平视，两臂自然下垂于体侧，身体各部位肌肉不得故意收缩，从前后左右 4 个方位展示体形。

2. 男子个人竞赛的规定动作

（1）前展肱二头肌（见图 7-1）。面向裁判员自然站立，吸腹成空腔，抬起两臂，弯曲肘部略高于肩，两手握拳，屈腕，用力收缩肱二头肌及全身肌肉。

（2）前展背阔肌（见图 7-2）。面向裁判员自然站立，吸腹成空腔，两手握拳置于腰部，用力收缩背阔肌及全身肌肉。

（3）侧展胸部（见图 7-3）。侧向（以右侧为例）裁判员自然站立，右腿屈膝，前脚掌着地，吸腹挺胸，左手握住右手腕，屈肘，用力收缩胸部及全身肌肉。

（4）后展肱二头肌（见图 7-4）。背向裁判员自然站立，一腿后移，屈膝，前脚掌着地，抬起两臂，弯曲肘部略高于肩，两手握拳，曲腕，用力收缩肱二头肌及全身肌肉。

图 7-1　前展肱二头肌

图 7-2　前展背阔肌

图 7-3　侧展胸部

图 7-4　后展肱二头肌

（5）后展背阔肌（见图 7-5）。背向裁判员自然站立，一腿后移，屈膝，前脚掌着地，吸腹含胸，两手握拳置于腰部，用力收缩背阔肌及全身肌肉。

（6）侧展肱三头肌（见图 7-6）。侧向（以右侧为例）裁判员自然站立，左腿后移，屈膝，前脚掌着地，右臂垂于体侧，左手经体后握住右手腕，用力收缩肱三头肌及全身肌肉。

（7）前展腹部和腿部（见图 7-7）。面向裁判员自然站立，一腿前伸，身体重心置于后腿，屈膝，双手置于头后，用力收缩腹部、腿部及全身肌肉。

图 7-5 后展背阔肌

图 7-6 侧展肱三头肌

图 7-7 前展腹部和腿部

3. 女子个人竞赛的规定动作

规定动作包括前展肱二头肌、侧展胸部、后展肱二头肌、侧展肱三头肌、前展腹部和腿部。其动作规格同男子个人竞赛规定动作。

4. 男女混合双人竞赛的规定动作

规定动作包括前展肱二头肌、侧展胸部、后展肱二头肌、侧展肱三头肌、前展腹部和腿部。其动作规格同女子个人竞赛规定动作。

5. 自由造型

（1）造型：应从前、后、左、右、上、下等方位展示身体各部位肌群和体形。

（2）动作数量：男子不得少于 15 个；女子不得少于 20 个。每个造型应有停顿。

(3)造型时间:男子个人为60 s;女子个人为90 s;男女混合双人为120 s。

(五)健美运动员自由造型音乐

(1)参加半决赛和决赛的运动员,须在半决赛或决赛名单宣布15 min内,将音乐带(盘)交给放音员。

(2)自备音乐必须录在磁带"A"面或光盘开头;无自备音乐的,由大会提供备用音乐。

(3)大会提供集体不定位自由造型音乐。

(六)健美单项特别奖评选

1. 评选范围

获各项、级别前六名的运动员。

2. 评选名额

各单项评选一名。

3. 评选办法

结合半决赛和决赛竞赛程序选定候选人。

4. 评审组的组成

由裁判委员会成员担任。

(七)健美竞赛计分方法与名次评定

1. 预赛评选方法

(1)预赛采取以打"×"号的方式评选运动员。"×"号多者进入半决赛。

(2)每一级别参加半决赛运动员不得超过15人。如遇参加预赛运动员不足15人时,直接进入半决赛;不足6人参赛时,直接进入决赛。

(3)在统计和入选参加半决赛15名运动员时,遇最后两名或两名以上运动员入选"×"号数相等,再进行比较淘汰,直至选定为止。

2. 半决赛内容与评分

(1)半决赛内容:自由造型和规定动作的比较评分。

(2)评分形式:经自由造型和规定动作的比较,评出每位运动员的得分,即第一名为1分,第二名为2分,以此类推。

(3)计分方法。

①在统计运动员的得分时,若设15位裁判员评分,应去掉3个最高分和3个最低分,将其余9位裁判员的分值相加,即该位运动员半决赛的得分。

②在统计运动员的得分时,若设9、11、13位裁判员评分,应去掉2个最高分和2个最低分,将其余裁判员的分值相加,即该位运动员半决赛的得分。

③在统计运动员的得分时,若设5、7位裁判员评分,应去掉1个最高分和1个最低分,将其余裁判员的分值相加,即该位运动员半决赛的得分。

3. 决赛内容与评分

(1)决赛内容:自由造型、规定动作和集体不定位自由造型。

(2)评分形式:经自由造型、规定动作和集体不定位造型的比较,评出每位运动员的得分,即第一名为 1 分,第二名为 2 分,以此类推。

(3)计分方法:与半决赛相同。

4. 决赛总分的计算与方法

将决赛运动员的半决赛和决赛得分相加,即该运动员的决赛总分。分值小者名次列前。如遇决赛总分相等时,以在决赛中小分值多者名次列前;再相等,以半决赛中小分值多者名次列前。不允许出现相同的名次。

5. 健美男、女全场冠军决赛内容与评分

健美男、女全场冠军决赛内容与评分和半决赛相同。

三、健美竞赛程序

(一)健美男、女个人竞赛

1. 预赛(不公开进行)

(1)运动员入场。全体运动员按序号入场。

(2)规定动作比赛。

①裁判长指挥运动员做 4 次向右转体。

②裁判长指挥运动员做 4 个规定动作(3~5 人一组)。

③全体运动员退场。

2. 半决赛(不公开进行)

(1)运动员介绍。

①全体运动员按序号入场。

②介绍运动员、退场。

(2)自由造型比赛(视竞赛需要决定)。运动员按序号逐一入场,在音乐的伴奏下做自由造型。

(3)规定动作比赛。

①全体运动员按序号入场。

②裁判长指挥运动员做 2 次向后转体。

③裁判长根据裁判员席位号(由 1 号至 15 号)顺序的提名(每次提名不得超过 3 人),指挥运动员做规定动作的比较评分。

④裁判长可按裁判员要求有选择性地指挥运动员做规定动作,直至每位裁判做出精确评分为止。

3. 决赛

(1)运动员介绍。

①全体运动员按序号入场。

②介绍运动员、退场。

(2)自由造型比赛。运动员按序号逐一入场,在音乐的伴奏下做自由造型。

(3)规定动作比赛。

①全体运动员按序号入场。

②裁判长指挥运动员集体做规定动作。

(4)集体不定位自由造型。在大会音乐的伴奏下,运动员集体做不定位的自由造型,退场。

(二)健美男女混合双人竞赛

1. 预赛(不公开进行)

同预赛程序进行。

2. 半决赛(不公开进行)

(1)运动员介绍。

①全体运动员按序号逐对入场。

②介绍运动员,退场。

(2)规定动作比赛。

①全体运动员按序号入场。

②裁判长指挥运动员做两次向后转体。

③裁判长根据裁判员席位号(由1号至15号)顺序的提名(每次提名不得超过2~3对),指挥运动员做规定动作。

④裁判长可按裁判员要求有选择性地指挥运动员做规定动作,直至每位裁判做出精确评分为止。

(3)自由造型比赛(视竞赛需要决定)。运动员按序号逐对入场,在音乐的伴奏下做自由造型。

3. 决赛

与半决赛程序相同。

(三)健美男、女全场冠军竞赛

(1)男子全场冠军和女子全场冠军的竞赛只限于成年组各级别的冠军参赛。

(2)男、女全场冠军竞赛与男、女个人决赛程序相同。

(四)健美单项特别奖评选

由裁判委员会根据运动员在竞赛中的特殊表现评选。

四、健美裁判员评分依据

(一)健美男子个人评分依据

(1)肌肉:身体各部位肌群发达,有维度,肌肉清晰。

(2)匀称:人体骨架、肌群的整体布局合理、匀称。

(3)造型:动作规范、协调。

(4)肤色:皮肤光洁,色泽和谐。

（二）健美女子个人评分依据

（1）肌肉：身体各部位肌群发达，有围度，肌肉清晰。

（2）匀称：人体骨架、肌群的整体布局合理、匀称。

（3）造型：动作规范、流畅。

（4）外表：容貌端庄、皮肤光洁，色泽和谐。

（三）健美男女混合双人评分依据

（1）匀称：男、女骨架与各部位肌群相配。

（2）肌肉：男、女各部位肌群相配，清晰。

（3）造型：造型规范、动作流畅，配合默契。

（四）健美单项特别奖评选依据

1. 最佳健美表演奖

（1）造型：动作编排合理、流畅、创新。

（2）造型与音乐：动作与音乐融合。

2. 男子最佳小腿肌奖

小腿肌群发达、清晰，形状美观。

3. 女子最佳腹肌奖

腹部肌群发达、清晰，形状美观。

4. 进步最快奖

（1）首次参赛者：获前六名的选手，可作为候选人。

（2）屡次参赛者：该届比赛与上届比赛名次相比，进步大。

第二节　健身先生、小姐竞赛规则

一、健身先生、小姐竞赛、评选项目

（一）健身小姐竞赛组别

（1）A 组：160 cm 以下。

（2）B 组：161~167 cm。

（3）C 组：168 cm 以上。

（二）健身先生竞赛组别

（1）A 组：170 cm 以下。

（2）B 组：171~175 cm。

（3）C 组：176 cm 以上。

（三）健身先生、小姐特别奖项目

（1）最佳健美形体奖。

（2）最佳特长表演奖。

(3)最佳知识问答表现奖。

二、健身先生、小姐竞赛

(一)健身先生、小姐组别调整及更换

(1)当运动员需作组别调整时,必须在丈量身高前由领队或教练员提交书面申请。

(2)当参赛运动员需做更换时,必须在丈量身高前由领队或教练员提交书面申请。

(二)健身先生、小姐丈量身高与抽签

(1)运动员必须在赛前一天丈量身高。

(2)运动员必须着形体比赛服装,赤足丈量身高,并由裁判长检查比赛服装和皮(凉)鞋。

(3)丈量身高顺序:先男后女;先A组后B、C组。

(4)身高与原报名组别不符时,取消参加该组比赛资格。若运动员同意,可升(或降)组比赛。

(5)未能在规定时间内丈量身高的运动员,不得参加比赛。

(6)参赛签号牌应在丈量身高合格后,由运动员本人抽取。

(7)比赛时,签号牌应牢固地佩戴在赛裤的左上方,无签号牌者不得参加比赛。

注:签号牌直径为10 cm,用硬质白色树脂、塑料等材料制成圆形,号码用阿拉伯黑色体字书写。

(三)健身小姐服饰

1. 服饰款式

(1)健身小姐健美形体比赛。

①穿比基尼赛服和高跟皮(凉)鞋。

②允许佩戴发卡和装饰品。

③禁止穿袜。

④不允许贴闪光片和亮片。

(2)特长表演比赛。特长表演服装款式由运动员自定。

(3)知识问答比赛。

①穿西服、礼服、时装、运动装、休闲装等。

②允许佩戴装饰品。

2. 健美形体竞赛服饰要求

(1)高跟皮(凉)鞋:后跟高度不少于10 cm,粗细在3 cm以内;鞋前掌厚度不超过5 cm。

(2)比基尼:允许在赛服内使用垫衬物,但不能过度;颜色自定;赛裤必须包臀。

3. 服饰检查

在健美形体竞赛中,检录长有权对运动员的赛服和皮(凉)鞋进行检查。对违反规定的运动员裁判长有权取消其比赛资格。

（四）健身先生服饰

1. 服饰款式

（1）健身先生健美形体比赛。

①穿平腿紧身短裤。

②禁止穿鞋、袜。

（2）特长表演比赛。特长表演服装款式由运动员自定。

（3）知识问答比赛。

①穿西服、礼服、时装、运动装、休闲装等。

②允许佩戴装饰品。

2. 服饰检查

在健美形体竞赛中，检录长有权对运动员的赛服做检查，对违反规定的运动员裁判长有权取消其比赛资格。

（五）健身先生、小姐着色与擦油

1. 着色

在健美形体竞赛中，允许使用人工色剂，但不得有任何勾画。

2. 擦油

在健美形体竞赛中，允许参赛运动员擦抹植物油、润肤膏，但用量必须适度。

（六）健身先生、小姐竞赛动作

1. 站立与行走

（1）站立。

①正、背面站立。运动员并脚站立，吸腹挺胸，头部正直，两眼平视，两臂自然下垂于体侧，全身各部位肌肉不得故意收缩，要从正、背面展示体形。

②左、右侧面站立。运动员侧身自然站立，吸腹挺胸，头部正直，两眼平视，全身各部位肌肉不得故意收缩，要从左、右面展示体形。

（2）行走。

①步态：在规定的路线上行走时，采用自然步态。

②造型：按规定的路线行走，在指定的造型位置上做正、背、左、右4个面的身体造型动作。

2. 特长表演

（1）表演：从不同方位以非操化套路或歌唱的形式展示具有个人艺术特点的综合能力。可以寻找表演伙伴协助表演，或使用道具进行表演。

（2）时间：90~120 s。

3. 健身知识问答

（1）自我介绍：60~90 s。

（2）回答：用抽题的形式答题。

（七）健身先生、小姐特长表演音乐

（1）参加半决赛和决赛的运动员，须在半决赛或决赛名单宣布 15 min 内，将音乐带（盘）交给放音员。

（2）自备音乐必须录在磁带“A”面或光盘开头；无自备音乐的，由大会提供备用音乐。

（八）健身先生、小姐单项特别奖评选

1. 单项特别奖名称

（1）最佳健美形体奖。

（2）最佳特长表演奖。

（3）最佳知识问答表现奖。

2. 评选范围

获各组别前 10 名的运动员。

3. 评选名额

先生、小姐各单项评选一名。

4. 评选办法

结合半决赛、决赛竞赛程序选定候选人。

5. 评审组的组成

由裁判委员会成员担任。

（九）健身先生、小姐竞赛计分名次评定

1. 预赛评选与方法

（1）预赛采取以打“×”号的方式评选运动员。“×”号多者进入半决赛。

（2）每一组别参加半决赛的运动员不得超过 15 人。如遇参加预赛运动员不足 15 人时，直接进入半决赛；不足 10 人参赛时，直接进入决赛。

（3）在统计和入选参加半决赛的 15 名运动员时，遇最后两名或两名以上运动员入选“×”数相等时，再进行比较淘汰，直至选定。

2. 半决赛内容与评分

（1）半决赛内容与评分形式。

①第一轮：健美形体比较评分。

②第二轮：特长表演。

（2）评分形式。

①第一轮——健美形体比赛评分：评出每位运动员的健美形体得分，即第一名为 1 分，第二名为 2 分，以此类推。

②第二轮——特长表演评分：评出每位运动员的特长表演得分，即第一名为 1 分，第二名为 2 分，以此类推。

（3）计分办法。

①在统计运动员得分时，若设 15 位裁判员评分，应去掉 3 个最高分和 3 个最低分，将其余 9 位裁判员的分值相加，即该位运动员健美形体特长表演的得分。再将健美形体得分和

特长表演得分相加,即半决赛得分。

②在统计运动员的得分时,若 9、11、13 位裁判员评分,应去掉 2 个最高分和 2 个最低分,将其余裁判员的分值相加,即该位运动员健美形体特长表演的得分。再将健美形体得分和特长表演得分相加,即半决赛得分。

③在统计运动员的得分时,若 5、7 位裁判员评分,应去掉 1 个最高分和 1 个最低分,将其余裁判员的分值相加,即该位运动员健美形体特长表演的得分。再将健美形体得分和特长表演得分相加,即半决赛得分。

④如遇健美形体和特长表演得分之和相同时,以健美形体中小分值多者名次列前,不允许出现相同名次。

3. 决赛内容与评分

(1)决赛内容:健美形体、特长表演、知识问答。

(2)评分形式:经健美形体、特长表演、知识问答的比较,评出每位运动员的得分,即第一名为 1 分,第二名为 2 分,以此类推。

(3)计分方法:与半决赛计分方法相同。

4. 决赛总分的计算与方法

将决赛运动员的半决赛和决赛得分相加,即该运动员的决赛总分。分值小者名次列前。如遇决赛总分相等时,以在决赛中小分值多者名次列前;再相等,以在半决赛中小分多者名次列前。不允许出现相同的名次。

三、健身先生、小姐竞赛程序

(一)预赛(不公开进行)

(1)全体运动员按序号列队入场。

(2)裁判长指挥运动员做 4 次向右转体。

(3)运动员按序号在规定路线上行走,并在指定的位置上做造型动作。

(4)全体运动员退场。

(二)半决赛(不公开进行)

1. 运动员介绍

(1)全体运动员按序号入场。

(2)介绍运动员。

2. 第一轮——健美形体比赛

(1)裁判长指挥运动员做 4 次向右转体。

(2)裁判长按裁判席位号(由 1 号至 15 号)顺序提名(3~5 人),在裁判长的指挥下做 4 次向右转体的比较评分。

(3)运动员按序号在规定路线上行走,并在指定的位置上做造型动作。

(4)全体运动员退场。

3. 第二轮——特长表演比赛

运动员按序号逐一入场做特长表演比赛。

（三）决赛

1. 运动员介绍

（1）全体运动员按序号入场。

（2）介绍运动员，退场。

2. 健美形体比赛

（1）裁判长指挥运动员做 4 次向右转体。

（2）运动员按序号在规定路线上行走，并在指定的位置上做造型动作。

（3）全体运动员退场。

3. 特长表演比赛

运动员按序号逐一入场做特长表演比赛。

4. 健身知识问答比赛

（1）全体运动员按序号入场。

（2）运动员按序号逐一进行自我介绍，并抽签做健身知识问答。

（3）全体运动员退场。

四、健身先生、健身小姐评分标准

（一）健身小姐评分依据

1. 健美形体

（1）体形：呈倒三角体形。

（2）肌肉轮廓：身体各部位肌肉轮廓明显。

2. 特长表演

（1）编排特点：整套动作的编排应具有新颖性、独特性。

（2）音乐特点：音乐的选配应具有完整性、独特性。

（3）表演特点：整套表演动作与音乐相融，有激情。

3. 健身知识问答

（1）形象展示：运动员的发型、服饰应与个人形象相融。

（2）语言表述：普通话标准，表述问题清楚。

（二）健身先生评分依据

1. 健美形体

（1）体形：呈倒三角体形。

（2）肌肉轮廓：身体各部位的肌肉发达适度，轮廓清晰，形状美观。

2. 特长表演

与健身小姐评分相同。

3. 健身知识问答

与健身小姐评分相同。

(三)健身先生、小姐特别奖评分依据

1. 最佳特长表演奖

女子与健身小姐特长表演评分依据相同,男子与健身先生特长表演评分依据相同。

2. 最佳健美形体奖

女子与健身小姐健美形体评分依据相同,男子与健身先生健美形体评分依据相同。

3. 最佳知识问答表现奖

女子与健身小姐知识问答评分依据相同,男子与健身先生知识问答评分依据相同。

第三节　健美竞赛规程范例

范例 1:2019 年中国高等职业院校健身健美锦标赛竞赛规程

一、主办单位:中国大学生体育协会

二、执行单位:中国大学生体育协会职业教育学校体育工作委员会

三、承办单位:北京工业职业技术学院、北京梦肌肉体育发展有限责任公司

四、比赛日期:2019 年 7 月 3 日—7 日

五、比赛地点:北京工业职业技术学院

六、参赛单位:中国大学生体育协会职业教育学校体育工作委员会

七、竞赛组别、级别

(一)学生组

1. 男子健美各级别

男子健美 65 kg 级:体重为 60.01~65 kg;

男子健美 70 kg 级:体重为 65.01~70 kg;

男子健美 75 kg 级:体重为 70.01~75 kg;

男子健美 80 kg 级:体重为 75.01~80 kg;

男子健美 80 kg 级以上:体重在 80.01 kg 以上。

2. 男子健体各级别

男子健体 A 组:身高在 173 cm(含 173 cm)以下;

男子健体 B 组:身高为 173~176 cm(含 176 cm);

男子健体 C 组:身高为 176~179 cm(含 179 cm);

男子健体 D 组:身高为 179 ~182 cm(含 182 cm);

男子健体 E 组:身高为 182~185 cm(含 185 cm);

男子健体 F 组:身高在 185 cm 以上。

3. 女子比基尼各级别

女子比基尼A组：身高在160 cm以下（含160 cm）；

女子比基尼B组：身高为160~163 cm（含163 cm）；

女子比基尼C组：身高为163~167 cm（含167 cm）；

女子比基尼D组：身高为167~170 cm（含170 cm）；

女子比基尼E组：身高为170~173 cm（含173 cm）；

女子比基尼F组：身高在173 cm以上。

（二）精英组

1. 男子健美各级别

男子健美70 kg级：体重在70 kg（含70 kg）以下；

男子健美75 kg级：体重为70.01~75 kg；

男子健美80 kg级：体重为75.1~80 kg；

男子健美80 kg级以上：体重在80.01 kg以上。

2. 男子健体各级别

男子健体A组：身高在175 cm（含175 cm）以下；

男子健体B组：身高在175 cm以上。

3. 女子比基尼各级别

女子比基尼A组：身高在163 cm以下（含163 cm）；

女子比基尼B组：身高在163 cm以上。

八、竞赛办法

1. 参考国家体育总局审定的《健美竞赛规则》，当本比赛与《健美竞赛规则》不一致时，按照主办单位的决定执行。

2. 各组（级）别比赛，根据报名人数进行预赛、半决赛、决赛。

九、奖励办法

1. 级别录取：各级别评选出前六名。

2. 全场录取：各级别前三名进入全场比赛，全场比赛评选出前六名。

3. 团体总分分学生组和精英组，分别独立计算。团体名次根据运动员在各级别比赛中的前六名成绩得分之和计分，按7、5、4、3、2、1办法计分。获第1名者得7分，获第2名者得5分，以此类推；如得分相同，以获得第1名多的队名次列前；再相同，以获得第2名多的队名次列前，以此类推。

4. 团体总分第1~3名颁发一等奖，第4~6名颁发二等奖，第7~10名颁发三等奖。

5. 赛会评选最佳教练员奖（学生组、精英组各项目级别前三名的教练员获得），最佳指导员奖（学生组、精英组各项目级别前三名的指导员获得），已毕业学生获得精英组级别前三名不纳入该评选。

6. 赛会评选优秀运动队、优秀运动员、优秀教练员、优秀指导员、优秀裁判员，并颁发荣誉证书。

7. 赛会评选运动员最佳腹肌奖、最佳媒体关注奖、最佳网络人气奖（运动员获得）。

十、参赛办法

1. 本届比赛共设 25 个组别，男子健美和男子健体不可兼项；各级别前三名运动员可参加最后的全场争夺。

2. 本次比赛分为学生组和精英组，全国高等职业院校在校生为学生组，高等职业院校毕业 3 年内学生为精英组（精英组成绩不计入团体成绩、独立计算并颁发奖项）。

3. 运动员禁止涂抹掉色的传统油彩，必须选用喷雾式油彩。

4. 服装要求：

男子健美：预赛穿单色三角裤（赛裤两侧宽度不得小于 2 cm）进行形体展示。半决赛、决赛穿单色三角裤分别进行 4 个转向形体展示、不定位自由造型和个人造型 60 s 表演。

男子健体：穿齐膝沙滩短裤进行 4 个转体和规定路线行走及比较评分。

女子比基尼：穿自选比基尼进行 4 个转体和规定路线行走及比较评分，比赛用鞋须是白色透明，鞋前底部高度不得超过 2 cm，后跟高度不得超过 12 cm。

称量体重、丈量身高和检录时，均对参赛运动员服装、鞋、道具进行检查，不符合竞赛规则规定的不允许参赛。

十一、学生组参赛条件及运动员资格

1. 所有参赛运动员必须是按照教育部关于全国普通高等学校统一招生考试、录取的有关规定，并已进入教育部高校学生司“全国高校新生录取及在校学生学籍管理系统（数据信息库）”的全日制在校学生，并未享受高水平招生政策和其他体育加分政策的高等职业院校和高等专科学校学生（非独立院校、短期职业大学和成人高校不能参加）。

2. 高职高专院校体育单考单招、体育类院校和各类院校的体育类专业学生纳入精英组别参赛。

3. 运动员必须在 1994 年 1 月 1 日以后出生。

4. 运动员就读期间参加比赛届数不得超过规定正常学制年限（运动员参赛届数均以中国大学生体育协会公布的赛事秩序册为准），留级、休学、当兵转业者，须提供相关证明材料。

5. 参赛运动员必须遵守学校有关规定，文化课考试合格，并经县级以上医院检查身体健康可参加健身健美比赛。

6. 所有参赛运动员必须在“中国学生体育竞赛管理系统”网站上正式履行注册手续，经审核通过后方能报名参加比赛。

7. 非会员学校须提前办理入会手续，并缴纳 2019 年会费，方有资格参赛。

十二、注册及报名办法

（一）注册

1. 所有参赛运动员必须以运动员所在学校为单位在“中国学生体育竞赛管理系统”中进行网上注册、报名（网址：www.nssc.org.cn，注册、报名相关办法详见“中国学生体育竞赛管理系统”首页通知栏“用户须知”和“IE浏览器调整”中的相关规定）。

2. 已注册过的运动员不需要重复注册，可以直接报名；新参赛运动员全年可以注册，需按要求填写教练员信息、运动员信息，上传参赛运动员本人的学籍证明（学生证）、第二代身份证、近期免冠一寸照片（照片需根据网站要求调整尺寸大小）等材料。

（二）报名和公示

1. 报名人数：以学校为单位报名，每队可报领队1人、教练员及指导员各1~2人，运动员人数根据参赛项目要求确定（全部来自一所学校）。

2. 网上报名：运动员注册经审核通过后，在“中国学生体育竞赛管理系统”（网址：www.nssc.org.cn）进行比赛报名，需上传加盖学校公章和校医院公章的报名表扫描件（文件像素尺寸需符合网站要求），当报名状态显示“通过”为报名成功。

3. 报名表：各参赛队于2019年6月25日前将“网络报名表”扫描件和教练员、运动员一寸免冠照片、运动员集体照、学校官方Logo等资料打包发送至邮箱：×××××@×××-sports.com，邮件标题为“××× 学院—2019高职健身健美锦标赛”，内容文件名注明“×××（学校名称）”。

4. 报名截止日期：即日起至2019年6月25日，逾期不再受理。报名截止后，运动员名单和资料内容不予更改。对于报名后不参赛的选手，组委会给予通告。

5. 公示：为加强赛前的群众监督，凡报名参加本届比赛的运动员名单将在“中国学生体育竞赛管理系统”（网址：www.nssc.org.cn）进行公示，报名截止后的3天内为公示期，时间为6月26日—28日，如有异议请在公示期内向资格审查委员会提出申诉。

（三）报到和资格审查

1. 报到时间：2019年7月3日18:00前，地点：北京工业职业技术学院。

技术会议：7月4日13:00，地点：北京工业职业技术学院匠心楼一层第四会议室；参会人员：组委会仲裁、领队、教练员、参赛的所有运动员。

赛前技术指导：7月5日10:00，地点：DMS国际健身培训基地（北京工业职业技术学院学生活动中心三层）；参加人员：所有参赛运动员、教练员。

2. 资格审查

（1）参赛队于2019年6月25日前将网络报名表（打印加盖公章）、运动员《高等院校新生录取登记表》复印件（勾画出参赛运动员名字）、学信网下载的教育部学籍在线验证报告（带二维码页）、运动员体检报告（由县级以上医院开具）等资料。

（2）报到时，提交运动队领队教练和运动员的人身意外伤害保险单据（含往返赛区交通和比赛期间）；运动员携带本人二代居民身份证、学生证，现场采集指纹进行资格审查，若证件不全或不符，不允许参加比赛。

3. 经费：按照国家现行体育竞赛有关规定开支标准办法执行，各运动队的交通费自理，食宿由赛会统一安排，标准为200元/（日·人），参赛费为300元/人。

十三、仲裁、裁判长和裁判员的选派

仲裁委员、技术官员、裁判长、裁判员由主办单位与执行单位选派，辅助裁判由承办单位选派，现场举牌公开评分。

十四、资格审查及纪律监督委员会

1. 资格审查及纪律监督委员会委员由主办单位选派，执行有关大学生运动员参赛资格管理，负责对各参赛代表团、运动队（员）的纪律监督工作。

2. 资格审查及纪律监督委员会将对所有报名参赛运动员的资格进行严格审查，对违反规定、弄虚作假、冒名顶替的运动队（员）按照《全国学生体育竞赛纪律处罚规定》予以处理。

十五、竞赛保证金及申诉

（一）竞赛保证金

各代表队报到时必须向大会交纳竞赛保证金3 000元（现金）。保证金作为代表队有关成员在比赛期间违反大会纪律、社会治安管理条例以及违反运动员参赛资格等问题的经济赔偿和处罚。未发现违纪违规的队，比赛结束时退回保证金。

（二）申诉

凡对参赛运动员（队）的资格问题有异议，申诉者须向“运动员资格审查委员会”提交申诉报告及所举报内容的证据，同时缴纳申诉费2 000元，申诉报告须经领队签字方可受理。申诉经审查属实，申诉费如数退还；经查申诉不符，申诉费将上交中国大学生体育协会。

十六、关于反兴奋剂的要求

严禁使用违禁药物，对违反者将按照国家体育总局反兴奋剂的有关规定处罚。本赛事历来遵守并贯彻国家体育总局反兴奋剂的有关方针和政策，本规程视为是对运动员的年度反兴奋剂教育，郑重告诫参赛运动员：服用兴奋剂将会损害运动员的健康，损害国家的荣誉和形象，是违背公平竞争和体育道德的违法行为。

十七、其他

1. 主、承办方有权使用运动员的竞赛图片和视频进行旨在促进健身健美运动发展的各项宣传活动。

2. 各校自带本校校旗一面，规格为1.6 m×2.4 m（二号旗）。

3. 比赛服装按项目竞赛规程、规则及其他有关规定执行；比赛服装、油彩等费用自理。

十八、未尽事宜另行通知。本竞赛规程解释权属中国大学生体育协会。

中国大学生体育协会
2019年4月24日

范例2：2017年全国健美健身冠军总决赛竞赛规程

一、比赛日期、地点

2017年12月27日至31日在福建省晋江市举行。

二、主办单位

国家体育总局社会体育指导中心、中国健美协会、晋江市人民政府

三、承办单位

福建省社会体育指导中心、福建省健美协会、晋江市体育局、舒华股份有限公司

四、协办单位

晋江市祖昌体育中心、赞助企业

五、参赛单位

各省、自治区、直辖市、计划单列市、新疆生产建设兵团体育局、行业体协，健美健身俱乐部，健美协会，有关大专院校，体育院系及个人

六、比赛内容、分组及年龄规定

（一）比赛内容

比赛内容分为健美和集体造型赛。

1. 男子健美

（1）古典健美（Classic Bodybuliding）

按身高（cm）、体重（kg）划分为5个级别：

身高168 cm（含）以下，体重≤身高−100；

身高168~171 cm（含），体重≤身高−100+2 kg；

身高171~175 cm（含），体重≤身高−100+4 kg；

身高175~180 cm（含），体重≤身高−100+6 kg；

身高180 cm以上，体重≤身高−100+8 kg。

（2）传统健美（Bodybuliding）

按体重（kg）划分为4个级别：

65 kg级：体重65 kg（含）以下；

75 kg级：体重65.01~75 kg（含）；

85 kg级：体重75.01~85 kg（含）；

85 kg以上级：体重85 kg以上。

2. 女子健体（Women's Physique）设公开组

3. 男子元老设公开组

4. 混合双人不分级（组）别健身

（1）健身先生（Men's fitness）：公开组

（2）健身小姐（Women's fitness）：公开组

（3）女子形体健身（Body fitness）

按身高（cm）分为2个组别：

A组：163 cm（含）以下；

B组：163 cm以上。

（4）女子比基尼健身（Bikini fitness）

按身高（cm）分为3个组别：

A组：身高在163 cm（含）以下；

B组:身高为163~169 cm(含);

C组:身高在169 cm以上。

(5)男子健体(Men's Physique)

按身高(cm)分为3个组别:

A组:身高在174 cm(含)以下;

B组:身高为174~178 cm(含);

C组:身高在178 cm以上。

(二)年龄规定

年满16周岁的中国公民和获得在华工作资格并符合报名资格的外籍公民可报名参赛。

元老组年龄为1967年12月25日(含)以前出生。

七、比赛办法

(一)比赛执行中国健美协会2015年《健美健身竞赛规则和裁判法》。

(二)各比赛项目按报名人数进行预赛、半决赛和决赛。

(三)男子健美比赛穿单色三角裤(赛裤两侧宽度不得小于1 cm),女子健体穿比基尼(预赛穿后交叉式单色比基尼,半决赛和决赛穿交叉式自选比基尼)。

(四)健身先生和健身小姐比赛按以下方式进行:

1. 预赛进行形体比赛。

2. 半决赛、决赛进行形体、运动特长(90 s)比赛。

3. 健身先生形体轮穿黑色平角短裤,健身小姐形体轮穿后交叉式比基尼。

(五)女子形体健身比赛按以下方式进行:

1. 预赛穿黑色比基尼进行形体展示。

2. 半决赛、决赛穿自选比基尼进行形体展示。

(六)女子比基尼比赛按以下方式进行:

1. 预赛穿自选比基尼进行形体展示。

2. 半决赛、决赛穿自选比基尼进行规定路线行走和形体展示。

(七)男子健体比赛按以下方式进行:

1. 预赛穿非紧身黑色齐膝短裤进行形体展示。

2. 半决赛、决赛穿非紧身自选色齐膝沙滩裤进行形体展示。

(八)集体造型赛每单位限报1队,运动员8人以上(含8人),性别、项目、道具不限,表演时间不得超过90 s,着健美健身赛服。

(九)男子古典健美和传统健美分别产生全场冠军,男子健体和女子比基尼分别产生全场冠军。

(十)混双比赛可兼项,代表单位不限。

(十一)其他比赛项目不可兼项。

(十二)丈量身高、称量体重和检录时对运动员的比赛服装、鞋、道具以及竞赛用油彩进行检查,不符合要求的不允许参赛。

八、参赛办法

(一)参赛资格

1. 2017年由中国健美协会主办的全国性赛事及亚洲赛事各组、级别前15名运动员。

2. 在中国健美协会备案的东北(吉林赛区)、西南(四川赛区)、华东(上海赛区)等组织的区域性健美健身比赛各项各组、级别前3名运动员。

3. 各省、自治区、直辖市健美健身比赛各项组、级别前3名的运动员。

4. 获得中国健美协会优秀组织奖和全国比赛团体前8名的单位以及中国健美协会培训机构选派的运动员报名人数不限。

(二)每队领队、教练员报名人数不限。

(三)各参赛单位自行办理比赛期间伤病意外事故保险(含往返赛区途中及在比赛期间可能发生的伤病),自行承担可能发生的医疗费用。

(四)参赛队需按时报到和参加赛前有关会议,无故缺席者视为放弃参赛。

(五)各组、级别不满6人合并组参赛,具体分组情况于赛前技术会议后公布。

九、报名

(一)请参赛运动员登录 www.chinabba.cn 注册报名。

(二)参赛运动员必须在称量体重、丈量身高前完成运动员注册登录,否则不得参加比赛。

(三)报名后如因特殊情况不参赛或需更换运动员名单,必须于赛前15天函告主办单位和承办单位,逾期不予变更。

(四)请参赛人员将参赛自选音乐以MP3格式发送至中国健美协会邮箱(×××××@126.com),并注明姓名、性别、单位及参赛项目。

十、赛事日程

27日全天报到,丈量身高称量体重;28日召开全体会议;29—30日全天比赛;31日离会。

十一、录取名次与奖励

(一)健美、健体和比基尼项目全场冠军运动员可不经选拔入选下一年度国家健美健身集训队,代表中国参加国际健美健身联合会(IFBB)、亚洲健身和健美联合会(AFBF)的各项国际比赛。

(二)团体录取前8名。团体总分根据运动员在各项比赛中的前10名成绩得分统计。前10名按11、9、8、7、6、5、4、3、2、1的办法计分,即第1名得11分,第2名得9分,依次类推。如团体总分相同,以获得第1名多的队名次列前。再相同,以获得第2名多的队名次列前,依次类推。

(三)各组预赛录取前15名进入半决赛,半决赛录取前10名进入决赛,决赛录取前10名给予奖励。

(四)以下特别奖各评选1名。

男子健美和女子健体分别设“最佳肌肉”“最佳表演”“最佳编排”奖;元老组设“最佳表演”“最佳参与”奖;健身先生、小姐比赛设“最佳表演奖”;女子形体健身比赛设“最佳形体奖”；女子比基尼比赛设“最佳风采奖”“最佳马甲线奖”“最佳美臀奖”；男子健体比赛设“最佳风度奖”“最佳魅力奖”；集体造型赛设“最佳集体造型奖”。

（五）获团体前 8 名的队伍颁发牌匾或奖杯。

（六）健美、健体和比基尼全场冠军颁发奖牌、奖杯和奖金。获各组、级别比赛前 10 名和特别奖的运动员颁发证书；获得各单项比赛前 3 名的运动员颁发奖牌、证书。比赛奖金总额为 50 万元，分配标准另定。

（七）各项比赛中取得优胜的选手，可根据中国健美协会的年度参赛计划，代表国家参加下一年度亚洲健美健身锦标赛。

（八）获得各项冠军的运动员，可经培训获得中国健美协会独立培训师称号，开展中国健美协会专业健身教练培训业务。也可优先参加中国健美协会专业健身教练及国际私人教练培训班，入选中国全明星健身健美队参加全国巡演活动。

十二、费用

（一）参赛单位的食宿费、交通费自理，每人每天食宿费用为 280 元。各队须在大会指定的宾馆食宿。

（二）各单位超编人员食宿费按当地市场标准自理，需要承办单位协助联系食宿的单位，须提前 15 天函告承办单位。

十三、药物违规防范检查和处罚办法

（一）各参赛队要分别与运动员签署防范药物违规责任书，提前做好兴奋剂防范工作，建立防范药物违规机制。

（二）在比赛过程中国家体育总局兴奋剂检测中心将对运动员进行违禁药物抽样检查，违者按国家体育总局《关于印发〈体育运动中兴奋剂管制通则〉的通知》的规定处罚。

十四、其他

（一）中国健美协会及其合作伙伴有权使用运动员的竞赛图片和视频进行旨在促进健身健美运动发展的各项活动。

（二）裁判员由中国健美协会指派，不足人员由承办单位补充。

十五、未尽事宜另行通知。

十六、本规程的解释权归属中国健美协会。

十七、不详之处可登录中国健美协会官方网站或中国健美协会赛事及培训系统查询。

十八、中国健美协会地址：北京市东城区体育馆路 9 号 231 室，邮政编码：100763。

第四节　健美训练方法——韦德训练法 32 条

虽然有不少健美运动导师提出这条或那条训练法则，并各具实效，但能够集其大成，并通过实践不断深化而形成一套完整体系者，是被称为冠军训练者的乔·韦德。他的这些法则也在不断发展，到目前已发展成 32 条之多。由于效果都较好，适用于初、中、高各级训练阶段，各阶段分别有 4 条、9 条和 19 条。

一、初级阶段的训练法则

1. 渐进性超负荷法则

增强任何健康素质（力量、肌肉围度、耐力、心肺血管功能等）的基础是使你的肌肉去担负比它已习惯的更重的工作，使肌肉承担不断增强的负荷。例如，若要增大肌肉维度，则不仅要日益试用更大的重力，还要将锻炼的组数和每周锻炼的次数增加。若求增大局部肌肉的耐力，可以逐步减少各组动作之间的休息时间，增加锻炼该部肌肉的组数和每组中的动作次数，一切要有渐进性。所有的身体锻炼法的基本观念是超负荷，这也是韦德法则的坚实基础。

2. 多组练习法则

在韦德系统的初建时期，多数专家建议有雄心的健美运动员对其所选用的每个动作，只需各做一次。如果在一次锻炼课程中选用锻炼到全身的 12 个动作，那就共做 12 组。但韦德法则提出每个动作要练多组（3~4 组）的训练法则，以使每一肌肉群都能得到彻底的锻炼从而增大到其最大限度。

3. 孤立锻炼法则

可以让许多肌肉群共同来做某项锻炼动作，也可以使它们相对分离地进行这个动作。对完成某一复杂的整个动作来说，每一有关肌肉群都有其各自的作用，除起主要动力作用外，有的起协助作用，有的起稳定作用，有的则起对抗作用。如求最大限度地发展某一局部肌肉，就要尽可能使其在工作时与其他肌肉活动分离开，不借用身体其他部位的助力而使其单独承受负荷来获得集中的刺激，这种锻炼法主要用于突出加强某一部分的肌肉和着重纠正身体上某一部分的缺点。

4. 迷乱莫测（动作多变）法则

促使肌肉不断发展的主要因素之一是绝不让其顺应某一锻炼课程。如果采用不同的方法锻炼，使肌肉不习惯于某种固定的动作方式、角度、质量、次数，以及其程序编排，而感受到强烈的刺激，能引起良好的反应。

二、中级阶段训练法则

1. 优先锻炼法则

为了改进身体上最弱的或某一相对不够发达而需重点加强的部位，可把锻炼这一部位的动作全部安排在一次训练课的最前面，这样就可以在精力最充沛时来做这些动作。

2. 金字塔法则

肌肉纤维的增大是对重大阻力进行收缩的结果，这样做还增大了肌肉的力量。从理论上说，如果你把能做起 8 次的最大质量作为一组，做上几组不做准备运动，可以是一种很有效的增大肌肉和力量的锻炼法。然而你不能这样做，因为不做准备活动就用最大力量来练，有受伤的危险。

金字塔法则就是为解决这一问题而建立的。先用你一次能举起的最大质量的 60% 做

15 次，随后逐步增加质量、减少次数，直到你用 80% 的最大质量做 5~6 次为止。这样你就可在暖身后收到大质量的锻炼效果而不致受伤。

3. 分部练习法则

当你每周安排 3 次锻炼，每次进行全身锻炼，练了几个月之后，如拟增加锻炼的全面强度，可以将你的身体分为上下两部，对每部采用更多的锻炼动作和组数，分别在不同的锻炼日来练。在一个锻炼日只练身体的一部分，自然比在一个锻炼日练遍全身的锻炼强度大。分部锻炼有许多不同的具体安排。如有把身体分成三部分的，有每周练 4 次或更多次数的。

4. 大量充血法则

你必须使大量血液进入某一块肌肉，并使其保持在那里以促进肌肉增长，这实际上是一种锻炼法则。以集中锻炼胸部为例，就是连续使用 3~4 个胸部动作，中间不混入锻炼其他部分的动作，直到这些动作都做完。这样你就可使胸部肌肉充满大量血液，使其感到发胀，然后稍加休息，转到其他部位。

5. 超级组法则

当你把锻炼两个起相反作用的相关肌肉部位的动作连在一组来做（例如，做完上臂二头肌的“弯举”，立刻接着做练上臂三头肌的“臂屈伸”），这就称为超级组。将这种起相反作用的相对肌肉群紧连一起来练。当练着其中之一时，有利于促进另一部分的疲劳的消除。这符合神经功能的原理。

6. 复合组法则

将两个锻炼同一肌肉部位的动作连接进行，就称为复合组。其目的不是加速消除疲劳而是为了对这部分肌肉加大充血量。例如，在做了一组“杠铃弯举”后，立即做一组“上斜哑铃弯举”。

7. 综合练习法则

根据科学事实，肌肉细胞的不同部分具有对不同水平的锻炼起不同反应的蛋白质和能系统。肌肉纤维蛋白质遇到高阻力负荷时会增大。肌肉细胞的用氧系统（线立体）对高耐力训练起反应。因此，为使整修肌肉细胞增大，就必须做从高到低的不同次数组合的练习。如第一组做 15 次，第二组做 10 次，第三组做 8 次，最后一组做 6 次。凡是质量不同、次数不同的多种组合，即称为综合练习法则，其次数和质量不一定按一定的幅度来增减。

8. 周期法则

在全年锻炼中的某一时期，应采用专为增大肌肉的锻炼课程。另一时期则应减轻质量，增加次数，并缩短组与组间的休息时间以突出肌肉线条。另一时期，减小运动量，主要用于休整。如此可避免疲劳过度和受伤，保持稳步前进。

9. 静力紧张法则

静力紧张法则和肌肉控制有关。做一个动作姿势时，无论是否使用质量，最后若能静止不动，并保持最大紧张度 3~6 s，或静止后再重复做 3 次，就是静力紧张训练法。冠军们常一周 3 次使全身各部肌肉做此训练。这种训练法可以增强神经对肌肉控制的能力，在比赛中更好地表现各种体姿造型，并使肌肉线条明显突出。

三、高级阶段训练法则

1."欺骗"法则

要使肌肉在锻炼中受到最大强度的刺激,就必须在做每一个动作时,按正确的姿势练习至再也无力多做一次为止。练到这种程度,是否还能继续练下去呢?回答是肯定的,那就是让动作稍稍偏离规定姿势,或是借助其他部位的力量,来完成最后一次或是再增多一两次。韦德称这种不遵守规定的做法为"欺骗"。他认为"欺骗"法则应在你已按正确姿势无力再做时运用。这样,你就是给锻炼的肌肉增加额外的负荷。要在还有力按正确姿势做动作时,就采取"欺骗"手段,则会减轻对肌肉的刺激程度。

2. 三合组法则

对同一肌肉部位做3个不同动作,中间不加休息,称为三合组,这能使肌肉迅速充血。由于选了研修不同的动作,应使所练肌肉受到来自研修不同角度和部位的刺激。这有助于促进某一肌肉的完美发展,增粗血管。

3. 巨型组法则

这是把锻炼同一肌肉部位的4~6个动作连接着做,中间不加休息或稍适休息,使所练肌肉部位得到全面的发展。

4. 先期疲劳法则

有些锻炼某一部位的动作,必须用上另一部位肌肉的力量来完成。但由于另一部位肌肉力量较弱,往往当它已经无力继续做下去而不得不停止这个动作的练习时,原定主练的部位尚未得到必要强度的刺激。以"卧举"为例,它是一个锻炼胸大肌的主要动作,但又必须依靠肱三头肌的力量把杠铃举起来。常有的情况是:臂部已经力竭而不能再举下去了,胸大肌还未感到酸胀。在这种情况下,可以在做卧举之前,预先做一个不需多少臂力而对胸大肌影响很大的动作,如"卧式飞鸟",以使胸大肌疲劳,接着做"卧举",练完就能使胸大肌较为酸胀了。这种练法称为"先期疲劳法"。进行这种训练时,要先练由某一肌肉来完成的"孤立"动作,接着做由多部肌肉来共同完成的"基本动作"。

5. 休息—停歇法则

怎样能在做某一动作时,在它的每一组中都使用最大质量?答案是采用这一法则。其办法是:先用能举起2~3次的最大质量做一组动作,然后休息40~60 s,再做2次,再休息60~90 s,做1~2次。这样能找到一个接近最大限度的质量,这是一个增大体力兼增大肌肉块的训练法则。

6. 顶峰收缩法则

顶峰收缩法则是使肌肉线条练得十分明显的一项主要法则。其要求当某个动作做肌肉收缩最紧张的位置时,保持一下这种收缩最紧张的状态,然后慢慢回复到动作的开始位置。有的动作并不容易做到,例如做哑铃"弯举"时,一般在动作达到顶点时,哑铃的质量得到肘部的支撑,不易把肌肉收紧。为了在肌肉收缩最紧时提供应有的阻力,可把身体稍向前倾,让手臂出于地心引力的直接线之外,这样就不能把肘部完全锁住,使肌肉一直处于紧张状态。这样就能使肱二头肌峰凸起,肌纹分明。

7. 持续紧张法则

物理的“惯性”可能对锻炼效果产生很大损害。如果动作做得很快,在动作的大部过程中借用了摇摆力,就会减弱肌肉所做的功,不如有意缓慢地做。首先,在做动作时不要使用冲劲起动,然后不要抢上举或下降,要慢慢地完成,这样可使肌肉一直保持紧张状态,以使肌肉线条特别明显。

8. 反地心吸力法则

在你的动作回复下落时,用力抗住所用质量的下降力是一种强度很大的锻炼方式,会使肌肉迅速增长。这种训练不宜经常使用,只能有时使用。其具体的做法是:做哑铃弯举时,可用 30 kg 连续做 8 次,再用 35 kg 的哑铃,借摇摆之力,上举到肩部,然后按正确的姿势让它慢慢下落到起点。这种训练法可以增强肌肉和结缔组织,更增强体力。可用此法训练体格上的弱部。

9. 强挤次数法则

强挤次数法则是一种强度很大的锻炼。其做法是:以做卧举为例,若能用 80 kg 做 8 次,当做到 8 次而无力完成第 9 次时,让同伴在你的器械中央帮上一把力(最小的必要的力),能过那个困难的胶着点,接着由自己把这动作完成。用这种办法,多“挤”出 2~3 次,可使肌肉达到超于寻常的疲劳度,以刺激肌肉使其更加增大,更为结实。

10. 双分部法则

许多健美明星一天进行两次分部练习:早上练身体的 1 或 2 个肌肉群;当天下午或晚上再练身体的另 1 个或 2 个肌肉群。这就是双分部法则。其好处是明显的,因为在一次锻炼中,练上更多次数和更多组数,有利于促进肌肉的增长。

11. 三分部法则

有极少数健美运动员具有超常的恢复能力,他们采用三分部法则。在一天的早上、下午和晚上各练一次,每次也只练 1 个或 2 个肌肉部位。世界健美的杰出老冠军,外号“常青树”的阿尔勃脱·贝克尔斯就采用过此法。

12.“烧点”法则

以正常的姿势尽力做完一组的最后一次动作后,再续做几次短而不完全的动作,让额外的血液进入锻炼中的肌肉,引起肌肉的极度酸感和疼感,像烧着了似的,故其名为“烧点”法则。从生理角度看,这些加多的不完全协作能给肌肉送入更多的血液,产生更多的乳酸。这些增多的乳酸会引起称为“燃烧”的不舒服感,但这些额外的血液和乳酸却会使细胞膨胀和微血管增生,有助于肌肉维度增大和肌肉内的脉管增粗。

13. 质量法则

质量法则是在按规定的组数和次数进行锻炼时,逐步减少组与组之间的休息时间。这种练法大多用于赛前锻炼,可使肌肉纹路和肌肉内的脉管更为明显突出。

14. 渐降组法则

这种练法要求有同伴的帮助。用一定质量的杠铃做一个动作时,做到规定的次数无力再做时，将两头的杠铃片各取下一块，再做几次。这样的练法可使一个动作的锻炼强度达到一般难以达到的程度。这是很艰苦的锻炼，在一次锻炼课内，只限用于1~2个动作。

15. 直觉法则

只有自己知道进行什么样的锻炼效果最佳，这是健美运动掌握锻炼之道最重要的一条。一个合格的健美运动员必须具有这样的能力来编制自己的锻炼课程，采用对自己最有效的组数、次数和先后次序的编排。也应知道吃什么、怎样吃才能最大限度地促进锻炼效果。若缺乏这种能力，就难以使潜力得到充分的发展。各人的反应不完全相同，通过实践的体验能迅速而正确地感到自己身体的反应，并依这种直觉来进行锻炼。这种能力不是短期内能培养成的，要时常注意各种锻炼中的身体反应，以便及时察觉某种锻炼法是否能起到好的作用，或者起不了好的作用。

16. 兼顾法则

兼顾法则是发展大块肌肉和使个别肌肉孤立起来精细加工的两种锻炼法则。就是要将各种最有效的动作和训练法则应用于锻炼系统。能将这一条和直觉法则加一起时，基本上掌握了将体力、形态和肌肉块一起增强到最大限度的锻炼本领。

17. 部分动作法则

为了增大肌肉的力量和维度，在锻炼基本动作时，只练动作的一部分，无论是开始、中间或结尾的部分均可。最好在大质量锻炼用的支架上进行。当只锻炼部分动作时，可以使用大得多的质量，因为这种支架上有许多插孔，可在所选定的高度插入托条，以托住在完整动作中举到手臂挺直那一段。再以引体上升为例，如不加质量来做，能轻易地把身体上拉到下颌超过拉械的高度，但若在腰间加上20 kg的铁片，可能只拉到动作全程的一半。这就是说当不加质量上拉时，并不能使动作开始时用到的那些肌肉得到充分的锻炼，这是受了在中程拉不上去的情况限制。因此，可以只练从上拉开始到中间这段部分动作，使与这部分动作有关的肌肉组织得到充分锻炼，取得最好的锻炼效果。

18. 快速法则

一般的训练法都强调做动作时缓慢一些为好，能充分控制动作的正确进程并感到肌肉的紧张度。这是一条常规。但当按这常规锻炼了相当时候，已经养成正确的动作习惯后，就可以试用快速法则来进行锻炼。它会促进肌肉的进一步发展。其做法是：如果平时做某个动作时，用某个质量可做8~12次，并且要在保持正确做法的前提下，用爆发力的快速动作来做。思想上要集中于尽快地举上去。只有具有一定锻炼基础的人，才适用这一训练法则。

19. 交错穿插法则

交错穿插法则实际上就是“优先锻炼法则”的一个高级形式。用“优先锻炼法则”时，一般是先练大肌肉群（腿、胸、背、肩）或进步最慢而需加速改进的部分。练大肌肉群要花费很大能量。在锻炼课开始时先做这些动作，就可能有充足的体力完成对它们应有强度的训练而取得良好的锻炼效果；练小肌肉群，精力可少花些，但若不先练，又恐后来时间不够而被挤掉了，用这项法则可以两全其美。

思考题:

1. 简述男子个人健美竞赛评分的依据。
2. 简述男子健美竞赛规定动作的要点。
3. 简述健美竞赛程序。
4. 简述“渐进性超负荷法则”的训练方法,并举例说明。
5. 简述“渐降组法则”的训练方法。

参考文献

[1] 金宇晴，张林. 健身俱乐部经营与管理 [M]. 北京：中国劳动社会保障出版社，2009.
[2] 运动解剖学编写组. 运动解剖学 [M]. 北京：北京体育大学出版社，2016.
[3] 王明禧. 运动解剖学 [M]. 北京：人民体育出版社，2008.
[4] 张钧，张蕴琨. 运动营养学 [M].2 版. 北京：高等教育出版社，2010.
[5] 邓树勋，王健，乔德才，等. 运动生理学 [M].3 版. 北京：高等教育出版社，2015.
[6] 王广兰，汪学红. 运动营养学 [M]. 武汉：华中科技大学出版社，2017.
[7] 刘林箭，田里，陈卫. 健身健美从业管理与服务指导 [M]. 重庆：西南大学出版社，2008.
[8] 赫尔曼·罗格斯，简·米德尔坎普. 健身房运营之道：如何做好健身行业的客户经营与客户体验 [M]. 王琪，祖颖，译. 北京：人民邮电出版社，2017.
[9] 相建华，张瑛玮，王东. 塑造金牌健身教练 [M]. 北京：人民体育出版社，2008.
[10] 邱建钢，相建华，李鸿. 现代健美运动教程 [M]. 北京：人民体育出版社，2003.
[11] 陈武山. 游泳运动教程 [M]. 北京：中国体育报业总社（人民体育出版社），2007.
[12] 张瑞林. 游泳 [M]. 北京：高等教育出版社，2005.
[13] 国家体育总局职业技能鉴定指导中心组. 健身教练 [M]. 北京：高等教育出版社，2009.
[14] 赖丽新. 健身俱乐部健身会员流失与保有问题研究 [J]. 社会体育学，2015，5（3）：195-197.
[15] 高军. 连锁型健身俱乐部私人健身教练发展现状与对策研究——以吉林省为例 [J]. 中国学校体育，2014，1（5）：20-25.
[16] 高恂. 商业健身俱乐部体适能私人教练基本素养研究——以苏州市为例 [D]. 苏州：苏州大学，2014.
[17] 叶琼，覃利. 重庆市健身房现状调查及对策研究——以北碚城区为例 [J]. 科教导刊，2012（25）：100，117.
[18] 国家体育总局职业技能鉴定指导中心组. 社会体育指导员职业培训教材·初级 [M]. 北京：高等教育出版社，2005.
[19] 全国体育学院教材委员会. 运动生理学 [M]. 北京：人民体育出版社，1990.
[20] 王步标，华明. 运动生理学 [M].2 版. 北京：高等教育出版社，2011.
[21] 杨静宜，徐峻华. 运动处方 [M]. 北京：高等教育出版社，2005.
[22] 吴东明，王健. 体能训练 [M]. 北京：高等教育出版社，2006.
[23] 张先松. 健身健美运动 [M]. 北京：高等教育出版社，2010.
[24] 相建华. 现代健身房服务指南 [M]. 北京：人民体育出版社，2003.
[25] 刘平江. 健身俱乐部的管理 [M]. 北京：北京体育大学出版社，2008.